지은이
김 서 정 (金 序 整)

- 시인
- 상담심리학 박사
- 국민대학교 외래교수
- 청소년사관학교 교장
- 한류문화산업진흥원 회장
- 은평구청 생활문화센터 상담심리 소장

겁쟁이의 용기

물가에 가면 빠진다.
친구들이 깔깔대며 강가에서 수영할 때
물가에서 물만 첨벙대며 들어가지 못하고 바라만 보고
사다리타기 놀이 할 땐 맨 꼭대기 못 올라가 벌벌대다 내려오고
귀신 나온다고 밤중에 화장실도 못가서 언니오빠 다 대동하고
산에 가면 나무에 걸려 넘어지고 벌레, 뱀 있다고 못 올라가고
나물 캐 보겠다고 친구 따라 갔다가
인적 드문 한적한 곳이라 어린 우리 둘뿐이라 무섭다고 우왕 울고
그완 달리 학교 친구들 사이에선 판사요, 대장 노릇이라
무대에 나가 하는 일은 당차게 해 내더라.

작은 영웅의 리더십

Little Hero's Leadership

지은이 김서정(金序整) / 상담심리학박사

Ph. D. Seo Jeong, Kim

도서출판 조은

겉표지 소개

사람은 태어나서 기어 다니고 걸음마를 떼어 걷기 시작하고 뛰어가기까지 시간이 걸린다. 이처럼 각 개인의 개성에 맞는 조약돌에서 배우고 익히면서 원석으로 변하고 더욱더 가꾸고 노력하는 인고의 세월에서 빛나는 보석이 탄생한다는 의미로 표지를 만들었다. 사람이 태어나서 보석이 되느냐 아니면 조약돌에 머무느냐 아니면 원석으로 생을 마감하는 것은 자신이 감독하며 연출하는 배우의 역할에 따라 다르게 나타난다고 생각한다. 지은이는 글을 쓰게 된 동기가 청소년들과 청년들을 20여년 넘게 지도하면서 꼭 전해주고 싶은 생각들을 옮겨 놓았으며 삶을 사는데 어려움이 처하더라도 용기와 희망을 잃지 않기를 응원해 본다.

머리말

「작은 영웅의 리더십」은 일상생활에서 경험하는 인간의 깊은 내면의 마음을 중심으로 현대인의 정신건강에 도움이 되는 통찰의 리더십을 정리하였다. 또한 세상을 산다는 것 자체가 인간관계이므로 마음중심의 축이 흔들리지 않는 좋은 관계를 유지하며 소통하는 것에 의미를 두었다.

사람들은 각자의 인생을 내가 만든다는 자율성으로 내 삶의 목표가 분명하며 나의 의지와 주도로 살아간다. 어려운 상황에서도 남을 의지하거나 원망하지 않고, 이것은 내 인생에 대한 문제이니 만큼 최선의 해결책을 스스로 찾아 그 선택에 대해 책임지는 것이 진정한 자율적인 적응력에서 비롯된다.

긍정적인 리더는 정제된 감정조절능력을 갖춘 안정되고 편안한 상태의 대인관계로 원만한 생활과 실천적 행동으로 어떠한 환경에도 잘 적응하는 능력을 갖춘 영웅들의 심리에 의미와 가치를 두고 있다.

사람들은 사회가 요구하는 잣대를 충족하기 위해 공부와 스팩을 중요시 한다. 청년들은 일류 대학과 화려한 스펙만이 살아남는 것에 상실감으로 패기가 좌절되고 있다.

나이 든 어른들은 '십년만 젊었어도 뭐든지 할 수 있겠다'고 말한다. 또한 '젊으니까 뭐든지 잘 할 수 있다'는 말은 흔히들 하지만 그것은 그들이 쉽게 말하는 소망과 생각일 뿐이다. 청년들의 고민과 상실을 알려고 하지 않는다.

명문대 졸업반인대도 취직의 문이 열려있지 않아 졸업을 미루거나 차선책으로 스팩을 채우기 위해 원하지 않는 학업을 연장해서 대학원을 가야하고, 독서실 자리가 만석을 채우며 진정으로 원하지 않는 공무원 시험에 열을 올리는 등 자신의 꿈을 접어버린 젊은 청춘들을 보게 된다.

그동안 축적된 지식의 양이 충분한 실력인 만큼 자신의 내면을 분석하고, 다른 측면의 모자란 부분도 타산지석으로 삼아 지식과 인격을 닦는데 소홀함이 없이 갖춰 더욱더 폭넓은 세계에 도전하는 용기로 꿈을 펼쳐야 한다.

자라나는 세대의 교육환경과 영양상태는 이전세대보다 많이 좋아졌지만, 생각하는 능력과 사고가 떨어지다 보니 남을 배려하고 양보하는 인내력 부족 현상으로 타인을 존중하는 마음이 결핍되어 있다. 조금이라도 손해를 보면 큰일 나는 것으로 생각하는 각박하고 메마른 정서의 감정적인 결핍현상을 보인다.

사람들이 예전에 경제적으로 어려웠어도 '그 시절이 좋았다' 고 하는 이유는 정이 넘치고, 남의 일도 내 일처럼 열심히 도와주는 따뜻한 손길이 그립기 때문이다. 내가 손해를 보기도 하고, 져주기도 하고, 하기 싫은 일도 하고나면 상대방의 기쁨이 나의 기쁨이 될 수도 있기 때문이다. 친구의 고민과 갈등을 공감하고, 상처 입은 마음도 다독이며 마음의 소리에 귀 기울이는 경청과 따뜻한 정이 오가는 것이 인간관계의 회복이다.

요즈음은 핸드폰으로 많은 정보를 얻고, CCTV등 감시장비로 장소를 불문하고 모든 생활이 노출되고 있다. 또한 소통창구인 SNS와 문자 폭탄으로 잠시도 자신의 마음을 추스릴 여유가 없는 현실에 점점 더 조절능력이 상실된 채 살아가고 있다. 충동 조절과 욕구 조절의 어려움이 증폭하는 조절기능장애가 속출하는 혼란기를 겪고 있어 해결하는 올바른 지도가 절실하다. 폭력적인 언어로 상대방을 비방하고 상처 주는 것을 아무렇지 않게 여기는 심리 조절능력 상실은 서로를 힘들게 하는 병폐이기에 사회적으로 치유되어야 한다.

다른 사람들과 어울려 살아가는 리더의 역량은 나와 다른 생각과 가치관을 가진 사람을 수용하는 관대함과 어떤 문제가 발생했을 때 공정함으로 문제를 해결하는 능력을 갖추고 다른 사람이 지닌 장점을 적재적소에 배치할 수 있어야 한다.

건강한 인간관계가 중요한 이유는 서로 신뢰로 맺어진 좋은 사이일수록 정신적으로 성숙해진다. 사람은 관계 속에서 존재하며 특히 성장기에는 대체적으로 남을 이해하는 능력이 충분히 성숙하지 못하기 때문에 친절하게 가르쳐 줄 필요가 있다. 자율성과 신뢰로 인정해주면 심리적으로 건강한 관계가 형성된다.

사람이 살아가면서 '살아가는 존재의 의미'를 찾을 때 가까운 사람이 소중하다고 얘기하면 힘이 나고 살맛이 나지만, '넌 필요 없다'고 하면 의미를 잃으며 자존감에 상처를 받게 된다. 성장과정에서 좋은 인간관계가 중요하며 함부로 대하면 불편하고 싫은 감정과 적대감이 쌓이게 된다.

자녀는 사랑받고 자라면서 자신의 존재가 중요함을 인식하게 되는데 부모가 사랑은 보여주지 않고 자녀를 소유물로 인식하고 마음에 들지 않는다고 함부로 언어폭력과 구타를 일삼는다면, 가족을 향한 원망은 사회적 문제로 이어져 학교폭력, 왕따, 약취 등으로 번지며, 단순한 폭력이 아닌 상대 존재의 의미까지도 파괴시키는 공포로 이어진다.

부모는 자녀를 사랑하는 좋은 표현을 많이 하는 연습이 필요하다. 부모자녀간의 감정교류 결핍으로 상처주고 불편한 감정만을 표현한다면, 자녀는 마음의 문을 닫을 것이다. 성숙하기도 전에 좋은 인간관계 형성을 포기할 수도 있다. 모든 행동에는 원인이 있듯이 성숙한 행동과 원활한 소통을 위해 인내하는 아름다운 연습으로 소통의 부재를 해결하는데 노력을 기울여야 한다.

인간관계에서 상처 받는 것이 대부분 나를 인정해주지 않기 때문에 생기는 것이다. 내 생각이 옳다고 상대방을 무시하고, 지나치게 간섭과 집착으로 따라주기만을 바라며, 명령한다면 그 관계는 힘들어진다.

성격이 다르고 가치관이 다른 사람들과 팀을 이루어 다양한 생각과 의견을 잘 수렴하여 다양성을 존중하는 마음이 올바른 리더인 것이다. 서로 성향이 다른 사람들로 팀을 구성하면 완벽함을 이룰 수 있음을 알아야 한다. 리더가 앞으로 나아가는 진취적이고 열정적인 사람이라면 사소한 부분을 놓치는 성향이 많이 있을 것이다. 이때 뒤에서 세심하게 정리하는 직원(파트너)이 있다면 그 조직은 상호보완으로 상생할 것이다. 그런데 열정적인 사람을 따라가기 힘들다고 탓하고 힘들어 하며, 또 한쪽에서는 세심하고 느리다고 짜증을 부리며 탓을 한다면, 그 팀은 상호보완 되지 않고 오히려 장점이 묻혀 단점으로 채워져 다투기만 할 것이다.

상대를 대할 때 상대가 원하는 만큼만 대해주면 그것이 적당한 것이다. 적절한 관심으로 대하면서 나와 다름을 인정하고, 그의 마음을 알아주며 공감해주는 신뢰성의 관계 유지가 비결이다. 이렇듯 상호보완으로 상생하는 지혜를 발휘한다면 많은 이익을 창출할 것이다.

우리가 살아가는 데는 무엇보다 심신(心身)이 편해야 행복하다. 마음의 스트레스를 날려버리는 데는 몸을 움직이는 운동만큼 좋은 것이 없다. 운동은 근력이 좋아져 자신감이 상승한다. 또한 바쁜 생활 속에서 잠시 자신을 내려놓는 생각 정리인 '멍 때리기'나 '명상'이 좋다. 아울러 모든 것을 보고, 듣고, 경험할 수 없는 현실적으로 독서를 통해 간접경험을 쌓는다면 혜안(慧眼), 즉 꿰뚫는 지혜의 눈이 생긴다. 아낌없는 시간투자는 내 삶의 규칙과 방향성을 알려주며, 대처 능력과 품격을 높이는 창조적인 삶의 가치를 부여한다.

리더십이란 좋은 관계의 심리로 인간의 삶에 어렵고 힘든 상황에서도 떠나지 않고 곁에서 지켜주는 진정한 마음이며, 상대에게 도움이 되고자 하는 긍정적인 감정에서 우러나오는 신뢰가 쌓인 소통은 좋은 관계의 중요한 역할을 감당하는 가치 있는 사회적 적응능력의 지식자본이다. 좋은 관계의 리더란 다섯 가지로 나누어 정의할 수 있다.

첫째, 자신의 꿈에 도달하기 위해 내면을 분석, 정리하는 내공을 쌓아 적응능력을 키워 폭넓은 글로벌에도 도전하는 용기가 필요하다.

둘째, 존중(尊重)은 상대에 대한 양보와 배려로 가장 쉬운 방법은 상대의 말을 집중하여 경청하고, 공감과 소홀함이 없어야하며, 칭찬과 고마움을 아끼지 않는다.

셋째, 예의(禮儀)는 서로의 일에 집중할 수 있도록 도와주며, 존경의 뜻으로 말투나 몸가짐으로 표현하는 조절능력을 키워 관대함과 수용으로 공정한 심리적 성숙도를 높인다.

넷째, 친절(親切)은 다양한 사람들의 모습과 취향이 다름을 인정하고, 서로의 부족한 부분을 채워주는 친절한 마음은 존재의 의미를 찾아주는 관심이며, 좋은 관계 유지를 위한 통로(通路)는 소통이다.

다섯째, 자신의 건강을 위해 운동을 하고, 마음을 채우는 명상과 독서로 대처능력을 키워 인생의 방향성을 잃지 않는다.

이를 실천하는 통찰(洞察)의 리더는 어떠한 난황에서도 능히 극복할 수 있는 탁월한 인재가 될 것이며, 상생하는 의미와 가치를 지닌 뛰어난 능력을 발휘할 것이다.

이 글(101 개의 소제목)에 격려와 편집으로 아낌없는 관심과 시간을 내주신 모든 분들께 깊이 감사드리며, 글로벌 리더로서 끊임없이 노력하는 작은 영웅들의 도전과 성공을 응원하는 바이다.

2022. 1. 1.

목 차

4장 • 절제의 미학

5장 • 태초의 철학을 배우며

6장 • 용기가 필요할 때

7장 • 다양함을 맞추는 리더

8장 • 긍정의 바다

9장 • 욕망 깨우치기

10장 • 일탈에는 원인이

11장 • 마음을 낚는 유비

12장 • 큰 영웅, 작은 영웅

13장 • 꿈은 현재이고 추억이다

1장

맑고 밝은 하늘

1. 기쁨의 삶
2. 숨겨진 재능
3. 리더의 행동
4. 친환경적인 생활
5. 자연에 대하여 겸손함
6. 감사하는 마음

01
기쁨의 삶

인간은 누구나 삶의 기쁨을 찾아 그 목적을 달성할 때까지 무엇인가를 뒤쫓아 구하는 경향이 있다. 이는 인간은 기쁨이 없으면 살 수 없는 존재라는 말이다.

인간이 본디부터 갖고 있는 자체의 성질이나 모습으로서의 인간의 본질은 부족을 느끼며, 무엇인가를 취하거나 누리려고 탐하는 욕망(欲望)이라고 말할 수 있다. 즉, 아무 것도 없는 텅 빈 공허(空虛)한 마음을 채우고자 하는 욕구에 의해 기쁨의 대상에 마음을 쏟고, 그것에 마음의 시선(視線)을 향(向)하므로 고통의 대상은 피하고, 기쁨의 대상은 가까이 하려고 한다(기쁨의 원리 1).

그렇지만 큰 기쁨을 위해서는 형편이나 모양에 따라서 작은 고통은 능히 견디고 이겨 내기도 한다. 미래의 큰 기쁨을 얻어 내기 위하여 현재의 빈 마음을 채워가며 어려움을 극복한다(기쁨의 원리 2).

인간이 삶이나 세계에 대하여 옳고 그름, 좋고 나쁨 등의 가치를 매기는 관점이나 기준, 가치관(價値觀)에 따라서 상대 또는 목표나 목적이 되는 기쁨의 대상이 달라지기도 한다. 예컨대, 부를 쌓는 것이 최고의 기쁨인 사람도 있지만 해외여행 등 새롭고 의미 있는 것을 실제로 해보고 겪으면서 그 곳에서 얻은 지식이나 기능을 부유함보다 더 소중하게 여기는 사람도 있다. 물질만능주의 세상에서 건강하게 출세(出世)하고, 윤택한 생활로 자식들까지도 모두 제대로 성장하는 것이 기쁨의 전부라고 믿는 사람들이 대부분인 세태

(世態)에 등을 돌리며, 보이지 않는 비물질적인 정신적 기쁨에 집중, 몰입하는 사람들도 많이 있다. 왜냐하면, 모두의 가치관과 믿음(belief)이 서로 다르기 때문이다(기쁨의 원리 3).

> **당신은 지금 기쁨의 생활을 하고 있습니까? 그렇지 않다면 그러한 기쁨이 없는 삶의 현상을 일으키는 근본적인 원인은 무엇이라고 생각하는지요? 마음을 새롭게 돌이킬 수 있을까요? 마음의 구조에 대하여 아는 것은 새로운 마음을 형성하는데 도움이 될까요?**

02
숨겨진 재능

인생을 원만하게 살아가기 위해 필요한 것은 두 가지라고 말할 수 있다. 하나는 사회적 적응(適應)이고, 다른 하나는 개성(個性)적으로 사는 것이다. 인간은 환경에 적응할 수 있는 역량을 지니고 있기 때문에 외부세계에 적절히 어울리려는 활동과 질서를 흡수한다. 사회적 적응으로 외부세계에 맞추어 심리내적으로 조정하는 내부변형이 있고, 성격에 따라 개인마다의 소망과 내적 충족을 위해 환경을 바꾸는 외부변형이 있다.

사회적 적응이 필요한 이유는 우선 사회적으로 앞서 가는 사람들의 인정(認定)을 받아야 생존할 수 있기 때문이다. 그러나 의식주(衣食住) 등 기본생활의 걱정이 없게 되면 자기 방식대로 살고자 하는 자생적 욕망이 생겨난다. 즉, 자기가 원하는 삶을 살 수 있는 능력이 생긴다.

많은 학생들이 명문 학교에 진학하려고 하는 것은 대개 사회적으로 적응하고 성공하는데 유리하기 때문이다. 그러나 좀 더 진실에 가까운 이야기를 한다면, 명문 학교 진학보다는 어려서부터 숨겨진 잠재적 재능을 발견하여 개인이 하고 싶고 좋아하는 일을 하면서 사는 것이 훨씬 더 바람직한 방향이라고 말할 수 있다.

성서에는 어린이와 같지 않으면 기쁨이 넘치고, 신나는 하나님 나라에 들어갈 수 없다는 말씀이 있는데, 여기에서 말하는 뜻은 어른들은 어린이처럼 되기가 쉽지 않다는 의미를 내포(內包)하고 있다.

왜냐하면, 어른들은 이미 구부러지고 가파른 잘못된 질서와 풍파에 적응되어 있기 때문이다.

어린이들 내면(內面)에는 누구나 예외 없이 숨겨진 재능이 있다. 여기서 숨겨진 재능이란 천부적(天賦的)으로 주어진 기쁨이 넘치고 신나게 살 수 있는 인생의 씨앗을 가지고 있다는 뜻이다. 문제는 숨겨진 재능의 씨앗이 스스로 자라서 싹을 내고, 큰 나무가 되어 열매가 맺을 때까지 기다리지 못하는 어른들의 개입으로 인해 사회의 교육이 차단되고 있는 점도 많이 있다. 이러한 조급성으로 말미암아 어린이가 세상에 나오기 전부터 존재하고 있었던 바깥세상의 질서가 아이 내면에 침투하게 되고, 아이는 자신의 숨겨진 재능의 내적 움직임과 외부에서 침투해 들어 온 질서 사이의 갈등을 겪으면서 방황하며 재미없는 인생을 허비해 가면서 어른이 된다.

기쁘고 신나는 인생 즉, 어떤 일에 흥미나 열정이 생겨 기분이 매우 좋아지는 삶은 하늘이 준 고유한 나만의 소명인 길을 찾아 걷는 것이다. 이러한 기쁘고 신나는 인생길을 찾고, 또 다른 사람들의 이목(耳目)을 두려워하지 않으면서 묵묵(默默)히 자신의 천부적 재능의 성장을 기뻐하려면 무엇보다도 하늘이 주는 절대적 자존감(自尊感)이 필요하다. 자존감은 자기 자신을 사랑하며 존중하는 마음으로 자신을 신뢰하며, 능력의 한계를 알고, 어떻게 인생의 역경을 이겨낼 수 있는지를 알며, 스스로 가치 있는 존재임을 아는 자기 확신을 갖는 것이다. 진정한 자존감을 가진 사람은 자신을 소중히 여기는 만큼 타인도 존중하는 마음으로 긍정적인 관계를 유지한다. 반대로 자존감이 약한 사람은 남의 시선을 의식하여 대인관계도 원만하지 못하며 열등감에 사로잡혀 좌절하며 부정적인 마음을 키우기도 한다. 그렇다고 자존감이 지나치게 높은 사람은 자칫 거만하고 타인을 무시하는 것은 오만함으로 전락한다는 사실을 명심하고 어느 한쪽에 치우치지 않는 균형을 유지하는 것이 참된 자존감인 것이다.

또한 자존감은 하늘과 연결된 온전한 생명력이 요구된다는 말이다. 이는 부모나 친구 그리고 일반사회의 평판 등 그 누구의 말보다 더 신뢰할 수 있는 강한 지지(支持)의 믿음인 영성이 있을 때 가능한 것이다. 하늘의 총애(寵愛)를 받고 있음을 확신하고 하늘을 향하는 기쁘고 복(福)된 신나는 인생을 사는 것이다.

사람이 행복해지려면 자신의 숨겨진 재능을 알고, 이를 끊임없이 계발(啓發)해야 한다는 점에 대하여 생각해 보아야 할 것이다.

"당신은 지금 기쁨이 넘치고 신나는 생활을 하고 있습니까? 그렇지 않다면 숨겨진 당신만의 고유한 재능을 어떻게 발견하고, 그에 대한 흔들리지 않는 강한 믿음과 신뢰를 어떻게 획득할 수 있을까요?"

03
리더의 행동

성공하는 리더와 실패하는 리더의 근본적인 차이는 무엇일까? 서점에는 바람직한 리더의 행동에 관한 많은 책들이 있다. 그러나 현장 리더들에게 추천할만한 정말 고귀한(precious) 책은 많지 않다.

성공하는 리더와 실패하는 리더의 근본적인 차이를 살펴보면,

첫째, 성공하는 리더는 사람의 마음세계에 대한 이해력이 누구보다도 높다. 반면, 대개의 실패하는 리더들은 현장에서 발생하는 문제에만 매달려 있는 것을 볼 수 있는데, 그 문제의 뿌리에서 함께 일하는 사람의 마음에 공감하고, 그들을 잘 다루는 사람에 대한 실천적 이해력과 소통하는 능력이 부족한 것이 발견된다.

무엇보다도 먼저 인간의 무의식(無意識) 세계와의 소통 능력이 뛰어나야 한다. 여기서 무의식이란 의식적으로는 결코 알아차릴 수 없는 정신적 내용이라고 말할 수 있다. 실책, 행동, 꿈 그리고 아무런 연결 없이 그냥 떠오르는 생각 등에서 무의식적 실체(實體)의 존재를 다소나마 알아볼 수 있을 뿐이다. 무의식은 잠든 사이에도 늘 활동한다. 무의식은 아주 작은 분량만이 의식 영역에 표현된다.

인간의 무의식 세계와 소통하려면 집중된 상태에서 내면의 깊은 마음까지도 읽어내는 이중 경청(二重傾聽)하는 훈련이 필수적이다. 만사형통(萬事亨通)하는 마음은 결국 어떤 사람에게 주어질 것인지를 생각해 보면, 그것은 말할 것도 없이 일반인들은 쉽게 접근하지

못하는 무의식 세계와 직관적으로 소통하는 통찰력이 있는 사람이라고 말할 수 있다.

누구에게 감동을 경험해 본 사람들은 다 알고 있다. 감히 직접적으로 터놓고 말할 수 없었던 자신의 무의식적 의도(意圖)에 말없이 공감(共感)과 위안을 주는 리더이다. 그러므로 리더의 첫 번째 행동 조건은 깊은 몰입 상태에서 명상(冥想)하는 경청 훈련을 통하여 현장에서 살아 움직이는 소통능력을 체득해 가는 것이다.

둘째, 성공하는 지도력의 핵심적 원천이 무엇인지를 생각해 본다면 나는 눈에 보이는 성과주의(成果主意)에 지나치게 매몰되지 않는 견고한 태도를 유지하는 것이라고 말하겠다. 왜냐하면, 진정한 성과는 장기적으로 볼 때 진정한 실력, 사람됨의 내공(內功, life energy)에서 나오기 때문이다. 이러한 리더는 마음과 뜻과 힘을 다해 헌신(commitment)해야 하는 대상(對象)이 궁극적으로 누구(무엇)이어야 하는지를 깨닫고 있다. 자신의 운명과 모든 자원을 믿고 맡길 수 있는 절대적 가치의 세계를 알고 약점까지도 승화시킬 수 있어야 하는 것이다.

초 경쟁 현대사회에서 건강한 마음과 몸을 유지하면서 최종적으로 성공할 수 있는 리더의 행동은 결국 절대적인 사랑과 존경을 보낼 수 있는 대상으로부터 오는 초월(超越)적인 자존감이라고 말할 수 있다. 이러한 절대 수준의 자존감이야말로 끝까지 포기하지 않는 도전과 성공적 지도력의 원천이라고 말할 수 있다. 이러한 리더의 행동은 단순한 경영기술이 아니다. 사명과 소명으로부터 솟아나는 기쁨과 즐거움의 표현으로서의 리더십(leadership)이다. 리더들은 현장에서 설사 어떠한 억울함과 분노가 발생하더라고 자신의 궁극적인 충성과 헌신의 대상을 가지고 있고, 그것으로부터 인정(認

定)과 특별한 총애(寵愛)를 받고 있으므로 결코 좌절하거나 우울해하거나 쉽게 넘어지지 않는다.

셋째, 대부분의 실패하는 리더들은 나쁜 선택의 오판임에도 고집하며 추구하고 쟁취하는데 몰두한다. 그러나 성공하는 리더는 일원들의 의견을 충분히 경청하고 각자의 의견에 각을 세우지 않으며, 토론을 마친 후 합리적인 판단과 자신의 능력을 믿으며 결정하는 것이다. 그리고 인기관리에 치우쳐 인정받고 싶은 욕구를 억누르고, 현실직시와 조직의 이득을 위해 외로운 결단을 내릴 줄 알아야 한다.

넷째, 자기관리에 힘쓰며, 대인관계의 기본인 감성지수를 높이는데 지혜를 모아 조직의 소소한 기념일과 대소사를 챙겨주어 소속감을 확실하게 보여준다. 갈등관리 또한 성격이 맞지 않는 사람들일지라도 서로를 돕지 않으면 일의 성과가 오르지 않음을 인식시켜 친밀한 관계로의 전환을 위해 자리를 마련해주는 신뢰하는 리더의 모습으로 사람들의 마음을 움직일 수 있어야 한다.

다섯째, 조직의 리더는 모든 것을 혼자 책임을 지려고 하면 안 되고, 조직의 성과를 내는데 핵심인물은 맞지만 구성원들을 위임하여 뛰어난 자질을 발휘할 수 있도록 도와주는 견인차 역할을 하는 것이다. 조직원 각자의 능력을 적재적소에 배치함으로써 자신의 능력과 기량을 최대한 펼칠 수 있도록 기회를 제공하여 경력을 쌓고 성장하는 것을 장려하며, 각 분야에서 책임과 의무를 다할 수 있는 열정을 북돋아 준다.

훌륭한 리더를 만나 오래도록 머물면서 일할 수 있는 조직이 있다면 기꺼이 즐거운 마음으로 일할 것이다. 그에 상응하는 성과의 분배 또한 각자의 기량을 발휘한 만큼 배분이 주어진다면 보다 큰 성과와 발전으로 이어질 것이다. 바람직한 리더는 자신의 행동에 대해 좀 더 신중하게 고찰해 보는 마인드가 필요하다 할 것이다.

> **리더의 행동 : 역경과 고난의 삶을 살지 않았던 사람은 후대에 남겨 줄 것이 없다.**

04

친환경적인 생활

오늘날 환경문제는 대단히 심각하다. 특히 미세(微細)먼지 등은 인류의 미래를 위협하는 가장 큰 문제로 여겨지고 있다. 이는 자연에 대한 인간의 태도가 지나치게 정복(征服)적이고, 인간중심적인 실용가치로만 관계하였기 때문이라고 말할 수 있다. 이는 인간이 자신의 욕망(欲望)에 휘둘린 결과라고 여겨진다. 따라서 자연 친화적 · 생태 친화적인 삶으로 돌아가야 한다는 가르침을 시사하고 있다.

그런데 우리 조상들은 원래 친환경적인 생활을 해온 것으로 평가되고 있다. 즉, 자연과 서로 상생(相生)하는 생활방식을 유지한 것이다.

그러므로 현재의 환경문제를 해결하기 위해서도 조상들의 지혜를 탐구하고, 이러한 지혜를 응용하는 것은 현대인들의 지속가능한 삶을 위해서도 매우 바람직한 자세라고 할 수 있다. 특히 어린 시절부터 친환경적 생활태도를 몸에 익히는 것이 중요하다.

우리 조상들의 전통적인 지혜에 관한 학습은 미래의 지혜를 길러줄 수 있고, 우리 전통문화에 대한 깨달음에 따른 자긍심과 함께 환경교육에도 큰 도움이 된다. 여러 가지 문헌을 살펴보면 조상들의 생활은 기본적으로 친환경적 생태적 사고를 유지하고 있었다는 것을 금방 알 수 있다. 우리 조상들은 인간이 자연의 일부이고, 자연속에 포함된다는 생각을 한시도 잊지 않았던 것이다.

자연(自然)은 말 그대로 지금 있는 지구 환경 자체를 의미한다. 사람의 힘을 더하지 않은 천연 그대로의 존재, 지금 여기에서 볼 수 있는 하늘, 태양, 별, 달, 산, 물, 나무, 숲, 꽃, 동식물 등 모두 다 자연이다. 따라서 인간도 당연히 자연의 일부다. 있는 그대로의 모습이 자연이기 때문이다.

그런데 생태는 약간 다른 개념(概念)이다. 자연 상태에서 동물, 식물, 인간, 광물까지도 각각 자기 자리에서 독립적으로 제 각각 사는 것이 아니라 유기적인 관계 속에서 살아간다. 이를 생태(生態)라고 한다. 이는 일종의 생태시스템이다. 여기서 중요한 것은 인간의 개입이다. 장기적으로 생태계를 어떻게 보존하는 것이 인간의 유익함을 위해 바람직한 것인지를 깊이 생각해야 한다는 것이다. 우리 인간들이 세상에서 지속적으로 생육(生育)하고, 번성(蕃盛)하며, 충만(充滿)하려면 본래 인간에게 주어진 생태계가 생겨난 목적과 관계를 제대로 인식해야 한다.

벼농사는 습지에 벼를 심은 후 벼가 잘 자라게 하기 위해 어쩔 수 없이 농약을 치고 잡초를 뽑게 된다. 그러나 농약은 습지에 사는 물고기와 곤충, 식물 등을 죽일 수 있다. 돼지나 닭, 소 등 가축을 키우는 것도 마찬가지다. 좀 더 많은 고기를 더 빨리 획득하기 위해 좁은 공간(장소)에서 인위적인 방식을 사용하게 되면 동물들은 자연스럽게 병들게 되고, 장기적으로는 자연이 인간에게 크나큰 재해로 생명의 위협을 주기도 한다. 생명을 존중하면서 함께 살아가는 것, 이를 확실히 깨닫게 되면 생태와 자연에 대한 경외심(敬畏心)과 공경(恭敬)으로 두려워하는 마음이 생긴다. 자연이 주는 혜택으로 인간이 살아갈 수 있듯이 자연과 인간의 바람직한 관계를 조상들의 지혜와 자연과의 관점에서 재고(再考)할 필요가 있다.

자연이 아낌없이 주는 혜택을 누리면서도 감사함을 잊고 지낸다. 가끔 생각하면 어머니의 무한한 사랑과도 같은 것이다. 그 사랑을 인간들이 부수고 훼손하며 살고 있는 것이다. 지금 부터는 자연과 교류하며 보호해야만 한다. 한번 파괴된 자연환경은 원래대로 되돌리기가 쉽지 않기 때문이다. 이제 자연 파괴는 멈춰야 한다.

자연이 주는 기쁨을 떠올려 보면 푸른 실록으로 우리가 내뿜는 이산화탄소를 머금고 우리에게 산소를 공급하질 않는가. 봄에 피는 꽃들로 기쁨을 주었고, 장렬한 태양의 여름에는 싱싱한 과일로 더위를 달래주며, 가을엔 곡식으로 식량을 제공하며, 겨울에는 하얀 눈으로 아름다움을 선사하는데 자연을 폐 쓰레기 동산으로 쌓이게 하는 모습에 안타깝다. 공기를 탁하게 하고 오염을 시키면 돌아오는 것은 인간들에게 주어지는 자연의 재해만이 돌아오는 것이다.

선조들이 남겨 준 것이 쓰레기 뿐 이라면 후손들이 자연을 무서워하며 선조들을 원망하는 일이 없도록 해야 한다.

그만큼 우리는 자연과 함께 있음을 인식하고 건강한 삶을 위해 도시에서의 녹지조성과 생활환경을 만들고 대기오염의 폐해를 줄이는데 지속적인 개선이 있어야 하며 그린웨이 조성사업에도 적극적이기를 바란다.

> **" 친환경적인 생활 : 쉽게 사용하는 화학비료나 농약을 사용하지 않고 유기농법으로 자연친화적인 환경과 조화를 이루며 살아가는 지혜를 인류가 실천해야 한다. "**

05
자연에 대하여 겸손함

인간의 삶은 시행착오(施行錯誤)의 연속이라고 말할 수 있다. 시행착오도 생활방식의 하나라고 할 수 있는데, 어떤 목표나 과제를 해결할 방법을 모르는 채 본능 · 습관에 따라 시행과 착오를 되풀이하다가 우연히 성공한 동작을 발견하게 되고, 그 이후부터는 같은 동작을 계속함으로써 점차 시간을 절약하여 목표에 도달하는 방식이다. 여기서 좀 더 신속한 생활의 안정성을 확보하기 위해 조상들의 지혜를 배워야 한다는 온고이지신(溫故而知新) 정신이 강조되었다. 즉, 옛것을 익혀 새로운 것을 안다는 생활학습원리라고 말할 수 있다. 이러한 조상들의 지혜를 잘 살려서 현대에 응용(應用)하는 근본적인 마음자세에 있다.

일상생활에서의 지혜는 물론 과학과 철학 등 전문분야를 포함하여 모든 분야에서 온고이지신의 정신이 실천되고 있다고 보아야 하는데, 서양이 동양을 지배한다는 서세동점(西勢東漸)의 시대가 지나가고 있다고 말하고 있으나 그 여파(餘波)로 여겨지는 정신적 가치관의 혼돈을 겪고 있는 것으로 분별된다. 후기 자본주의 시대의 황금만능주의의 사상적 흐름과 과잉욕망(過剩欲望)에 대한 적절한 조치를 취하지 못하여 많은 사람들이 새롭고 다양한 중독(中毒)에 빠지게 되었다.

이러한 중독현상은 사회 전체를 이끄는 대타자(大他者, big other 메시지를 완전무결하게 해독하는 이)가 붕괴된 상황에 그 심층적 원인이 있다. 예컨대, 노동의 피로와 생활 스트레스에서 벗어나기 위한 놀이문화가 그 본래의 목적에서 벗어나 놀이 자체가 우상화되는 환상적 거짓세계가 사회에 만연하게 되는 경우이다. 이를 좀 더 깊이 분석해 보면, 원자(原子)적으로 흩어진 개인주의 시대에서 사람들은 점점 더 외로워지고, 역설적으로 안정된 소속감(所屬感)과 친밀감(親密感) 경험을 갈구하고 있다.

존재 전체를 안아주는(holding) 대타자가 붕괴(崩壞)된 상황에서는 종교적, 문화적 우상 등 작은 대타자들(small big others)이 나타나게 되는 것이다. 예컨대, 노래하는 가수를 우상화하여 공연할 때마다 해외까지도 마다하지 않고 원정관람(遠征觀覽))하는 등 열광(熱狂)의 대상을 혼자만의 환상(幻想) 속에서 즐기고 있는 것이다.

여기서 다시 한 번 기억하고 실천해야 할 조상의 지혜는 경경위사(經經緯史) 정신이다. 경전(經典) 즉, 경전의 진리는 영원히 변하지 않는 보편적 가르침을 날 줄로 인식하고, 시대에 따라 그 양상(樣相)이 변화하는 역사를 씨줄로 인식함으로써 경전과 역사를 날줄과 씨줄의 관계로 엮어서 사는 삶이 필요한 시점이다.

대개의 사람들은 과거와 현재 그리고 미래를 오가면서 산다. 그런데 역사와 사회 자체가 흔들리는 불안(不安) 속에서는 영원한 지혜가 필요하다. 지금은(2021년 가을) 전 세계가 중국을 기점으로 코로나 바이러스로 인해 하루에 수백 명씩 사망하고 있다. 이러한 대책 마련이 불가능한 돌발적 상황에서 휘둘리지 않는 보편적인 삶의 지혜가 더욱 더 필요하다. 사람과 인공지능의 연결(連結) 시대에도 불가능한 천재지변의 돌발적 상황에도 대처할 수 있는 영원한 지혜인 경전의 말씀을 통해 체득(體得)된 단단한 깨달음의 통찰이 필요하다. 신성시 되는 경전은 다양하지만 공통적인 특질은 영적으로 마술적인 능력을 가지고 있으며, 종교적인 감정이나 신념이 표현된 가르침으로 철학적 의미도 담고 있다. 세계 여러 종교의 존중을 받는 거룩한 진리의 문서의 힘을 믿고 마음의 안정을 찾는 것도 방법이다.

우리 조상들은 특별히 약은 없지만 개인위생을 하며, 자연에서 축출한 약 뿌리로 대체하기도 하였고, 특히 어머니들은 새벽이슬을 맞으며 경건한 마음으로 정갈하게 장독대에서 정화수를 떠놓고 양손을 모아 손바닥을 맞비비며 하루를 기도로 시작하였다. 생사화복을 다스리는 신께 가족의 건강과 평안을 간절히 비는 사랑이 묻어나는 숭고한 부모의 마음이 있었다.

인공지능이 발달한 이 시점에서 눈에 보이지도 않는 바이러스에 온 세계가 발칵 뒤집혀져 주검으로 이어지는 상황을 보면서 인간의 나약함과 예비된 약이 없다는 사실이 아이러니다. 이는 나약한 인간들을 더욱더 겸손하게 분발하라는 신의 메시지로 받아들인다. 이런 상황을 대비하는 대비책이 하루 빨리 나오기를 주문해 본다.

> **온고이지신 : 옛 것을 잘 알고 그것을 바탕으로 새로운 것을 알아가는 것이다.**
> **즉 과거 없는 현재와 미래는 없다.**

06

감사하는 마음

모든 일에 감사하라는 말이 있다. 감사는 매사를 고맙게 여기라는 뜻이다. 그런데 경쟁에서 살아남아야 생존할 수 있다는 통념(通念)이 일반화되어 있는 사회에서는 감사하라는 말까지도 경쟁력을 통한 성공적 인생을 위한 감사의 인성(人性) 가치를 강조하는 것처럼 여겨진다. 틀린 말이라고 할 수 없는 것이 감사하는 삶 자체가 승리의 인생이기 때문이다.

「부자의 지혜(WallaceD.Wattles)」에서는 '마음이 불만(不滿)으로 차는 순간 실패의 길로 들어서는 것' 이라고 강조하고 있다. 그러나 모든 일에 감사하는 마음의 능력은 누구나 마음만 먹으면 가능한 것이 아니다. 감사하는 마음은 인생에 대한 깊은 통찰에 근거하여 꾸준하게 생활방식으로 체득되어진 다음의 과정이 필요한 것이다.

첫째, 모든 일에 감사하기 위해서는 영원(永遠) 차원에서 생각할 수 있어야 한다. 영원한 차원에서 바라볼 때 상황에 휘둘리지 않을 수 있기 때문이다. 영원한 차원에서 사는 사람은 마치 높은 산 위에 올라 아래를 내려다보는 인생의 전망(展望)을 확보한 것과 같다고 말할 수 있다. 산꼭대기에서 멀리 보면 앞이 탁 트이어 보이고. 미래가 밝게 보인다.

둘째, 감사하는 사람은 인생을 여행이라고 생각하는 사람이다. 즉, 삶은 존재적(存在的) 여행이다. 온전한 존재를 향한 나그네 길이라는 말이다. 여행을 하는 나그네는 짐이 가볍다. 여행(旅行) 자체가 목적이고, 여행을 통해 경험을 쌓으며, 다만 온전한 인격적 존재로의 변화를 기대할 뿐이다. 이러한 인생 여행길에서 필요한 것은 과거의 경험과 미래의 꿈이라기보다는 위(공중)로부터 공급되는 그때그때 필요한 삶의 정보(情報)라고 할 수 있다. 이는 마치 모르는 길을 운전하는 자동차의 주행지시(navigation)와 같다고 할 수 있다. 매사를 감사할 수 있는 사람은 삶을 위한 내비게이션을 소유한 사람이다.

셋째, 욕망(欲望)의 대상을 정확하게 찾은 사람이다. 상황이 어렵거나 좋지 않아도 무조건 감사하는 인격은 자신의 내면에 영원한 보물을 이미 간직하고 있기 때문이다. 즉, 간절하게 바라고 원하는 것을 이미 그 마음속에 가지고 있다는 말이다. 그러므로 심층 차원에 존재하는 그 보물과 연결되어 있고 소통함으로써 표층에서 벌어지는 모든 사건이나 만남에 대하여 지나친 애착(愛着)을 갖지 않는다.

끝으로 모든 일을 감사하는 사람은 독특한 관념(觀念)을 가지고 있다. 예컨대, 대부분의 사람들은 자신이 일상(日常)에서 만나는 사람이나 사물(事物)에 대하여 사랑하고 아껴서 단념할 수가 없는 애착(愛着)을 형성하게 된다. 그런데 이러한 애착 대상은 영원하지 않고 언젠가는 사라진다. 그럼에도 이를 인정하지 못해서 실제로 사라질 때는 깊은 상실경험을 통해 마음의 상처(trauma)를 입게 된다. 이것이 모든 일에 감사하지 못하는 원인이 될 수 있다. 그러나 모든 일에 감사하는 사람은 사라지지 않는 영원한 애착 대상을 가지고 있을 뿐이다. 보이는 세상에 속한 것들은 영원하지 않고, 일시적이며, 다만 이들은 영원한 세계로부터 오는 메시지와 사랑을 전달하는 대상(對象)으로 여겨질 뿐이다.

> **“감사하는 마음 : 매 순간을 감사하는 마음으로 채우다보면 어느 새 커다란 감사의 산이 기쁨이 되어 내 앞에 서 있다.”**

2장

깨닫는 원형질

07
천부경(天符經)

'한 사상'은 환인, 환웅, 단군으로 이어져 오늘날까지 내려오는 사상으로 세상을 이롭게 하며, 모든 종교를 품는 세상에서 가장 크고 넓은 유일신이신 하나님을 믿는 '한 사상'인 것이다. 그의 기록이 천부경에 있는 것이다.

천부경의 '홍익사상'은 태고(太古)사상으로 진리를 바탕으로 한 '조화와 질서' 속에 다양성을 포용하는 바다보다 깊고 넓은 사랑을 담은 정신문화사상이다.

우리나라의 교육법 제1조가 '홍익인간 정신'이다. 홍익(弘益)이란 홍도익중(弘道益衆)의 준말이며, 도(道)를 크게 하여 많은 사람을 이롭게 하는 뜻이다.

천부경(天符經)은 우리선조들이 신성(神聖)시하는 기본 경전(經典)이며 모두 81자로 구성되어 있다. 천부경은 천지창조(天地創造)와 만물이 나서 자라는 생장(生長)과 성장하고 쇠퇴하는 성쇠(盛衰)의 기본이치에 대한 것이며, 숫자로 삼라만상 우주의 내용을 밝혀서 표현하였다.

천부경은 하늘의 신(天神)인 환인(桓因)의 뜻에 따라 고조선 시조 단군을 낳았다고 알려진 환웅(桓雄)이 바람과 비와 구름 즉, 풍백(風伯), 우사(雨師), 운사(雲師)의 삼신(三神)을 거느린다는 의미를 가지고 있는 세 개 천부인(天符印)을 소지(所持)하고, 백두산 신단수(神檀樹) 아래 강림(降臨)하였다.

천부경은 환웅이 널리 인간세계를 이롭게 한다는 홍익인간(弘益人間)의 이치로서 세상을 다스린다는 이화세계(理化世界)의 대업(大業)을 시작하였다. 그리고 고사(古事)에서 비롯하는 더할 수 없이 높은 지고(至高)의 하늘의 책, 천서(天書)로서 온 우주 만물을 연결하는 무소부재인 '한', '하나' 인 '하나님' 으로 존칭하여 부르는 것이다.

하나님 아래 '천 · 지 · 인' 이 있어 하늘(天)을 '천신(하느님)', 땅(地)을 '지신', 사람(人)을 '조상신' 으로 모시고 제사를 지내듯이 사람 안에 신성(神性)이 함께 있다는 것이다. 그래서 내안에 영원불멸의 진리인 '하나님' 을 얼마나 향하고 있느냐에 따라 삶은 달라지며 등급이 매겨지는 것이다.

최상위의 가치관은 일도삼덕(一道三德)으로 옳고 그릇됨을 알아차리는 판단능력을 키우는 것이 중요하다. 일도삼덕(一道三德)에서 일(一)은 하나님을 뜻하며, 도(道)는 길을 뜻한다. 즉, 하나님의 길이란 변함없는 진리(眞理)를 말하는 것이다.

삼(三)은 '천 · 지 · 인' 을 뜻한다. 덕(德)은 위하는 마음으로 '사랑' 을 뜻한다. 그러므로 하나님께서 세우신 천체의 궤도를 하나님의 진리(무위자연의 법칙)를 기반으로 하늘과 땅, 그리고 사람을 위하는 마음을 갖추어야 한다는 것이다. 지금은 이를 도덕(道德)이라고 지칭하며 가르치고 있다.

세상의 모든 것은 하나에서 비롯된 깨달음과 믿음으로 귀결되며, 우리 선조들은 '하나' 를 일, '하나님' 으로 불렀다. 하나(하나님)로 나뉜 '천 · 지 · 인' 은 셋이 행하는 작용으로 본질은 다르지만 삼위일체로서 같은 하나(하나님)의 일을 한다는 의미의 '삼위일체(三位一體)' 로 '삼신(三神, 天 · 地 · 人) 할머니' 의 사상이기도 하다. 그래서 우리 선조들은 하나님도 믿었고, 하느님도 믿어 왔던 '천손(天孫)' 인 것이다.

'사람이 곧 하늘' 이라는 '인내천(人乃天)' 사상도 삼신(天 · 地 · 人) 중의 하나인 사람(人)으로 일도삼덕(一道三德)의 진리와 가치관으로 깨닫는 마음공부가 중요하다. 신과 교통하는 기쁨으로 조화와 질서 속에 행복을 누리는 것이야 말로 지상낙원(地上樂園)이라 할 것이다.

우리의 '한 사상' 인 '홍익사상(弘益思想)' 은 인간세계(우주만물)를 널리 이롭게 하고, 사람(人)은 하늘(天)의 도(道)를 깨달음으로써 지상낙원(地上樂園)을 이룬다는 것이다.

「천부경(天符經)」은 원래 환인시대부터 이어오면서 환웅에게 전해진 삼부인 세 개 중에 하나인 거울 용경에 새겨진 것으로 환웅천왕이 백두산 기슭에 신시를 개국 후 백두산 동쪽에 큰 비를 세우고, 글로 새겨 훗날 통일신라시대까지 전해져왔다. 이글은 우리 민족의 옛 글자(훗날 훈민정음의 모체가 됨)인 '가림다' 로 새겨졌다. 후세 사람들이 판독하기 어려운 것을 통일신라시대의 해동공자로 추앙받던 석학 최치원(崔致遠)이 백두산을 찾았다가 발견하여 번역한 내용으로 전체 81자를 다섯 부분으로 나눈 경전이다.

① 일시무시일석삼극무진본(一始無始一析三極無盡本)

일은 하늘(天)이고, 이는 땅(地)이며, 삼은 인간(人)을 지칭한다. 즉, 우주는 시작됨이 없이 시작되고, 끝남이 없이 끝나니라 하고, 이 우주의 생성원리를 말했다.

② 천일일지일이인일삼일적십거무궤화삼
(天一一地一二人一三/一積十鉅無匱化三)

하늘을 일(一)이라는 수(數)로, 땅을 이(二)라는 수로, 사람을 삼(三)이라는 수로 대치해서 설법하겠노라 하는 말이다. 하늘은 하늘이면서 땅이고 사람이요, 땅은 땅이면서 하늘이고 사람이며, 사람은 사람이면서 하늘이요 땅이라는 말이다. 하늘과 땅과 사람이 각각 모습이 다르게 보여도 천지인은 동일한 본성을 가지고 있다.

“일이 쌓여서 십이 되는데, 상자가 없어서 삼으로 변한다.”이다. 일이란 하늘이다. 삼은 사람이다. 그렇다면 해석된 뜻은? 하늘의 정기가 쌓이고 충만해지는데 그것을 담을 상자(궤)가 없으므로 사람으로 변한다는 것이다.

그렇다. 여기서 동양사상의 오직 하나의 외침이 나온다. 인간은 하늘이 모습을 바꾼 것이다. 동학에서 주장한 인내천이 바로 천부경의 가르침에서 나온 말이다. 사람을 섬기기를 하늘과 같이하라 했던 유교의 인본주의 사상이 여기서 발원되었음이다.

③ 천이삼지이삼인이삼대삼합육생칠팔구

(天二三地二三人二三/大三合六生七八九)

하늘은 땅의 수(數) 이(二)와 인의 수 삼(三)을 하나씩 가지고 있고, 땅은 하늘의 수 일(一)과 사람의 수 삼(三)을, 사람은 하늘의 수 일(一)과 땅의 수 이(二)를 가지고 있다. 즉, 하늘과 땅과 사람은 각각 자신의 고유한 성질을 나타내고 있지만 각각은 나머지의 성질을 부분적으로 다 가지고 있다는 뜻이다.

천(天)의 수 일(一)과 지의 수 이(二)와 인의 수 삼(三)을 합하면 육(六)이 된다는 말이다. 천지인은 동본이상(同本異象)으로 하늘의 수도 육이요, 땅의 수도 육이요, 사람의 수도 육이다. 따라서 천지인의 삼극이 모여 있는 합일된 상태인 태극의 수가 바로 666이다. 삼극이 한자리에 모인 대삼(大三)의 수인 것이다.

④ 운삼사성환오칠일묘연만왕만내용변부동본]

(運三四成環五七/一妙衍萬往萬來用變不動本)

“삼이 움직여 사(四)를 이루고, 오(五)와 칠(七)을 덮는다.”이다. 삼이 움직인다는 것은 석삼극(析三極), 즉, 천지인 또는 음양(陰陽) 중의 삼극으로 나누어 진 태극은 고정되어 제자리에 있는 것이 아니고, 서로 상생상극하며 돌게 되는데, 이것은 천지의 운행이고 음양의 회전이다. 삼극은 움직인다(運). 이 삼극의 움직임이 만들어내는(成) 것이 사(四)이다. 이 사(四)가 바로 기(氣)이다. 기의 부실함은 바로 삼극의 움직임이 바르지 못하기 때문이다.

이 기가 오와 칠을 둘러싼다(環). 오(五)와 오행(五行) 즉, 모든 물질과 제반 현상이고, 칠(七)을 칠기(七氣) 즉, 칠정(七情)인 마음(心)이다. 태극이 나뉘어 삼극(삼신)이 되고, 이 삼극이 조화로 운행하면 기가 생기며, 이가 몸(물질)과 마음(정신)을 같이 둘러싼다고 하는 음양오행의 이론적 시원이 여기서 나왔다.

하늘의 움직임은 묘하고도 묘하여라. 삼라만상이 가고 오는 도다. 세상만물이 그 쓰임(형태, 모습)이 변해도 근본자리는 바뀌지 않음이니.

⑤ 본심본태양앙명인중천지일일종무종일

(本心本太陽昻明人/中天地一一終無終一)

근본마음이 본래 밝은 빛이니 사람을 우러러 비추어라.

천지 중에 으뜸이니라. 우주는 끝남이 없이 끝나는 우주이니라.

하늘이 있고, 사람이 따로 있는 것이 아니고, 창조주와 피조물이 나뉘는 것이 아니라 하늘이 변한 것이 사람이니 사람이 곧 하늘이라는 궁극의 가르침이다. 인내천사상과 같은 말로 이 우주에서 생명이 모습을 드러내는 원리를 극명하게 표현한 것이다.

사람이 곧 하늘인데 어찌 사람 밖에서 신을 찾을 것인가? 마음 밖에 부처가 있겠는가? "인간이란 하늘을 담아 놓은 그릇(상자)"이다.

그 그릇을 함부로 하고 가벼이 대해서야 되겠는가? 모든 사람이 다 하늘인 것이다. 우리 한 사상이 지향하는 삼신합일(三神合一)의 상태가 우주 본래의 자리 그대로의 본 모습인 태극(太極)으로 무진본(無盡本)인 것이다. 서양이 신본주의라면 동양은 인본주의이다. 모든 것을 가장 명료하고 분명한 문장으로 말하고 있는 경전인 것이다. 이 지구상에 이보다 더 인간을 존중하는 종교나 사상은 찾아 볼 수가 없다.

동양문화의 본질은 조화와 질서이다. 천부경은 그 내용이 길지 않으면서도 우주와 신과 인간에 대한 모든 것을 담고 있다. 불교의 8만대장경을 200여 글자로 압축한 것이 「반야심경」이다. 이 「반야심경」의 내용을 여든 한 글자로 압축하면 천부경의 내용과 크게 다르지 않게 된다. 반야심경을 한글자로 줄이면 마음 심(心)이다. 천부경을 한글자로 줄이면 사람 인(人)이다.

천부경의 가르침은 크게 세 가지다. 하나는 우주에 대해 말하고 있다. 시작도 끝도 없는 우주(宇宙), 현재 우주물리학은 시작이 있는 세계이다.

현대 우주물리학은 결론의 가닥을 '시종이 없는 우주'쪽으로 잡아가고 있다. 천부경이 대개 종교적인 경전으로 생각하는데, 이 천부경에 신에 대한 말은 한마디도 없고, 내세에 대한 이야기도 없으며, 구원의 희망도 말하지 않는다. 그저 "인간은 하늘, 즉, 우주 그 자체이다"라고 말하고 있고, 우주는 시작도 끝도 없다고 말한다.

인간은 태어남과 죽음이 없이 영원한 우주이다. 세계의 모든 민족들이 태양과 달 등을 신으로 받들고, 신들의 기쁨을 위해서 인간의 심장을 바쳤던 때에 한 민족은 이러한 종교관이나 신관으로부터 훨씬 높은 차원에 가 있었던 것이다. 때문에 우리 민족은 우상을 세우지 않았던 민족이다. 불교가 들어온 이후에 불상이 세워지기 시작했다.

하늘에 제사를 지내는 신성한 장소인 소도는 그저 평평한 마당에 작대기 하나(솟대)를 세워 놓은 것이 전부이다. 제사의 성격은 신에게 봉행하는 자리가 아니라 하늘님을 모시고 산사람들이 먹고 마시는 잔치였다. 인간을 벌하는 신이란 생각할 수도 없는 일이었다. 세계의 모든 민족은 신 앞에 죄의식에 사로잡힌 채 두려운 심정으로 나아갔다.

한민족은 원래 신 앞에서 더욱 명랑한 민족이었다. 신을 공경했지

(敬天) 두려워하지 않았다. 신에 대한 공경은 인간에 대한 사랑(愛人)의 다른 방법이었다. 경천애인(敬天愛人)의 밝은 마음이 우리 민족의 종교관을 형성한 것은 환인천제(桓因天際) 시절부터 이어져 내려져온 천부경에 그 뿌리를 두고 있다.

우주의 본질 다음으로 천부경이 가르치는 것이 바로 인간의 본질이다. 하늘의 기가 형상으로 나타난 것이 인간이다. 우주에서 가장 소중한 것이 인간이라 말하고 있다. 인간은 신을 위해 봉사하는 피조물로 여기는 대부분의 종교들과 엄청난 차이를 보이는 것이다. 그래서 천부경으로 시작된 하늘의 개념이 지배한 고대 동양에서는 신을 위한 건축물을 짓지 않았는데, 건축물을 짓는 것은 사람이 기뻐하기 위한 것들이다. 신은 혼자서 존재하는 것이 아니라 반드시 삼신이 함께 있는 것이었다. 그것이 바로 천 · 지 · 인의 삼신사상(三神思想)인 것이다.

물리자연으로 이루어진 동양의 기(氣)는 에너지의 총체적인 힘인 것이다. 그리고 조화와 질서는 하나님을 추구하는 마음이며, 하나님을 벗어나는 삶은 멸한다는 것이다. 내가 곧 하나님인 것으로 자기 자신이 깨우치지 않으면 안 되는 것이다.

물질문명의 정신문화는 끝과 끝이 닿는 지점이 한 하나님의 자리로 연결되어 있는데, 나만 혼자 기고만장하거나 조화와 질서에서 벗어나면 넘어지는 것이다. 즉, 모든 사람은 하나님의 속성과 귀결됨을 알고 행하면 그르침이 없는 것이다.

이를 통해 우리 민족은 그야말로 천손(天孫)임을 알게 되어 꼭 알리고 싶은 마음이다. 천부경이라고 해서 어느 종교의 경전인줄 알고 들여다 볼 생각조차도 않았던 어리석음에 부끄러운 마음까지 든다. 우리 자손들이 자긍심을 갖고 이를 기리며, 천부경의 정신을 이어받아 우리 시대에 맞는 자신의 품격을 높이는데 힘써야 할 것이다.

〈최종 정리〉

一始無始一(일시무시일) ☞ 우주는 시작됨이 없이 시작된 우주이니

析三極無盡本(석삼극무진본)

☞ 하늘과 땅과 사람으로 나뉘어도 근본은 변함이 없고,

天一一地一二人一三(천일일지일이인일삼)

☞ 하늘과 땅, 사람은 그 가치가 똑 같고,

天二三地二三人二三(천이삼지이삼인이삼)

☞ 하늘, 땅, 사람은 모습은 다르되 근본은 같으니라.

一積十鉅無櫃化三(일적십거무궤화삼)

☞ 하늘의 정기가 충만해지건만 담을 상자 없어 사람으로 변하노라.

大三合六生七八九(대삼합육생칠팔구)

☞ 삼극이 돌고 돌아 24절기를 만들고,

運三四成環五七(운삼사성환오칠)

☞ 삼극의 조화로 기가 몸과 마음을 감싸노니

一妙衍萬往萬來(일묘행만왕만래)

☞ 하늘의 움직임은 묘하도다. 삼라만상이 가고 오는구나.

用變不動本(용변부동본) ☞ 만물의 쓰임은 변해도 근본은 변치 않고,

本心本太陽(본심본태양) ☞ 근본마음이 본래 밝은 빛이니,

昻明人中天地一(앙명인중천지일)

☞ 사람을 우러러 비추어라. 천지간에 으뜸이니라.

一終無終一(일종무종일) ☞ 우주는 끝남이 없이 끝나는 우주이니라.

"註) 구름 이경숙 해설서에서 발췌. 다른 해설서와 차별화되어 있어서 감사히 여기며, 널리 알리고 싶고, 감동과 놀라운 마음에서 추서하여 옮겨 놓음."

08
위기 극복과 빛나는 국가관

한 나라의 위기 극복은 올바른 국가관에서 찾아야 한다. 우리나라는 역사적으로 수많은 위기를 극복하였다. 지금은 인간의 탐욕으로 인한 자연생태계 파괴와 관련된 바이러스 감염(感染) 문제로 세계적인 위기를 겪고 있다. 이는 바이러스성 질병(viral disease) 홍역 바이러스, 수두 바이러스 등은 공기를 통해서 전염되나 메르스 및 코로나 등 바이러스는 기침이나 재채기를 할 때 침방울(비말)과 함께 바이러스가 대기 중에 뿌려져 전염된다. 어떤 바이러스는 오염 식음료, 감염자 신체, 배설물과 구토물 접촉으로 감염될 수 있다.

바이러스 질병 감염이 사실 어제 오늘의 일이 아니며, 우리나라만의 위기도 아니다. 자연을 훼손하는 인간중심의 왜곡된 생활방식(life style)과 무관하지 않으므로 단기(短期)에 회복(回復)될 것으로 여겨지지 않는 상황이다. 그리고 바이러스는 언제든지 새로운 변종(變種)을 일으켜 언제 어떻게 우리의 생명을 공격할지 알 수도 없는 상태이다. 백신 등 근본적인 방어대책이 마련되기 전에 국가 경제기반을 무너뜨릴 것이라는 전망도 없지 않다. 실제 이동을 필수로 하는 항공업체는 이동을 허용하지 않는 바이러스의 직격탄을 당하고 있다. 기내(機內) 상품을 공급하는 중소기업들은 줄도산(倒産) 위기에서 숨도 쉬지 못하고 있는 실정(實情)이라고 한다.

이러한 국가위기 시기에 강조되는 것은 올바른 지도자의 리더십과 국민들의 국가관(國家觀)을 점검하고 새롭게 하는 일이라고 말할 수 있다. 국가관이란 한마디로 국가에 대한 국민의 가치관이나 태도라고 말할 수 있다. 국가관의 변화는 시대와 상황에 따라 그리고 세대별로 차이가 난다. 국가가 형성되기 위해서는 땅과 사람과 법(주권)이 있어야 한다. 국토와 국민과 주권이 국가형성의 3요소라고 할 수 있는 바, 위기 극복을 위한 국가관의 방점 즉, 국가형성 요소 중 어디에 더 중요한 가치관을 두고 헤쳐 가느냐의 문제다.

우선 국토에 중요한 가치를 부여하는 국가관이 있다. 이러한 국가관에서는 토지를 누가 소유하느냐가 가장 중요하였다. 그래서 봉건시대(封建時代)에는 국가 자체를 군주(君主)의 개인재산으로 보았고, 국민과 주권의 요소를 중요시하지 않았다는 뜻이다.

그런데 시간이 흐르면서 근대적 국가 개념이 생겨났다. 이는 일정한 지역 위에 정부라는 조직을 가지는 국민 단체로 통치권의 주체라고 볼 수 있다. 국가란 일정한 지역을 독점적 지배범위로 하고, 그 지역에서 최고 권력에 의해 결합된 인류의 집단이라고 말할 수 있다.

한편, 21세기는 글로벌(Global) 시대이다. 글로벌 리더십이 강조되고 글로벌 시대에 알맞은 국가관이 필요한 시대이다. 생태계 파괴에 따른 바이러스 공격이 점진적으로 거세게 확산되는 시기로 이에 대한 대책을 세우는데 국가관의 차이가 드러나고 있다. 바이러스 경로를 적극적으로 차단하지 않았다는 비판도 있지만 글로벌 시대에 외국과의 적절한 관계를 유지하기 위해 어쩔 수 없는 상황이었고, 그런 상황에서 전문 의료진을 중심으로 국민들의 사회적 거리두기(social distancing)는 전염병의 지역사회 감염 확산을 막기 위해 사람들 간의 거리를 유지하자는 캠페인을 통해 예배 등의 집단행사나 모임을 스스로 절제하자는 내용을 담고 있으므로 협조를 통한 최선의 방어를 하고 있다.

그러나 국가 경제기반과 국민건강이 무너지지 않는 선에서 철저하게 바이러스를 방어할 수 있을지는 매우 의심스럽다고 말해야 하는 상황이다.

문명의 발전으로 각종 질환과 의학이 맞서면서 인간의 수명이 연장되었지만 이와는 무관하다는 듯이 신종 바이러스가 등장하면 부화내동하며 꼼짝없이 당하는 모습을 보게 된다. 매번 바이러스로 인한 국가적 위기를 경험하고 있는 것이다. 시간이 지나갈수록 메르스, 사스 때보다 더 많은 사망자가 나오면서 세계적으로 빠르게 확산되어 불안감이 점점 더 커지고 있다. 정말 아무도 예측하지 못하는 초유(初有)의 사태인 것이다. 이런 때야말로 상상을 초월하는 초유(初有)의 리더십과 국가관이 요구되고 있다.

과거 우리나라 역사에서 임진왜란의 위기에서 이순신 장군이 보여준 순수하면서도 전문성이 뒷받침된 충성심과 모든 국민들로부터 근면, 자조, 협동의 정신을 이끌어내는 새마을운동을 펼쳐 경제강국의 기반을 마련한 박정희 대통령의 강력한 리더십으로 글로벌 시대에 적용할 수 있는 새로운 국가관을 재창출하고 발휘하는 기회를 끌어낼 수 있어야 할 것이다. IMF 시절 금 모으기 등을 통해 확인된 것처럼 위기일수록 애국심을 크게 발휘하는 것이 한국 국민이다. 따라서 어떠한 위기에서도 절망하지 않고 오뚝이처럼 일어서는 것이 한국인의 참된 국민성으로 이는 나라를 사랑하는 분명한 국가관에서 비롯되는 것이다.

글로벌 시대의 위기는 단순히 어느 한 사람의 지도자 또는 한 정당의 외침으로는 극복될 수 없다. 모든 시민계층으로부터의 자발적인 협력만이 가장 중요한 극복 요소이다. 예컨대, 바이러스를 차단(遮斷)하는 정책은 마음으로부터 우러나오는 시민들의 자발적인 협조가 필수적이다. 더욱이 바이러스는 보이지 않기 때문에 가시적 행동이 통하지 않는다.

경제대국으로 잘 알려진 이웃나라임에도 불구하고 위험을 무릅쓰고 코로나19 감염 치료와 퇴치에 임할 자원봉사자가 부족해서 시설 운영에 한계를 보이고 있다. 그러나 우리나라는 눈물을 흘리게 만드는 감동적 스토리가 넘쳐나고 있다.

경제대국이기에 얼마든지 시설을 만들 수는 있어도 위험을 감당하는 운영인력 문제로 난감(難堪)한 실정이라는 보도를 보았다. 그렇지만 한국에서는 가장 힘든 곳으로 보내달라는 20대 자원봉사자도 있을 정도이다. 그래서 국가적 위기 극복이 취미인 나라가 한국이라는 소문까지 외국에서 퍼지고 있다고 한다.

글로벌 위기는 새로운 기회가 될 수도 있다. 한국의 독특한 국가관과 국민정신에 입각(立脚)한 위기 극복 능력을 모든 나라들에게 보여주면서 세계 속의 새로운 국민, 새로운 국가로 거듭날 수 있는 좋은 기회가 될 수 있다는 것이다.

서양에서는 황인종에 대한 인종차별이 심하다고 한다. 그래서 서양에 사는 인도인이나 한국인 사이에서는 콧수염을 기르는 영주권자들이 많다고 한다. 그러나 글로벌 위기를 극복하는 모범을 보여준다면 대한민국 사람들은 더 이상 콧수염을 기르지 않아도 될 것이다. 글로벌 위기 극복능력에 대하여 세계시민으로 인정받을 수 있다면 서양인 속에 남아 있는 편견으로서의 인종차별까지도 사라지게 하는 계기를 마련해 줄 수 있을 것이기 때문이다.

이제 여당 야당의 집단이기적인 당리당략(黨利黨略)을 떠나 모든 정치지도자들의 리더십이 부족한 상황에서 글로벌 시대의 위기 극복을 위한 시민 중심의 새로운 국가관을 확립하고, 이를 세계 속에 발휘하고 나타냄으로써 새로운 시대를 열어가야 할 것이다. 위기일수록 위대한 국가관이 빛나는 대한민국의 국민이기 때문이다.

09
우리나라 국가관의 변천

대한민국 국민이라면 누구나 나라 또는 국가에 대한 가치관이나 태도인 우리나라의 국가관이 어떻게 변천(變遷)해 왔는지에 대해 알고 있어야 할 것이다.

대한민국의 국가관은 광복 이전에는 전통적으로 '나라'의 개념이었고, 광복 이후에 비로소 근대 국가로서의 국가관이 확립되기 시작했다고 보아야 할 것이다. 그러나 전통적인 나라 개념이 광복과 더불어 일시에 사라질 수는 없다고 보아야 한다.

'나라'와 '국가'의 개념은 차이가 있다. 나라의 개념은 말과 문화 공동체라는 개념이 강하다. 국가는 말과 문화가 달라도 같은 영토 안에서 동일한 국가 주권 아래에서 사는 국민들을 의미한다. 예컨대, 미국 같은 나라는 다양한 민족의 문화들이 혼재하는 연방 국가이다.

또한 LA의 한인촌에서는 영어를 사용하지 않아도 사는 데 전혀 불편함이 없다는 이야기도 있을 정도이다.

근대 국가 개념은 대개 서양에서 발전된 개념이고, 동양권에서는 나라 개념이 더 강하며, 여기에 국가 개념이 더해졌다고 보아야 할 것이다.

동양에서는 나라와 임금을 동일시하는 경향이 매우 짙었다고 할 수 있다. 예를 들면, 몸과 마음을 닦아 수양하고 집안을 가지런하게 하며 나라를 다스리고 천하를 평정한다는 뜻을 나타내고 있는 '수

신제가치국평천하(修身齊家治國平天下)' 에서 나타나는 국(國)이라는 개념은 근대 국가에서의 국가라는 뜻이 아니라 나라 개념에 훨씬 더 가까운 개념이다. 또한 임금은 나라님이었다.

나라 개념이 형성되는데 가장 크게 작용한 것은 장기간에 걸쳐서 사용된 공통된 언어와 문화였다고 말할 수 있다. 예컨대, 이승휴(李承休)의 「제왕운기(帝王韻紀)」에는 단군이 1,038년을 다스렸다는 이야기가 나오는데, 이는 단군이라는 어떤 개인이 천 년 이상 살았다는 이야기가 아니라 대를 이어 단군이라는 임금들이 오랫동안 나라를 다스렸다는 뜻이다.

전통적으로 나라에 대한 사랑과 섬김은 매우 강했다. 이는 고대사회에서부터 내려온 뿌리가 깊은 역사이다. 대한민국의 나라에 대한 가치관은 주로 조상들의 얼인 단군의 홍익인간사상이 있었고, 이어 불교나 유교 등 종교문화와의 관련성 속에서 변화되어 왔다.

신라, 고구려, 백제 등 삼국시대는 불교시대였다. 고려시대 역시 불교시대였다. 그 이후에도 불교가 완전히 없어진 것은 아니지만 불교가 문화의 중심을 이루었던 시대라는 의미이다. 특히 신라에 들어온 불교는 나라사랑과 밀접한 관련을 맺고 있다. 신라 문무왕(해중릉,海中陵)은 죽어서도 나라를 지키는 호국신이 되겠다고 약속할 정도로 나라를 지키는 일이라면 짐승으로 태어나도 좋다고 말하였다.

신라 법흥왕은 불교를 최초로 허락하였는데, 이는 국민생활과 불교정신을 연결시켜서 부강하고 행복한 백성들의 생활을 기원하는 마음이 기초가 된 것이라고 보아야 한다. 신라인들은 자기 나라를 불교나라, 불국토로 여겼다. 이들은 오래전부터 부처님으로부터 선택받았다는 불교나라 의식을 가지고 있었다.

또한 신라인들은 불교 종주국이라는 인도를 섬기지 않고, 자기 나라를 새로운 불교 종주국으로 여기면서 나라에 대한 긍지를 세워갔다. 즉, 마음을 인도 쪽으로 빼앗기지 않고, 불교 사상을 자기 나라의 정신문화로서 주체적으로 흡수하였다는 것을 의미한다.

신라인들은 깨끗한 나라, 정토(淨土)의식이 강했다. 즉, 보살들이 사는 나라 '신라즉불정토사상(新羅卽佛淨土思想)'이다. 여기서 신라인들의 강한 애국과 호국 정신을 발견할 수 있다. 또한 신라인들은 부처님과 성인(聖人)들이 항상 머무는 진신상주(眞身常住)의 나라이므로 신라는 고귀(高貴)하고 축복받은 땅이라는 자긍심을 가지고 있었다.

강원도 낙산사에서 의상과 원효가 관음보살의 거주처와 현신(現身)을 보았다는 기록이 있고, 오대산은 문수보살이 거주한 곳으로 그곳에서 자장이 문수보살을 보았다는 기록도 있다. 효소왕 때 망덕사 낙성시 석가모니 진신불(眞身佛)이 나타나 공양을 받고 하늘로 승천한 기록이 있고, 원효가 신라의 땅 밑에서 극락을 보았다는 기록 등으로 볼 때 이해할 수 있다.

신라인들이 보여준 나라를 지키고 보호하는 마음은 이처럼 불교정신을 토착화한 사실과 깊이 관련된다. 나라를 지키는 것과 불법(佛法)을 지키는 것을 다르게 보지 않았고 화랑도(花郎徒), 팔관회(八關會) 등을 통해 나라의 소중함을 아는 수호의 정신이 투철했음을 알 수 있다.

10
인물로 보는 국가관

우리나라를 빛낸 조상들 가운데 각 분야에서 본(本)이 되는 국가관을 다양하게 나타낸 인물들을 간략하게 조명(照明)해보면, **고구려 광개토대왕**은 우리나라 최고의 정복자로 나라를 대대로 크고 부강하게 이어나가자는 뜻으로 영락(永樂)대왕이라고도 불렸다. 영토는 넓어질 만큼 넓어졌고, 나라의 기강도 세워졌으니 중요한 것은 영원히 영화(榮華)를 지키는 일이었다.

그는 18세의 어린 나이로 왕위에 올라 정복 전쟁을 수행하였다. 국경 북쪽으로 연나라와 남쪽으로 백제, 그리고 바다 건너 일본에까지 고구려의 튼튼한 힘을 과시하며 나라의 지경(地境)을 넓혀 주변국들이 광개토왕의 위세를 두려워했다. 광개토대왕은 서양의 정복왕(征服王) 알렉산드로스와도 비견되는 우리 민족의 자랑이다.

신라 김유신은 시호가 순충장렬흥무대왕(純忠壯烈興武大王)으로 화랑출신이며, 신라의 장군으로서 영토 확장이라는 끊임없는 싸움에 고구려와 백제를 제압하여 전쟁의 종지부를 찍는 삼국을 통일하여 큰 공적을 세운 명장이자 신라정권의 중추적 인물이다. 김춘추는 왕족이었고, 김유신은 진골 화랑출신으로 삼국통일을 이루어낸 두 주역들이다.

고려의 정몽주는 일편단심(一片丹心)으로 유명하다. 정몽주를 죽였던 이방원까지 나중에는 정몽주를 영의정에 추증(追贈)하고 문충(文忠) 시호(諡號)를 내렸다. 자신과 생각이 달랐어도 정몽주 같은 충신이 나라에 반드시 필요했기 때문이다. 이후 정몽주의 충절은 선죽교에 뿌린 피가 영원히 지워지지 않는다는 전설로 남았으며, 의창을 세워 빈민구제, 유학보급으로 지방에 향교를 세워 후학양성에 기틀을 마련했다. 사람들은 변하지 않는 우정과 충성의 모범으로 정몽주를 높이 기리고 있다.

세종대왕(世宗大王, 1397~1450)은 유교정치의 기틀을 마련하고, 편찬사업과 과학기술 진흥에서 국가적 리더십을 발휘한 최고의 왕으로 "임금의 직책은 하늘을 대신하여 만물을 다스리는 것이며, 양민과 천인 모두 보살펴야 하는 존재다."라고 하였다. 특히 훈민정음의 창제는 문맹퇴치는 물론 숨소리까지도 표현할 수 있는 한글이야말로 민본정치(民本政治)의 이상을 실현한 세종이 남긴 문화유산 가운데 가장 훌륭하고 빛나는 업적이며, 과학적인 언어로 현재 세계에서도 극찬하고 있다.

장영실(蔣英實, 1930경~?)은 노예 신분을 뛰어넘은 조선 최고의 발명왕으로 물시계인 자격궁루(自擊宮漏)를 완성하였다. 세종대왕(조선 세종 15년, 1433)은 장영실을 보물 같은 존재로 칭찬하였다. 자격궁루는 생활의 리듬과 질서로 통치의 수단으로도 사용한 것이다.

허준(許浚, 1539~1615)은 조선 최고의 의서(醫書) 동의보감(東醫寶鑑) 저자로 널리 알려진 인물이다. 소설과 드라마를 통해 허준은 신묘한 의술로 박애(博愛)를 실천한 의성(醫聖)이 되고, 신분을 극복한 한의학의 신기원을 이룬 신화(神話)의 주인공이 되었다.

이순신(李舜臣, 1545~1598)은 나라의 위기를 구한 명장(名將)이다. 인간의 행동 중에서 가장 거칠고 가혹하고 파괴적인 것은 폭력과 전쟁인데, 이순신은 잔인하고 폭력적인 거대한 운명을 극복하고, 큰 위업을 성취한 인간의 전범(典範)을 보여주었다. 더구나 조정의 모함으로 위기에 빠졌을 때도 나라를 구하라는 왕의 명령을 받고 백의종군(白衣從軍)을 하면서 수백 척의 일본군을 물리친 장수(將帥)이다. 이순신을 기리기 위해 서울 중심인 세종로 한 복판에 그의 동상이 세워졌고, 현충사도 대대적으로 정비되었다. 이순신은 우리나라 역사에서 가장 중요한 위인(偉人)으로 자리 잡고 있다.

정약용(丁若鏞, 號호 茶山다산, 1762~1836)은 실학(實學)을 집대성, 부국강병을 꿈꾸는 자로 알려져 있다. 귀양살이라는 정치적 탄압까지도 학문을 하라는 하늘의 뜻으로 받아들여 학문적 업적을 이뤄낸 것은 정약용의 인내와 성실, 그리고 용기에서 비롯된 것이었다. 유배지에서 그는 후세에 남을 기념비적 저술활동을 하였다. 수령의 부정을 막기 위해 쓴 「목민심서(牧民心書)」, 치도의 방책을 제시한 「경세유표(經世遺表)」, 공정한 형벌을 위한 「흠흠신서(欽欽新書)」 등은 나라를 살찌울 경제관계의 저술(著述)들이다. 특히 「목민심서」는 농촌 현실을 겪으면서 쓴 것으로 불후의 명저로 꼽힌다.

안중근(安重根, 1979~1910)은 대한제국 광복군 장군으로 제국주의 심장에 총성을 울린 인물이다. 1909년 10월 26일 하얼빈 역에서 이토 히로부미(伊藤博文, 일본 내각총리)가 코코프체프(러시아 재무대신)와 열차에서 회담을 마친 뒤 러시아 의장대를 사열하고 환영군중 쪽으로 가는 순간 권총을 쏘아 이토에게 3발을 명중시켰다. 그의 나라 독립에 대한 간절한 염원은 죽는 자리 유언에도 남아있다. 2천만 형제자매에게 각각 스스로 분발하여 학문에 힘쓰고, 실업을 진흥하여 자유 독립을 회복하라고 하였다.

유일한(柳一韓, 1895~1971)은 일제 강점기에 독립운동가로도 활동했으며, '민족의 생존과 민족혼의 재현(再現)은 건강에 있다.'고 믿고 '건강한 국민만이 주권을 찾을 수 있다.'는 신념으로 유한양

행을 창립하였다. 또한 전문경영인 시대를 개척했으며, 기업을 운영하며 얻은 수익을 인재 양성 및 교육 사업에 투자했다. 세상을 떠나며 자신의 전 재산을 사회에 기부하면서 "기업은 개인의 것이 아닌 사회의 소유"라는 생각을 실천한 가장 존경받는 기업인 1위로 선정되었다.

유관순(柳寬順, 1902~1920)은 일제강점기 1919년 아우내 장마당에서 3.1만세운동을 주도한 독립운동가로 유명하다. 나라가 위태로울 때 목숨 걸고 저항운동에 앞장서서 희생을 마다않은 순수하고 당당함이 본(本)이 된다. 오랜 감옥생활로 계속된 고문과 영양실조로 인해 유관순은 18세의 나이로 순국(殉國)하였다. 후대에서 더욱 더 크게 부각(浮刻)된 열사이다.

이승만(李承晩, 1875~1965)은 왕조시대에서 근대국가로 넘어가는 대한민국을 탄생시킨 초대 대통령으로 건국의 주역이다. 그는 지리, 신학, 천문학과 같은 서구적 교육을 받으며 세계적 눈을 떴고, 외세로부터의 자주독립을 위해 백성의 교육과 문호개방의 필요성을 강조하며, 이 땅의 젊은이들에게 영어와 서양문물을 배우게 하는 전환점을 만들었다. 또한 정치적으로 민주주의의 자유, 평등, 법치주의 사상으로의 개혁가로 변신하였다.

박정희(朴正熙, 제5~9대 대통령, 1917~1979)는 한국의 군인이자 정치가로 우리나라의 경제부흥의 기틀을 마련하기 위해 '경제개발 5개년 계획'으로 '사회간접자본인 산업기지 건설'과 '경제 대동맥'으로 물류혁신에 기여한 경부고속도로 건설은 대한민국 전역(全域)을 1일 생활권으로 바꾸었다. 일대의 개혁적인 「새마을 운동」으로 국민의 의식(근면, 자조, 협동)을 한데 모으는 강력한 리더십의 대통령으로 알려져 있다. 또한 세계 어디에서도 볼 수 없는 사회보장제도인 의료보험제도를 일찌감치 도입한 것이야 말로 커다란 업적으로 평가된다.

김대중(金大中, 제15대 대통령, 1924~2009)의 생애는 한국의 민주주의와 한반도 평화통일을 위한 일생이라고 평가되고 있다. 한국인 최초로 노벨평화상을 받았고, 다섯 번의 죽을 고비를 넘긴 신화적 인물이면서 정치적 보복을 하지 않겠다는 화해와 용서를 주장하였다.

이병철(李秉喆, 1910~1987)은 삼성그룹을 설립하여 '우리가 잘사는 길'을 실천하였고, 중앙일보를 창간하여 언론사 경영에도 참여하는 등 유통, 전자사업의 다각화를 통하여 국가경제 발전에 크게 공헌하였다. 전국경제인연합회를 창설하여 초대 회장을 역임하는 등 경영의 달인이라는 그의 경영이념과 기업가 정신이 후대인 지금의 세계적인 IT강국의 모체가 되었다.

정주영(鄭周永, 1915~2001)은 현대그룹의 창업자이다. 현대조선과 현대자동차를 설립하여 자동차를 생산하였고, 해외건설에 진출하여 '중동 붐'을 일으키는 등 국내 사회간접시설 복구사업을 맡아 비약적인 나라발전에 기여했다. 기업인으로 1998년 6월 16일 판문점을 통해 북한 소떼를 몰고 방북 길에 올라 정부 관리의 동행 없이 판문점을 통과한 최초의 민간인으로 기록되었다. 저서 「시련은 있어도 실패는 없다」는 그의 경영철학은 후대의 기업가들에게 큰 감명을 주고 있다.

김우중(金宇中, 1936~2019)은 대우그룹 창업자로 자수성가의 표본이다. 한국기계, 대우중공업, 조선, 건설, 대우상사로 국가경제의 무역에 초석을 이룬 경제인이며, 동남아시아(베트남, 미얀마, 인도네시아 등)에서도 글로벌 청년사업가 양성사업에 힘써 1천여 명을 배출하기도 했다. 또한 아프리카 시장을 개척하면서 정부에 앞선 민간 외교를 톡톡히 해냈다.

그의 저서 「세계는 넓고 할 일은 많다. 1989」와 어록 「나의 시대, 나의 삶, 나의 생각, 2017」 등이 있으며, 오대양 육대주 글로벌 시대를 개척한 선구자로 젊은이들의 표상이다.

우리나라에는 이밖에도 모든 사람들에게 시대정신을 넘어서 나라사랑을 실천한 인물들이 많다. 더 자세하게 소개하지 못한 것이 아쉬울 뿐이며, 기회를 더 만들어 선조들의 지혜와 나라사랑하는 마음을 기리고 싶다.

3장

지혜의 신

11
충분히 좋은 엄마

충분히 좋은 엄마란 어떤 것일까? 어떤 여성은 아들과 함께 사는데, 최근 자주 '욱' 하는 경향이 있다고 이를 걱정한다.

「직장여성이며 가족을 위하는 맞벌이 엄마는 아침이면 누구나 바쁘다. 또한 두 아이의 등원준비를 시키기 위해 잠을 깨워야 하고 너무 꾸물대며 서로 딴청 피우는 애들에게 소리를 질러대며 욕설까지 퍼부어 하루를 전쟁으로 시작이 된다고 한다. 마침 1층에서 애 아빠도 출근 준비하며 아내의 큰소리에 기분이 엉망이 되고 자연스럽게 부부 싸움으로 이어져서 하루를 기분 유쾌하지 않은 상태로 시작할 때가 많다고 한다. 그리고 자신도 모르게 화가 나면 화를 참지 못하고 시도 때도 없이 욱하고 올라오는 것이 어떤 이유가 있지 않을까 걱정을 하고 있었다.」

이 여성은 아동심리 전문가를 찾아갔다고 한다. 그런데 사실은 전문가라고 별 뾰족한 수는 없다. 일상생활에서 자신 역시 크게 화를 낼 수 있는 사람이라는 사실을 발견하고 처음에 놀라는 것은 누구든지 경험하는 일이라고 할 수 있다.

더구나 직장생활을 하는 엄마라면 아침에는 날마다 전쟁시간이다.

아이들은 엄마 생각을 하지 않는다. 더 놀아 달라, 오늘은 혼자서는 유치원 가지 않겠다. 등 등…

문제는 아이들에게 '욱' 하고 올라오는 화를 참지 못하고, 아이들을 달래는 것이 마음대로 되지 않는다는 것이다. 그래서 엄마로서 자격 없는 것이라는 생각과 함께 죄책감도 스며드는 것을 경험하게 된다.

그런 날은 직장에서도 일에 집중하기 어렵다는 것이 솔직한 마음일 것이다.

전문가들은 아이들에게 화를 내고 욱하는 모습을 보이는 것은 좋지 않다고 조언하기도 하는데, 이는 긍정적인 영향을 주지 못한다고 생각되기 때문일 것이다. 그것을 누구나 모르지 않고 아이 앞에서 감정조절을 잘해야 한다는 것은 알고 있지만 알고 있는 대로 실천하지 못하는 것에 매번 좌절한다.

완벽하게 감정조절을 하는 엄마가 과연 얼마나 되겠는가를 현실적으로 생각해본다면 결코 많지 않을 것이다. 오히려 엄마들은 자기 자신에게 먼저 관대할 필요가 있으며, 아이들을 깨우는데 있어 아이디어로 좋아하는 것을 준다든지 아이 스스로 잘할 수 있게 유도하여 습관을 만들어주는 지혜를 모아야 한다.

정신분석학자인 위니캇(Donald W. Winnicott)도 역시 완벽한 엄마가 아니면 좋은 엄마가 아니라는 생각을 버리라고 조언(助言)하였다. 충분히 좋은 엄마(good enough mother)라고 스스로 만족하는 것이 먼저 중요하다는 것이다. 자꾸 자신을 질책(叱責)하고 죄책감(罪責感)을 느끼게 되면 생활의 효율성만 떨어지게 된다는 것을 소아과 의사였던 위니캇은 잘 알고 있었던 것이다.

그런데 더 좋은 엄마가 되려고 합리적으로 노력하는 과정은 나쁘지 않다. 이는 권장할만하다. 그렇다면 좋은 엄마의 조건이 무엇인지 알아보는 것 자체는 바람직한 일이라고 여겨진다.

위니캇의 가르침에 따르면 아이의 욕구에 완벽하게 적응하는 엄마는 없다. 완벽하게 적응하려고 하는 과정 자체에서 실패도 있고 좌절도 있는데, 이러한 실패과정은 점진적으로 이루어진다. 이러한 경우 '최적의 좌절(optimal frustration)'이라는 용어를 사용한다. 이는 자기심리학(self psychology)의 창시자 하인즈 코헛(Heinz Kohut)이 사용하였는데, 최적의 좌절은 성숙한 마음을 위해 반드시 필요하다. 예를 들면, 미술작업에서 최적의 좌절은 작업과정에서 어딘지 모르게 마음에 들지 않는 작품 활동 결과가 주는 좌절감이다. 최종 작품이 완성되기까지 대부분 좌절하고 인내하고 다시 좌절하면서 새롭게 도전하는 과정이 반복되는데, 그러한 좌절이 좌절로 끝나는 것이 아니라, 적절한 응전(應戰)의 기회를 주는 좌절이라면 반복될수록 오히려 작품의 완성도를 향상시키게 된다. 이는 작품 완성 이후에 생성되는 성취보다 앞선 과정적 즐거움의 원천이라고 해석될 수 있다. 엄마도 아이도 최적의 좌절을 통해서 삶의 즐거움을 경험한다. 그리고 더 좋은 엄마, 더 좋은 아이가 되어 가는 것이다.

위니캇의 이론 가운데 더 좋은 엄마, 충분히 좋은 엄마가 되기 위한 권장사항으로 6가지를 간략하게 소개하면 다음과 같다.

1. **안아주기(holding)** : 신체적 안아주기를 포함, 아이에게 필요한 심리적 환경을 제공하는 엄마.

2. **다루기(handing)** : 자연스럽게 아이의 신체를 다루어 주는 엄마.

3. **대상 제공하기(object providing)** : 아이의 욕구를 충족시켜주기 위하여 어머니 자신과 전체 현실세계를 아이에게 안내하고 도와주는 엄마.

4. **반영하기(mirroring)** : 아이의 욕구나 충동을 몸짓이나 움직임으로 표현할 때 이것을 정서적, 언어적으로 알아차리고 반영(反映)하는 엄마.

5. **살아남기(surviving)** : 아이가 나타내는 공격적 활동에 보복적으로 반응하지 않는 엄마.

6. **놀이하기(playing)** : 아이가 몰입하는 놀이를 허용하며 아동에

게 적절하게 반응함으로써 아동과 같이 놀아주는 엄마.

엄마가 된다는 것은 많은 인내와 사랑이 없이는 이끌어 갈수가 없다. 더구나 좋은 엄마가 되기란 쉽지 않다. 그렇지만 지혜로운 엄마는 나 자신이 아기를 키우는 법을 배우고 익히는 연습이 필요하다.

어르신들의 지혜를 배우고 아이들의 인생에 있어서 가장 중요한 성격형성에 지대한 영향력을 미치는 아동기를 사명감을 가지고 키워내야 한다. 아이를 키우는 것은 축복이며 숭고한 일이기에 더더욱 배우고 익혀 지혜로운 엄마 되기에 노력해야 한다.

그리고 아기가 자라면서 얼마나 많은 재롱으로 기쁨의 효도를 다하고 있었는지를 깨닫는다면 힘은 들었지만 보람으로 되돌아온다. 지금도 그 아기 때의 보드라운 살결과 앙증맞은 모습을 상상하면 미소가 절로 지어진다. 먹는 것을 싫어해서 행여나 영양부족으로 성장에 지장이나 안 될까 안타까웠고, 아기들이 열감기로 밤새 앓을 때 옆에서 아기가 아픈 것보다 내가 아픈 것이 더 낫겠다는 생각으로 밤새 물을 데워 물수건으로 온몸을 쓸어가며 열을 내려주고, 동전을 삼킨 아기는 입술이 파랗게 기도가 막혀가는 급박한 상황에 순간의 지혜로 아기를 거꾸로 들어 올려 등짝을 치자, 기도를 막았던 동전이 입에서 튀어나오며 아기도 놀라 안기는 모습, 뜨거운 것을 만져 냉장고의 얼음으로 싸매고 허겁지겁 병원으로 향했던 상황, 일하는 엄마를 두어 비가 오는 하교 길에 우산도 한번 가져가지 못했던 미안한 엄마의 심정을 위로와 격려로 대신하며 토닥였던 지난날이 아쉽기만 하다. 지금은 성장하여 성인이 된 아들들이지만 나의 좋은 기억 속에 추억을 듬뿍 가져다준 고마운 아기들이었다는 생각에 감사할 뿐이다. 더 좋은 엄마가 되기 위한 예비 엄마들에게 많은 정보를 주고 싶다.

12
바람직한 인간관계

대부분의 사람들은 좋은 인간관계를 유지하고 싶어 한다. 그것은 관계의 기쁨이 근원적인 삶의 즐거움이기 때문이다. 또한 소유는 작은 행복을 만들고, 관계는 큰 행복을 주기 때문이다. 그런데 실제 사람들이 살아가는 삶의 모습(실정實情)은 원만하지 못한 관계로 고통을 겪고 있는 경우가 많다. 그래서 사람들은 바람직한 인간관계에 대한 다양한 방식들을 배우려고 애쓰기도 한다.

어떤 사람은 자연(自然)에서 배우라고 말한다. 예컨대, 벌과 꽃의 관계에서 배우라고 말한다. 즉, 벌은 꽃으로부터 꽃가루와 꿀을 획득하면서도 꽃에게 이롭지 못하거나 손해를 입히지 않는다. 또한 꽃은 벌의 도움으로 열매를 맺는다고 한다.

어떤 학자는 자신을 알고 타인을 아는 것이 중요하다고 말한다. 즉, 자신의 결점(缺點)을 인정하면 상대방과 원만하게 지낼 수 있다고 말하는 것이다. 또한 사람의 생각은 개인마다 제 각각이므로 자신의 생각과 같을 것이라는 기대를 하지 말라고 한다. 그러므로 자신의 뜻대로만 하려고 하면 관계를 망치게 된다는 것이다. 이는 다른 사람과의 원만한 관계는 오히려 적당한 거리를 유지하는 것이 좋다는 의미이기도 하다. 인간은 누구든지 완벽(完璧)하지 않기 때문이다. 누구나 상대의 마음을 아프게 할 수 있으므로 적당한 거리가 관계를 오래 지속시킬 수 있는 비결이라는 것이다.

그런데 가장 바람직하고 가장 행복한 관계의 원형(原形)이 무엇인지를 생각해 보면 그것은 태초의 하나님과의 관계라고 말할 수 있다. 여기서 태초란 관계의 시초를 의미하는 것으로 태초에는 하나님인 신(神)과 인간의 관계만 있었다는 의미이다.

즉, 하나님 안에 내가 있고, 내 안에 하나님이 있는 관계이다. 간단히 말하면 이심전심(以心傳心)의 관계라고 하겠다. 나는 천지를 창조한 완전한 신의 자녀였다는 말이다. 그런데 그러한 최상의 기쁨의 관계를 상실했기에 지금 여기에 있게 된 것이다.

어느 날 부처님이 제자들에게 설법(說法)을 하는데, 하늘에서 꽃비가 내렸다고 한다. 그때 부처님은 연꽃 한 송이를 손가락으로 말없이 집어 약간 비틀어 보였더니 한 제자가 그 뜻을 깨닫고 빙그레 웃었다고 한다. 부처님의 가르침의 진수(眞髓)는 인간의 말(言)이나 경전(經典) 이전(以前)에 마음과 마음으로 전해진다는 가르침을 간접적으로 시사(示唆)하는 이야기이다.

이심전심(以心傳心)의 관계를 현대 심층심리학적 용어로 표현한다면 공감(共感)적인 관계로 대상을 알고 이해하거나 대상이 느끼는 상황 또는 기분을 비슷하게 경험하는 심적 현상을 말한다. 내가 현재 어떠한 마음상태에 있는지는 비교적 알기 쉽다. 왜냐하면, 내가 지금 느끼거나 인식하는지는 자명(自明)하기 때문이다. 그러나 다른 사람의 마음 상태를 이해하고, 바람직한 인간관계에서 가장 필요한 것은 공감능력으로 심리학자 립스는 '타자 마음의 문제'를 해결할 수 있는 열쇠는 내 마음이 상대방의 마음을 모방하는 것이라고 말하고 있다.

공감능력은 쉽게 말하면 사랑의 능력이다. 마음과 뜻과 힘을 다해 사랑하는 능력이다. 마음을 알아주는 능력이다. 그런데 공감에는 표층적 공감과 심층적 공감이 있다. 심층적 공감은 진리의 통찰(洞察)을 상실(喪失)하지 않는 공감이라고 하겠다. 부처님 마음에 공감한 제자의 웃음이 선행(先行)되지 않으면 인간관계에서의 모든 공감은 표층적 공감수준에 머물게 된다.

공감능력은 마치 영화나 연극에서 배우가 감독의 의중을 잘 알아서 연기력을 발휘하는 것과 같다. 그렇다면 누가 우리 인생의 온전한 감독이냐에 대하여 생각하게 된다. 결국 바람직한 인간관계에서 공감과 통찰 모두 필요한 것으로 처음에는 표층적 공감 차원에서, 두 번째는 심층적 통찰차원으로 나아가고, 마지막에 서로 이심전심의 관계로 발전하게 되는 것으로 분별된다.

> **인간관계 또는 대인관계 능력.**
> **둘 이상의 사람이 빚어내는 개인적이고 정서적인 관계로 다른 사람의 생각이나 감정을 잘 이해하며 조화롭게 관계를 유지하며 갈등이 생겼을 때 이를 원만하게 해결하는 능력이다.**

13
효율적 행동의 지혜

사람은 정확한 목표를 세우고, 목표를 향한 실천은 효율적으로 행동하여야 한다. 이는 목표가 자신을 이끌어 나간다는 주장으로 목적이 이끄는 삶(the purpose-driven life)을 강조하는 것이다. 한편, 다른 어떤 사람은 목적 없음이 이끄는 삶을 강조하기도 한다. 목적 없음이 이끄는 삶을 강조하는 사람들은 많지 않지만 이들은 대개 목표지향적인 성격과 과정 중심적인 성격의 조화를 주장하려는 것이라고 여겨진다.

즉, '목적이 이끄는 삶'은 부성(父性)적, '목적 없음이 이끄는 삶'은 모성(母性)적으로 이해된다면, 효율적인 행동을 위해서 누구에게나 이 두 개의 균형(均衡)이 필요한 것이다. 목적 없음이란 마치 어린 양이 목자(牧子)의 울타리 안에서 만족하는 것과 같다. 결핍감(缺乏感)이 전혀 없는 것이다. 이러한 성격의 사람들은 지금-여기 현실에 대하여 항상 감사하고 기뻐한다. 그러나 현대 사회는 꿈과 비전을 가지라고 한다. 그래서 현대인은 늘 잉여욕망(剩餘欲望)의 충족을 위해 애쓰고 있다.

잉여는 나머지로 순화하는 뜻이다. 욕망은 인간의 살아있음의 증거로서 무언가를 가지려고 간절히 바라며, 결핍을 해소하기 위해 충족의 대상을 향해 끝없이 좇고 있는 것이다. 욕망은 환상 속에서 본 대상과 실제로 얻은 대상은 차이가 나는 무지개와 같으므로 또다시 결핍된 상태로 돌아온다. 인간은 욕망을 포기하면 죽음이 오는 것이므로 욕망의 존재임을 받아들이고, 사물이 정상적으로 순환하도록 지켜내야 하는 현실이다.

따라서 효율적 행동의 지혜에 대하여 좀 더 깊이 생각해 보면,

첫째, 효율적 행동이란 무엇인지에 대하여 정리할 필요가 있다. 효율적 행동인지 아닌지를 판단하는 기준이 명확해야 한다는 것이다.

효율적 행동 목표를 알맞게 설정하고, 목표 달성을 위해 몰입(沒入)하는 것으로 이해할 수도 있다. 그러나 그것만이 정확한 잣대라고 말할 수는 없을 것이다. 항상 기뻐하고 범사에 감사하는 마음을 유지하는 것을 효율적 행동의 기준으로 삼는 사람에게는 어떠한 가시적인 목표를 세우고, 그것을 위해 달려가는 생활방식(life style)을 좋지 않게 생각할 수도 있기 때문이다. 즉, 사람마다 자신의 효율적 행동의 잣대를 분명히 인식(認識)하는 것이 더 우선되어야 한다는 것이다.

둘째, 사람마다 효율적인 행동의 잣대를 좀 더 분명하게 하는 방식에는 크게 세 가지 정도의 유형을 생각해 볼 수 있겠다.

먼저 사회 흐름 속에서 다른 사람과의 경쟁에서 남보다 조금이라도 앞서가는 것을 효율적이라고 생각하는 방식이다. 대학 졸업이후 대기업에 취업, 서른 이전에 작은 아파트라도 구입해서 사랑하는 사람과 결혼, 예쁜 자식을 낳아 행복한 가정을 이루어 살면서 안정된 노후를 꿈꾸고, 가끔 해외여행도 하는 정도의 생활을 효율적 행동의 궁극적인 기준으로 삼는 경우이다.

다른 하나는 많지 않겠으나 영원(永遠) 차원을 생각하는 생활방식이다. 즉, 지구에서의 생활은 안개와 같이 사라질 일시적인 삶이라고 여기고, 자신의 진짜 정체성을 영원한 생명의 세계에서 다시 태어난 영적 존재로 여기면서 시공간을 초월한 영원한 세계와의 사귐

을 효율적 행동의 기준으로 삼는 경우이다.

마지막으로 아무 생각 없이 모든 것을 운명(運命)과 팔자(八字)로 여기면서 마치 망망대해(茫茫大海)에 떠다니는 돛도 없는 배처럼 유유자적(悠悠自適) 생활방식을 효율적 행동의 기준으로 생각하는 경우이다.

효율적 행동은 철저하게 개별적 선택사항이라는 점을 강조하고 싶다. 그러나 모든 사람들이 반드시 깨달아야 하는 지혜는 '인간은 누구나 향자적(向自的)' 이라는 사실이다. 나 홀로 의인은 없으며, 인간은 누군가와 관계를 맺고 살아간다는 것이다. 이는 영원차원과 우주차원은 물론 팔자와 운명차원에서도 마찬가지일 것이다.

14
모범적인 교육

핀란드는 세계적으로 교육을 성공시킨 모범적인 사례 국가로 교육 방식을 살펴보면 다음과 같다.

첫째, 교육과정을 교사 스스로 만든다. 무엇보다 핀란드는 교육적 인적자본(human capital)을 풍부하게 하는 경향이 매우 강하다. 왜냐하면, 교사들이 가르쳐야 할 교육과정을 스스로 만들기 때문이다. 이는 교육부나 국가 또는 민간단체에서 교육과정을 하달(下達)하는 것이 아니라는 뜻이다.

교사가 교육과정 생산에 스스로 참여한다는 것은 교사의 일하는 과정을 통해서 저절로 교사 자신의 인적자본 향상을 기할 수 있다는 것을 의미한다. 여기서 인적자본 개념은 사람도 재산이나 돈 등 경제적 가치로 환산(換算)할 수 있다는 생각인데 즉, 지식이나 기술 등 교육이나 훈련 등으로 사람의 경제적 가치를 높일 수 있다는 주장이다. 예컨대, 인적자본으로서의 가치가 높은 사람이란 같은 시간에 같은 일을 해도 더 좋은 가치를 생산할 수 있는 사람을 뜻한다.

최근에 지식혁명을 일으키고 있다는 국내 한 기업의 경우 전체 직원을 대상으로 개인별 경제적 가치를 작성해본 결과 최 하위자와 최 상위자 두 사람 간의 노동생산성은 무려 470배 차이를 보였다고 한다.

핀란드 교사들은 국가의 큰 틀 안에서 수많은 교육과정을 교사 스스로 만들기 때문에 교육에 대하여 모두 최고의 전문가 수준을 유지하고 있다고 한다. 이들은 학생들이 사용하기 쉽게, 그러면서도 가장 가치가 있는 교육 자료를 만들고 또한 이를 공유한다고 한다. 이러한 교육 형태는 교사 자신은 물론 나라 전체의 인적자본 증진에 크게 기여하고 있다.

핀란드에서 수업시간은 많지 않다. 그런데도 핀란드 학생들의 능력이 다른 나라보다 뛰어난 것은 한 시간을 공부해도 밀도(密度)있게 효과적으로 준비된 교육을 시행하기 때문일 것이다. 교육개혁과 나라 전체의 경쟁력은 밀접한 관련이 있기 때문이다.

둘째, 협동을 통한 구성원들의 공유된 제도, 규범, 네트워크, 신뢰 등 집단적 지성을 추구하는데, 이중 사회적 신뢰가 최우선이다. 이를 전문용어로 표현하면 사회적 자본(social capital)이라고 말할 수 있다.

사회적 자본은 서로서로 상호적 학습활동에 기여하는 조직이나 단체를 이루는 사람들 사이의 서로 마음과 힘을 합치는 협동과 서로 믿고 의지하는 신뢰수준을 가리킨다. 또한 직무능력과 자신감을 향상시키기 원할 때 받을 수 있는 지지와 실제적 원조를 의미한다.

핀란드에서 교사생활의 사회적 자본은 사회 전체적으로 생활화되어 있는 협동, 학교사회 전체적으로 연결되어 있는 교사들끼리의 관계뿐만 아니라 교사와 학교 밖 사람들 사이의 믿음 및 집단적으로 공유(共有)된 윤리적 책임감 등이다.

핀란드 교사들에게 서로 마음을 합치는 것은 일상생활이 되었다. 여기서 말하는 마음을 합치는 협동의 과정은 학생들 성적을 분석하는 등 한정(限定)된 일이나 일시적인 것이 아니다. 오히려 눈에 보이지 않는 목표와 비전을 공유하는 암묵(暗默)적인 유기적(有機的)

시스템이라고 말할 수 있다. 그들은 자신들이 가르치는 모든 학생에 대하여 책임을 느낀다.

자신이 맡은 학생만이 아니다. 학교의 모든 학생에 대하여 애정을 가지고 있다. 또한 서로 믿음을 합치는 협동과 책임감은 교사들 사이에서만 있는 것이 아니라 학교 밖까지 펴져 있는데, 예컨대 교육부 관료들은 교사들을 관리하고 감시하는 사람이 아니라 협조적인 인물이다. 국가체제 역시 지배가가 아니라 협동하는 존재이다.

셋째, 핀란드 교육의 가장 큰 특징은 천재를 양성하기 보다는 모든 학생들이 일어서도록 지지하는 것이다. 여기서 핀란드 교육의 집단적 책임감이 매우 높다는 것이다. 경제적 표현으로 '윤리적 자본'이란 타인을 위한 봉사활동을 할 때 또는 그들에 대한 자신의 소명을 완수하고자 할 때의 힘과 견인역할로 격려하며, 평등, 돌봄 그리고 정의라는 정신으로 봉사하고 있는 것이다.

핀란드 교육의 목표는 '사회적으로 소외(疏外)되거나 배제(排除)되는 대상이 생기지 않도록 하는 것'이다. 예를 들면, 학교에서 어떤 학생에게서 문제행동으로 이어질 수도 있는 특이 행동을 발견하게 되면 교사는 즉시 상담과정에 들어가게 된다. 학생에게 이유를 묻는 것은 물론 부모와 그 학생을 가르쳤던 이전 교사와 신속하게 대화하면서 학생에 대한 의견과 지도할 전략을 공유(共有)하는 것이다.

핀란드 교사들은 학생 개개인에 대한 풍부한 지식을 가지고 있다. 예를 들면, 초등학교 교사들은 동일한 학생들을 최소 몇 년씩 담당하므로 학생에 대하여 심리부터 생활까지 모두 파악하고 있다. 그래서 이를 바탕으로 교육정책에도 교사들은 깊이 개입할 수 있다.

소외와 배제를 방지하는 핀란드 교육특성은 특히 핀란드의 특수교육에서 나타나는데, 특수교육은 의학적 접근이 아니라 단지 학습장애를 극복하는 교육과정으로 실천된다.

핀란드 학교 분위기는 느슨하다. 그럼에도 교육효과는 매우 높게 나타나는 비결은 무엇인지를 파악하는 것이 중요할 것이다. 교육이라는 것은 앎으로 인해 살아가는데 불편함이 없도록 도와주는 일이 교육인 것을 망각한 채 무조건 일률적으로 가르치는 교육은 이제는 그만 할 때가 된 것이다.

수학을 예로 들면 살아가는데 굳이 미분 적분이 적용되지 않는다. 그 전문분야로 가야하는 사람들만 배우면 되는 것이다. 그 청소년기 황금 같은 시간에 그 분야에 관심도 없고 못 알아듣는 학생들을 앉혀놓고 고통의 시간을 보내게 하는 것을 볼 때 안타까움을 자아낸다. 그 시각에 그 학생들의 특기를 살려 보다 효율적으로 시간을 짜는 것이다.

핀란드 교육을 보면서 어릴 적에 열과 성의를 다했던 예전 선생님들이 일일이 가정방문을 하고 학습부진아의 경우 나머지 공부를 시키며 열정을 보이던 선생님들의 숭고한 사랑이 그리워진다. 핀란드 교육에서 가장 인상 깊은 것은 소외되지 않도록 집단적 책임감을 느끼게 하는 평등과 돌봄으로 정의감을 심어주어 협동하는 것이야 말로 따뜻한 사회의 기본으로 여겨진다.

“아이가 왜 공부를 해야 하는지의 의미와 배움의 가치를 깨닫게해야 한다.”

15
핀란드와 세계교육 트랜드

핀란드 교육개혁이 세계적인 경쟁력을 갖게 된 것은 세계교육 트렌드(trend, 추세)에서도 앞서가는 것을 알 수 있다. 경제적 가치개념으로 볼 때 핀란드 교육의 최종 성과는 결정 자본의 증가로 나타난다. 결정 자본이란 인생 과정에서 발생하는 여러 위기적 순간마다 하지 않을 수 없는 자기결정(self-determination) 능력 향상을 뜻한다. 이는 자기인생의 주체로서 외부의 영향이나 간섭에서 벗어나 스스로 선택하고 결정하며 책임지는 능력을 의미한다.

21세기 인공지능 제4차 산업 시대의 세계교육 흐름도 '비인지적 능력향상'에 집중될 것으로 여겨지고 있는데, 이 또한 자기결정 능력과 밀접한 관련이 있다. 즉, 많이 기억하고 인지하는 능력보다 기억능력은 컴퓨터나 인공지능이 더 잘 할 것으로 예상되므로 사람의 능력에서는 비인지적인 결정 자본이 훨씬 더 중요한 것이다. 결정 자본은 오랜 기간 지속되는 복잡한 상황에서 결정이나 판단을 내리는 종합적 능력이다.

핀란드 사람들은 흔들리지 않는 확고부동(確固不動)하고 효율적인 교사집단이 사회를 실제적으로 리드한다고 믿는다. 이는 각각의 교사들이 인내심과 책임감으로 교육을 개선하며, 문제를 함께 해결해 가는 집단적인 습관적 태도 때문이며, 비인지적 능력이 결정 자본을 향상시키는 핵심원인이라고 할 수 있다.

핀란드의 교육혁신은 단순히 교수방식이 변형이나 교육과정 개정을 통해서 이루어지는 것이 아니다. 교사들의 결정 자본을 향상시키는 환경이 조성되어 있기 때문에 가능한 것이다. 무엇보다도 핀란드 교사들에게는 자신의 교육방식을 지속적으로 개선시킬 수 있는 수업에 대하여 질문하고 고민하며 배울 수 있는 시간이 있다. 이러한 환경 속에서 교사들의 분별력이 향상되고, 결국 결정 자본이 개발된 것이다. 이와 같이 결정 자본은 오랜 시간에 걸쳐 축적되었으므로 핀란드 교사들은 스스로 선택하고, 교직 유지율 또한 높아 평생 전문직으로 자부심이 대단히 크며 자랑스러워한다.

세계 각국은 평생학습과 관련하여 무엇을 핵심역량으로 볼 것인가에 대하여 핀란드와 마찬가지로 대부분 비인지적 능력향상을 강조하고 있다. 예를 들면, 21세기에 필요한 역량을 정의하는 미국의 의대 등을 중심으로 하는 교육연구에서도 전통적인 학업인 읽기(reading), 쓰기(writing), 수학(mathematics) 외에 커뮤니케이션 역량, 협력 역량 등 비인지적 역량을 크게 강조하고 있다. 기존의 학업성취도 뿐만 아니라 비인지적 역량 교육을 강조하는 것이 유럽과 미국 모든 선진국들이 정의한 세계교육의 추세(trend)이다.

비인지적 능력을 좀 더 자세히 살펴보면, 성공한 사람들에게서 공통적으로 발휘되는 자기조절능력, 자기훈련지향성, 투지와 인내력, 자기 효능감, 탄력회복력 등 윤리의식이나 리더십 같은 능력을 말한다.

자기조절(self-regulation)은 어떤 행동을 할 때 그 결과를 미리 예측하고 고려할 줄 아는 것을 뜻한다. 이는 스스로의 감정을 통제하여 부정적 감정은 배제하고, 긍정적 감정은 향상시킴으로써 최선의 결과를 획득할 줄 아는 능력이다. 이와 관련 미국에서 실험한 '마시멜론 테스트'가 유명하다. 아기들에게 마시멜론(Marshmallow, 젤라틴과 계란 흰자, 설탕, 향료, 식용색소 등을 섞어 만든 사탕과자)을 공개하고, 15분 동안 참으면 또 하나의 마시멜론을 주겠다고 말해준 다음 그 반응을 지켜보았다. 15분을 기다린 아이와 기다리지 못하고 먹어버린 아이들의 15년 후의 인생을 상호 비교한 결과 그들의 인생성공에서 현격한 격차가 발생하였다는 것이다.

자기훈련지향성이란 스스로를 단련시키는 연마(練磨)지향성이라고도 하는데, 이는 어떤 과제를 수행하면서 자기개발이 이루어지는 것을 선호하는 경향성을 뜻한다. 즉, 늘 배움과 향상을 목적으로 행동한다는 것을 의미한다.

투지와 인내력은 장기적 목표를 갖고 포기하지 않으면서 끝까지 견뎌내는 능력을 의미한다. 미국 대학들은 입학생의 55%만 졸업한다고 한다. 그 원인은 처음 마음을 끝까지 유지하려는 투지와 인내력이 필요하기 때문이다.

자기효능감은 과제를 끝마치고 목표에 도달할 수 있는 자신의 능력에 대한 스스로의 평가를 뜻한다. 즉, 어떤 과제 상황에 처했을 때 자신이 그 과제를 잘할 수 있을 것이라는 믿음을 의미한다.

회복탄력성(resilience)은 간단히 좌절극복능력이다. 역경과 시련은 실패에 대한 인식이 아닌 오히려 도약의 디딤돌로 삼아서 더 높이 뛰어 오르는 마음의 근력을 쌓는 것에 의미를 둔다.

비인지적 능력이 성공하는 사람들의 공통적 특성이라는 것이 오랜 기간의 역사적 경험으로 확인되었기에 21세기 세계교육 흐름(trend, 추세)은 여기에 집중될 것이다. 그러나 이러한 능력은 하루아침에 성취되지 않고, 문제풀이식의 테스트를 통해서는 쉽게 체득되어지기는 어렵다. 그리고 비인지적 능력은 정확하게 측정하는 방법이 쉽지 않다는 단점이 있다. 결국 어려서부터 아이들이 문제에 부딪치고 넘어지고 일어서는 과정을 통해 스스로 비인지적 능력을 키워가도록 '최적의 좌절 환경(optimal frustration)'이 일어나는 순간의 심리적 환경은 지나치게 약하지도 않고 지나치게 강하지도 않다. 마음에 들지 않는 성과를 포기하지 않고 스스로 다시 도전하게 하는 순간이다. 이때 마음의 에너지는 멈춤에서 다시 한 걸음 움직일 수 있도록 조성하는 것과 성취의 기쁨을 맛보는 환경이 중요하다고 말할 수 있다. 과거에도 그랬지만 앞으로는 더욱 더 비인지적 능력을 갖춘 융합적인 인재가 돋보이게 될 것이기에 지금의 주입식 · 암기식 교육으로 창의력과 역량강화를 차단하는 교육은 지양해야 한다.

교육 현장에서 대학생들의 발표력을 볼 때 정말 우리의 교육이 잘못되었음을 실감한다. 어디에서도 토론식 수업은 없었고, 자기 의견을 피력하는 자리가 부족했기 때문에 더욱더 힘들어 한다. 잘못된 교육이라고 비판으로 일관하고 있을 것이 아니라 훌륭하게 잘되어 있는 교육시스템이 있으면 도입하여 적용하는 용기가 절실히 필요한 시기이다.

"교육은 인간이 완벽하지 않기 때문에 지식을 중심으로 의지와 정서를 함양하는 지육(智育) · 덕육(德育) · 체육(體育)을 겸비한 모든 교육의 자아 발현이다."

4장

절제의 미학

16. 경제교육
17. 캥거루족
18. 코딩심리
19. 앵커링(anchoring) 1
20. 앵커링(anchoring) 2
21. 에너지 법칙

16
경제교육

경제교육은 쉽게 말하면 돈에 대한 개념 및 경제생활 교육이라고 말할 수 있다. 돈은 벌기도 어렵지만 사실은 쓰기가 더 어렵다. 돈은 주인을 잘 만나기를 원한다. 즉, 지혜로운 사람이 돈을 소유하게 되면 돈도 역시 그에게 좋은 선물을 주지만 지혜롭지 못하고 악한 사람에게는 돈은 좋지 않은 선물을 준다는 것이다.

전설적 투자의 제왕(帝王)이라고 할 수 있는 워렌 버핏(Warren Buffett, 1930~)의 경제관념은 유대인 경제교육에서 비롯되었다는 이야기가 있다. 그는 세계 3대 부자(2010년)로 미국 두 번째로 많은 기부금을 낸 인물(2014년)로 선정되기도 했다. 그가 이런 막대한 부자가 될 수 있었던 근본적 이유는 고등학교 재학 시절에 중고차 임대, 게임기 대여, 농지 임대 사업을 하면서 노동의 가치와 경제 원리를 깨달았기 때문이라고 하는데, 워렌 버핏이 활용했던 것은 유대인 경제교육의 핵심에 해당하는 것이라고 한다.

경제교육에서 모범적인 사례로 많이 언급되는 것이 유대인의 경제교육이다. 유대인들은 돈을 숭배(崇拜)하지도 않지만 돈을 가볍게 여기지도 않는다. 즉, 대부분의 유대인들은 돈에 대한 균형적인 감각을 가지고 있으며, 이는 어려서부터 받은 경제교육 때문이라고 한다. 유대인들은 만 한 살이 되기 전부터 동전을 쥐어 준 다음 아침, 점심, 저녁 식사시간 전에 저금통에 넣는 일부터 경제교육을 시행한다고 한다. 돈에 대한 개념이 생기기 시작하면 그때부터 용돈을 준다고 하는데, 용돈을 주는 주된 목적은 쓰는 것이 목적이 아니라 저축하는 습관과 저축하는 즐거움을 길러주는 것이라고 한다.

유대인들의 경제교육은 3가지로 압축된다.

첫째, 우선 돈은 어떻게 버느냐보다 어떻게 쓰느냐가 더 중요하다. 유대인 경제활동의 가장 기본적인 정신이라고 할 수 있다. 유대인들은 가난한 사람을 돕는다거나 의미 있는 일에 기부하는 것을 의무이면서도 복 받는 생활의 비결로 여기고 있다. 이를 '째다카 정신'이라고 한다. 유대인 부모는 '쩨다카 정신'을 알려 주는 것으로 본격적인 경제교육을 시작한다고 한다. 중요한 것은 자녀 스스로 돈을 벌어서 기부하게끔 한다는 것이다. 부모의 돈이나 남의 돈을 빌려서 하는 기부는 진정한 기부가 아니라고 생각하기 때문이다. 그들은 어려서부터 재활용품 분리수거, 신발장 정리, 집고양이 먹이 주기 등 집안일을 거드는 것으로 돈을 번다.

둘째, 생활력을 중요하게 생각한다. 놀라운 사실은 어려운 상황을 대비하여 힘든 업종에 해당하는 세탁업, 청소업, 수선업, 페인트업, 건축업 등 기술을 한 가지씩 배운다는 것이다. 그래서 유대인들이 추방당해 세계 어느 곳으로 흩어져도 어떻게든 최소한의 생활은 이어 나갈 수 있다고 생각하는 것이다.

끝으로 유대인들은 돈을 굴리는 방법을 터득하고 있다. 예를 들면, 유대인들은 13세가 되면 성인식을 하는데, 이때 들어오는 축하금을 모으고, 이를 부모와 상의하여 투자했다가 나중에 독립할 때 종자돈(seed money)으로 사용한다고 한다.

한편, 독일 부모들은 자녀에게 용돈을 줄 때 5가지 규칙을 지킨다고 한다.

첫째, 용돈은 정해진 시간에 정해진 액수를 준다.

둘째, 용돈기입장 활용, 기부, 저축 등을 권유한다고 한다. 그러나 강제는 아니다.

셋째, 말을 잘 들으면 용돈을 더 주고, 말을 잘 듣지 않으면 용돈을 줄이든지 하는 등 용돈을 보상이나 처벌수단으로는 사용하지 않는다.

넷째, 자녀에게 용돈 사용 권한을 100% 보장한다. 동시에 사용 결과에 대한 책임도 100% 자녀에게 있다는 점을 강조한다.

끝으로 용돈은 반드시 현금으로 준다.

경제교육 전문가들에 따르면 동전과 지폐를 구분할 수 있는 3세 이후부터는 경제교육이 가능하다고 한다. 아이들에게 경제교육으로서 가장 많이 권유되는 방식은 용돈 장부(帳簿)를 작성하게 하는 것이다. 그리고 나중에 용돈을 사용한 내용을 가지고 서로 이야기 나누는 습관까지 기른다면 가장 바람직하다.

돈을 돈이라고 부르는 이유는 돌고 돈다는 의미의 돈이라고 한다. 이 말이 전혀 틀린 말은 아니다. 돈은 물건을 사고파는 수단으로 사용되면서 사람과 사람 사이를 돌고 돌기 때문이다. 돈이 돌아야 한다는 것은 돈이 생명을 유지하는데 반드시 필요한 것이기 때문일 것이다. 물과 공기를 마셔야 살 수 있는 것처럼 돈이 있어야 사람이 살 수 있다는 뜻이다.

돈이 많으면 좋다고 하는데, 부자가 되는 것이 쉬운 것은 아니다. 그러므로 부자가 되기 전에 먼저 돈에 대한 '앎'이 필요하다. 돈과 경제에 대해 잘 알아야 한다. 그래야 세상이 어떻게 돌아가는지 알 수 있으며, 앞으로 무슨 일을 할 것인지 등 인생계획을 헤아려 볼 수 있을 것이다.

글을 읽거나 쓸 줄 모르는 사람을 '문맹'이라고 부른다. 경제에 대하여 잘 모르는 사람을 '금융맹'이라고 부른다. '금융맹'은 돈을 어떻게 벌고, 어떻게 사용하고 관리하는 방식에 대하여 잘 모르기 때문에 위기상황에서는 아주 힘들어질 수 있다. 또 '금융맹'은 저축과 투자에 대해서도 잘 모르기 때문에 재산을 탕진할 위험을 가지고 있다.

학교에서는 경제가 무엇인지에 대해 배우지만 돈을 직접적으로 어떻게 관리하고 사용해야 하는지 자세히 배우지는 않는다. 그래서 금융을 잘 이용하면서 합리적으로 소비하며, 위기에 빠지지 않는 방법을 배우려면 스스로 공부를 해야 하는데, 사람들이 쉽고 재미있게 배울 수 있도록 사례를 들어주면서 질문과 토론의 경제교육이 필요하다.

어린 자녀의 가장 중요한 교육은 가정에서 부모와 대화하며 자연스럽게 알려주는 밥상머리 교육, 잠자리 대화에서 모든 교육의 기초가 이루어지며, 경제교육 또한 용돈을 주면서 시작되는데, 주는 것에 그치지 말고 관리하는 데까지를 알려주는 것이 기본교육이라 할 것이다. 추가 용돈은 독이 될 수 있으므로 반드시 약속한 것만 주도록 해야 한다. 약속을 어길만한 분명한 이유가 있다면 그 이유를 부모가 납득할 수 있도록 설명해 주는 것이 중요하다. 이때 불필요한 지나친 아량은 베풀지 말아야 한다. 아이가 과소비를 한다면 자신을 되돌아볼 수 있도록 부모와 이야기하는 시간을 만들어야 한다. 부모는 아이의 거울이기에 본이 되는 모습을 보여 주어야 한다.

경제교육 지원은 각종 경제 관련 정보나 경제시스템을 움직이는 제도와 데이터에 대한 이해와 분석 등 경제에 대한 이해를 높임으로써 국민들로 하여금 경제세계에 대해 이해하도록 도와주는 것을 의미한다.

미국은 1949년부터 경제교육연합회(The joint council on economic education)에 의해 1960년대 후반부터 주로 민간차원에서 실시해오고 있다. 우리나라는 경제교육을 본격적으로 지원하기 위하여 2017년 경제교육지원법을 시행하였고, 한국은행은 매주 금요일 대학생과 일반인을 대상으로 심층적인 경제교육을 실시하고 있다.

본(本)이 되는 교육은 받아들여 실천하는 게 중요하듯 어릴 때부터 경제관념을 심어주는 유태인의 경제교육과 우리 교육의 장점을 살린 지혜로운 교육이 필요하다. 특히 어려운 상황을 대비하여 힘든 업종기술을 어릴 때부터 한 가지씩 익혀둔다는 말에 너무나 지혜로운 교육이라 놀랐으며, 돈을 버는 것도 중요하지만 어떻게 쓰는 데도 중요함을 강조한 기부의 문화는 보람을 찾아주는 것이므로 큰 의미가 있다.

노동(몸, 정신)의 제공으로 얻은 대가인 돈을 검소한 생활로 모으고 유지하는 재산관리 능력은 윤택하고 행복한 인생을 만들기 때문이다.

더욱이 현대 사회는 관계망 구축 온라인 서비스(SNS), 메타버스(가상현실세계), 대체불가능 토큰(NFT), 가상 화폐 등으로 대표되는 급격한 기술 발전으로 청소년들도 마음만 먹으면 인터넷을 통해 수입을 얻을 수 있다. 또한 이러한 활동으로 얻을 수 있는 수입의 규모는 과거 신문배달이나 전단지 돌리기와는 비교가 불가능할 정도로 높다. 그렇기 때문에 이미 초등학생들 사이에서는 장래 희망 순위에서 유튜브 크리에이터가 대통령을 앞선 지 오래다.

요즘 세대는 이렇게 어려서부터 스스로 돈을 벌고 쓰는 것이 익숙하고, 자연스러운 세대이므로 올바른 경제교육이야 말로 그 어느 때보다 필요하며, 매우 중요함을 일깨워 주어야 한다.

17
캥거루족

캥거루족이란 대학을 졸업해서 자립할 나이가 되었는데도 부모와 같이 살거나 용돈을 받으며 경제적으로 기대어 사는 젊은이들을 일컫는 말이다. 부모라는 단단한 방어막 속으로 숨어버린다는 뜻으로 '자라족'이 있고, 일본에서는 1990년대에 문제가 됐던 20~30대의 캥거루족의 상당수가 35~44세 연령대의 중년이 돼서도 부모에 의존하는 중년 캥거루족이 있다. 이들을 '기생(寄生, parasite) 독신'이라 부르기도 한다. 그런데 이러한 캥거루족 현상은 청년 실업문제와 밀접한 관련이 있으므로 어쩔 수 없는 현실상황이 반영(反映)되어 있다고 보아야 한다.

캥거루는 태어날 때부터 허약하고 성숙하지 못한 미숙(未熟)한 새끼를 낳는다. 그래서 다른 동물들에게서는 볼 수 없는 주머니 속에 아기 캥거루를 넣고 다니면서 젖도 먹이고 다른 동물로부터 보호한다. 이처럼 캥거루족이란 부모의 지원 속에 있는 청년들을 뜻한다.

최근에는 맞벌이 부부가 출산을 앞두고 자녀 양육을 이유로 부모와 동거하는 새로운 캥거루족도 늘고 있다. 서로 용어는 다르지만 미국, 일본, 중국, 영국 등도 우리나라와 같은 캥거루족이 있다. 예를 들면, 미국에서는 트위스터(twixter)라고 하는데, 이는 중간에 낀 세대라는 뜻을 가지고 있다. 일본에서는 니트족(NEET)이라고 하는데, 이는 'Not in Education, Employment or Training'의 머리글자를 따서 표현한 것으로 '일할 의지도 없고, 그래서 교육이나 훈련을 원하지 않고 무위도식(無爲徒食, 하는 일 없이 먹기만 함)하는 청년 무직자'를 뜻한다.

지난 2011년 사람들 사이에서 유행했던 '3포(三抛) 세대'라는 말은 '연애'와 '결혼' 및 '출산'을 포기하는 청년들을 일컫는 말이다. 지금은 '주택'과 '인간관계'까지 포기하면 5포 세대, 여기에 '희망'과 '꿈'까지 포함시키면 7포 세대가 된다. 이러한 표현들은 현대 자본주의시대의 초 경쟁 상황에서 청년들이 버티기 힘들어졌다는 것을 의미한다. 포기하지 않으면 생존이 더 위험하게 된다는 뜻이다.

지금은 코로나19 등 바이러스 공격으로 경제난이 더욱 심화되어 청년들이 일자리를 구하기는 더욱 힘들어졌다. 그래서 정부에서도 특별 추경예산을 통해 일자리를 창출하기 위한 노력의 일환으로 일명 한국식 뉴딜정책을 실행하겠다는 것이다. 캥거루 청년들이 자신감을 갖고 생활할 수 있는 여건을 조성하는 것이 중요하지만 한국식 뉴딜정책(미국 대공황 극복)으로 가능할지 두고 볼 일이다.

캥거루족 문제는 총체적, 구조적 문제이므로 단순히 개인에게 맡길 문제가 아니라고 생각한 것은 다행이지만 동시에 캥거루족 당사자들의 태도 변화도 중요할 수밖에 없다. 현장중심 교육이 되지 못하는 공교육 및 사교육 개혁에서 해결방식을 찾아야 한다고 말하고 있으나 교육개혁이야말로 하루아침에 이루어지는 것이 아니므로 단순한 문제가 아닌 것이다.

오히려 캥거루족의 태도 변화와 캥거루족 생산 자체를 예방하는 것이 더 필요하다고 여겨진다. 즉, 무엇보다 캥거루족이 많아지는 것은 부모와의 관계로부터 생겨난 것이 아닌지를 검토해야 한다고 생각한다. 청년들이 가장 많이 접촉하는 것이 부모이므로 가정에서 부모의 사고방식 변화를 통하여 캥거루족의 생각과 태도를 변화시킬 수 있다고 여겨진다.

일련의 무위도식하는 청년 캥거루족의 생각과 태도변화를 위해서는,

첫째, 20세에 도달하면 언제까지 부모 집에 거주할 것인지에 대하여 구체적으로 의논해야 한다고 제안한다. 용돈과 부모와의 동거 시기를 협의하고, 언제 독립할 것인지를 스스로 다짐하고 약속해야 한다. 이러한 방식은 캥거루족이 생겨나지 않도록 사전에 예방하는 차원에서 매우 중요하다.

어려서부터 부모가 먹여주고 입혀주는 생활이 당연한 것으로 습관화 되어 있는데, 여기서 벗어나려면 20살 정도 되었을 때 부모 의존성에 대하여 깊이 생각하는 기회를 주자는 것이다. 이러한 처방은 아르바이트 등 사회에 적응하는 기회를 스스로 갖게 하는 계기를 만들어 준다.

둘째, 결혼한 자녀에 대한 간섭이나 지나친 지원을 하지 말라는 것이다. 자기 인생은 자신이 책임지도록 하는 것이 바람직하다.

셋째, 부모 집에 방문하는 것도 미리 약속을 하고 방문하도록 함으로써 서로 독립된 인격체라는 점을 깨닫게 하는 것도 좋은 방식 중 하나라고 볼 수 있다. 자주 방문하더라도 미리 연락하도록 하는 것이 독립심을 키우는데 좋고, 부모와의 지나친 애착에서 벗어나는 길이 될 수 있을 것이다.

넷째, 정서적 유지는 자주 하도록 한다. 독립적 인격체로서 대화를 하는 것이 더 바람직하다. 사교적인 사람이 소외된 사람보다 사회생활 적응이 더 빠르기 때문이다.

끝으로 경제지원 문제로 인해 캥거루족 자녀가 반항하고 가족과의 사귐에 등을 돌리겠다고 한다면 분명하고 단호한 부모의 입장을 밝혀야 한다.

캥거루족 생산을 예방하고 캥거루족이 자립하려는 마음을 갖게 하는 것도 바람직하지만, 사회여건이 준비되지 않은 상태를 원망만 할 수 없다. 오히려 최저 임금을 받으면서도 행복한 마음으로 살 수 있는 탈 물질주의와 영성(靈性) 심리적 접근도 필요하다. 대부분 저 임금으로 살아야 하는 시대라면 과소비적 과잉욕망과 잉여소비에서 즐거움을 찾거나 소비수준에서 자존감을 유지하려는 마음은 진정한 것이 아니므로 항상 자아실현의 모색이 필요하다.

한 사례를 보면, 40대 초반의 남성임에도 부모님이 모든 것을 다 해주어 무위도식하는 최 씨가 있었다. 물론 집에서 놀고 싶어서 노는 사람이 어디 있겠냐마는 그것도 모자라 게임만을 한다고 하니 부모의 마음을 여간 힘들게 하는 것이 아니었다. 작정하고 만나 이런 말로 그의 마음을 움직일 수 있었다. "부모님의 아들로 인연이 되어 태어났지만 그분들이 무슨 죄가 있어서 당신을 만나 이 나이가 되도록 걱정을 주는 건지요? 부모님 인생도 있고, 당신의 인생도 있는데, 이렇게 걱정만 주는 인연으로 만들었군요. 부모님의 몸을 빌려 세상에 나왔으니 그 은혜를 갚으려 노력은 못하더라도 이제는 자신의 인생을 사는 것에 힘쓰고 독립을 해야 하겠지요. 수많은 인연이 있지만 아주 가까운 인연일수록 소중히 여기고, 지금부터라도 그분들과의 인연을 마음으로 다하길 바란다."고 끝을 맺으니 최 씨의 마음을 움직였는지 최 씨는 그 후부터 부모한테도 잘하게 되었고, 취직도 하여 새로운 인생을 살고 있다는 소식을 들을 수 있었다.

캥거루족이 많이 양산된 것이 사회적으로 국가경제의 침체에도 문제가 있지만 각자의 마음을 움직이는 작동이 멈춰져 있고, 집안에서 부모들은 걱정만 할뿐 아무런 대책을 세울 줄도 모르고 양산(量産)만 더 할 뿐이다. 기존의 부모 재산이 있거나 경제적으로 부족함이 없을 때 점점 더 부모에게 의존하게끔 하며, 사회에 나가 경제활동 해보았자 교통비 정도의 벌이 밖에 안 된다면 자연스럽게 포기하고 빈둥거리는 라이프스타일의 캥거루족이 되는 것이다.

그들의 자존감은 점점 더 낮아지면서 부모님의 후광(後光)만 믿고 눈만 높은 경우를 보게 되는데, 세상을 헤쳐 나가는 진정한 마음의 근육이 상실된 것이다. 유약한 마음을 떨치고 작은 일도 소중히 여기며 사회경력이라고 생각한다면 활력과 자존감이 높아지면서 삶의 방향이 달라질 것이다. 부모님의 그늘이 아닌 내 인생의 항로를 개척해 나가는 노력이 절실히 필요하다.

한편으로는 부모도 자녀가 사회적으로 일정 수준 이상 인정받는 직업을 얻기 바라는 기대를 어느 정도 낮출 필요가 있다. 한국의 부모님들은 뉴스에서 취업을 포기한 청년을 보면 대부분이 "요즘 세대는 고생을 안 하려 든다, 눈높이를 낮춰서 힘들더라도 우선 할 수 있는 일을 해야 한다."고 말하지만, 막상 자신의 자녀가 힘든 막노동에 허드렛일을 하면 응원을 하기 보다는 "내가 그런 꼴 보려고 힘들게 너를 키웠느냐, 누구 아들은 의사고, 누구 아들은 대기업에 다니는데, 네가 무엇이 부족하냐?" 등의 반응을 하게 된다. 물론 사랑하는 자식이 더 편하고, 사회적으로 더 인정받는 직업을 가지기를 바라는 것은 모든 부모의 공통된 마음일 것이다. 하지만 부모만 자녀를 사랑하는 것이 아니라 우리의 자녀들도 부모님을 사랑하고, 그들의 기대를 저버려 실망시키는 것을 두려워하며 슬퍼한다. 그렇기 때문에 부모의 기대심리가 혹시 자녀들의 직업에 대한 선택의 폭을 제한하고 있지는 않은지 돌이켜볼 필요가 있다. 과연 당신은 자녀가 어떤 일을 한다고 해도 섣불리 판단하지 않고, 묵묵히 지지하며 응원할 수 있을지 생각해보는 시간이 필요할 것이다.

18
코딩심리

21세기는 생산기술과 사회조직의 변화가 심각해지는 제4차 산업혁명(産業革命)이 더욱 더 본격화되는 시대라고 할 수 있고, 그 특징은 인공지능을 중심으로 하는 디지털 문화와 사회(digital culture & society)라고 말할 수 있을 것이다. 이러한 사회 문화의 경향성으로 말미암아 많은 사람들 특히 교육계에 관련되는 사람일수록 새로운 사고와 심리를 요구받고 있다. 그것은 일명 컴퓨팅적 사고(computational thinking, CT)이다.

컴퓨팅 사고(CT)의 중심에 코딩 개념이 있다. 우리 주변에서 발생하는 자연현상을 설명하기 위해서 자연과학을 배우고 가르치듯 사람들이 매일 접촉하는 인터넷과 스마트 폰, 컴퓨터 등의 세계를 설명하기 위해서 코딩에 대한 이해는 필수적이라는 움직임이 크게 확산되고 있다.

코딩이란 사전적 정의에 따르면, 주어진 명령을 컴퓨터가 이해할 수 있는 언어로 입력하는 것을 말한다. 좀 더 넓은 의미(廣義)적 차원에서는 프로그램을 만든다는 뜻의 '프로그래밍'과 같은 개념으로 여겨진다.

코딩을 적절하게 하기 위해 가장 우선시되는 사항은 코딩심리라고 할 수 있다. 즉, 프로그램을 만들 때 가장 먼저 필요한 과정은 일을 어떻게 수행할지 계획을 세우는 것인데, 코딩심리를 모르면 계획단계에서부터 난감해지기 쉽기 때문이다. 코딩이란 예컨대, 'A상황에서는 B를 실시하고, C라는 상황이 닥치면 A로 다시 돌아가게 한다.' 이와 같은 작업 구상(構想)이 모두 끝나면 그러한 작업명령을 컴퓨터가 알아들을 수 있는 언어로 입력 전환해주는 과정이 필요하다. 이를 코딩이라고 한다.

코딩심리에서는 알고리즘(algorithm) 과정을 이해하는 것이 필수적이라고 할 수 있다. 알고리즘은 어떤 주어진 문제를 논리적으로 해결하기 위해서 필요한 절차, 방법, 명령어들을 모아놓은 것이다. 그래서 넓은 의미(廣義)로 보면 사람 손으로 해결하는 것, 컴퓨터로 해결하는 것, 수학적인 것, 비수학적인 것을 모두 포함한다. 그러나 좁은 의미(狹義)로는 수학적인 컴퓨터마인드 논리에 따른 문제해결 과정을 의미한다고 말할 수 있다.

예컨대, 하나 양이 물었다. "오늘 할 일 다 했어?" 이에 두리 군이 "다 했어."라고 대답한다. 하나 양이 한 문장으로 간단하게 물어보았지만 두리 군은 그 말 속에 '빨래하기, 애보기, 운동하기, 청소하기' 등 모두가 포함되어 있음을 알고 있다. 이처럼 사람은 대화하는 상대자의 말 속에 포함되어 있는 의미까지 이해할 수 있다. 그러나 컴퓨터는 그렇지 못하다. 정확하게 무엇을 해야 할지 처리 내용과 처리 순서를 모두 구체적으로 알려 주어야만 제대로 명령을 수행한다. 그렇기 때문에 프로그램에 알고리즘이 필요한 것이다. 알고리즘은 하나의 명령을 수행한 다음에는 무슨 일을 처리하고, 그 다음에는 어떤 파일들을 모아서 어떻게 처리해야 할지 구체적으로 명령의 내용과 순서, 처리 방법을 모아놓은 것이다.

알고리즘은 어떻게 구성하는가에 따라 같은 문제를 풀더라도 더 오래 걸릴 수도 있고, 오류가 생길 수도 있으므로 논리적으로 분명(分明)하면서도 효율(效率)적으로 만드는 것이 중요하다.

프로그램을 만드는 전체 과정에서 볼 때 알고리즘을 짜는 것은 '기획'에 해당하는 단계이다. 프로그램이 어떻게 움직일지를 지정(指定)해주는 것이다. 이러한 알고리즘 계획이 끝나면 프로그램 언어로 전환, 작성하여 소프트웨어가 완성되어 작업실행으로 들어갈 수 있다.

① 알고리즘계획 → ② 코딩(프로그래밍) → ③ 소프트웨어완성 → ④ 실행

알고리즘의 표현방식에는 자연어(natural language), 순서도(flow language), 가상 코드(pseudo code), 프로그래밍 언어(programming language) 등으로 구분된다.

생활을 편리(便利)하게 만들어 주는 컴퓨터, 구석구석 깨끗하게 만들어주는 로봇청소기, 화재에 대한 위험을 미리미리 감지해 주는 화재경보기 등 모든 것들은 코딩작업을 통해 입력된 명령대로 작동한다.

컴퓨터 및 인공지능이 앞으로는 인간생활에 더욱 더 많은 변화를 가져올 것이 분명하다. 따라서 코딩심리의 필요와 가치는 누구든지 인정하게 될 것이다. 그래서 갈수록 코딩심리에 대한 관심이 높아지고, 또한 누구나 쉽게 접근할 수 있도록 즉, 코딩작업을 지원하는 단순한 프로그램도 많이 개발되었다.

코딩심리가 중요한 것은 인공지능, 사물인터넷, 지능형 로봇, 빅데이터 분석 및 활용 등 4차 산업혁명시대를 대변하는 모든 것이 정보통신기술과 인공지능을 바탕으로 한 소프트웨어를 통해 구현(具現)되기 때문이다. 이러한 중요성 때문에 해외 각국은 경쟁적으로 정규 코딩교육과정을 만들고 있으며, 우리나라도 2018년부터 코딩교육을 의무화하고 있다.

21세기를 살아가는 현대인에게 코딩심리는 선택이 아니라 필수가 되어가고 있다.

19
앵커링(Anchoring) 1

앵커(anchor)란 움직이지 못하도록 잡아주는 역할을 하는 닻을 의미한다. 즉, 닻이란 배를 한 곳에 멈추어 있게 하기 위해 줄에 매달아 물 밑바닥으로 가라앉히는 갈고리가 달린 기구(器具)를 말한다. 닻의 갈고리가 흙바닥에 박혀 배가 물결에 따라 움직여도 멀리 흘러가지 않게 된다. 또는 연약한 지반(地盤)이 거동(擧動)하지 못하도록 구멍을 뚫어 쇠줄과 시멘트 몰탈(mortar)을 넣어 굳혀주는 역할을 하는 것을 앵커(anchor)라고 한다. 이러한 앵커의 뜻을 생활심리에 적용한 것을 앵커링 기법(技法)이라고 한다.

앵커의 다른 뜻은 정신적 지주이다. 심리적으로 혼돈과 공허와 암흑이 느껴질 때 우리는 무의식적으로 엄마 또는 하나님을 부르게 된다. 이는 무의식에 내려져 있는 심리적인 닻, 정신적 지주를 찾는 것이라고 볼 수 있다. 어떤 여성들은 마음이 힘들 때마다 출산직후 아기와 함께 했던 상황을 떠올리면서 기분전환을 시도한다고 한다. 과거에 가장 기뻐했던 장면을 떠올리는 것이다. 어떤 남성들은 힘들 때마다 좌절 끝에 찾아온 전화위복(轉禍爲福, 재앙이 복으로 바뀜. 화가 복이 될 수도 있고, 복이 화가 될 수도 있다는 순환하는 세상 이치를 일컫는 말로 지금 재앙으로 여겨지는 것이 언젠가 복이 될 수도 있고, 지금 복이 언젠가 화가 될 수도 있으니 현재 상황에 너무 연연해하지 말라는 뜻이 담겨 있음)의 경험을 생각해 내면서 용기를 찾는다.

믿음이 좋은 종교인들은 소망으로서 천국(天國)의 기쁨과 환희를 앵커링하면서 현재의 고난을 이겨낸다. 요컨대, 앵커링 기법의 핵심은 마음의 현실(現實)을 바꾸는 것이다.

외부 현실과 마음의 심리 세계는 다르다. 마음은 실재를 있는 그대로 경험하기보다는 무의식적인 해석(解釋)과정을 거치게 된다. 즉, 문장이나 사물의 뜻을 자신의 논리에 따라 이해한다. 사람마다 무의식적으로 앵커링(anchoring)된 해석체계, 가치관, 이해의 필터링(filtering) 과정을 가지고 있기 때문이다.

사람들은 잘 모르는 것을 판단해야 하거나 협상을 해야 할 때 어떤 기준이 필요하다. 그런데 대개 무의식적으로 자신의 마음속에 주어진 닻(앵커링된 가치)에서 크게 벗어나지 못하고 이를 기준으로 삼는 경우가 많다. 여기서 중요한 것은 무의식적으로 얼마나 온전한 대상(조건, 가치)에 닻을 내리고 있느냐의 문제라고 하겠다.

앵커링은 일종의 연결(連結)심리라고 할 수 있다. 예를 들어 아주 노란색의 귤을 먹고 식초와 같은 자극적인 신 맛을 느꼈다면 노란색만 보아도 입안에 자극적인 신 맛이 상상되면서 침이 고이게 되는 경우가 생길 수 있는데, 이는 노란색과 식초와 같은 신 맛을 느낀 심리가 서로 연결(앵커링)되어 있는 것이다. 어떤 특정한 음악을 듣게 되면 마음이 아주 편해지는 경우 자기 침대에 놓여있는 인형을 보거나 퇴근할 때 자신을 반기는 반려견을 보면서 하루의 피로가 날아가는 느낌을 경험하는 것 등 역시 일상에서의 앵커링 심리 사례라고 할 수 있다.

사실 이러한 앵커링 기법은 이미 오래전부터 자연스럽게 사용되고 있다. 엄마(양육자)가 울며 보채는 아이에게 "울면 귀신이 나타나 잡아갈 수도 있다"고 달래면서 "뚝!"이라고 말하는 것도 아이의 심리를 앵커링 시켜놓는 것이다. 아이에게 엄마(양육자)가 하는 말은 닻과 같다고 할 수 있다. 왜냐하면, 엄마는 아이에게 절대적인 영향력을 미치는 무의식적으로 가장 밀접하게 연결(連結)된 존재이고, 영(靈, 망령이란 인간이나 동물의 시체로부터 떨어져 나온 혼을 가리킴)이며, 대타자(big other, 메시지를 완전무결하게 해독하는 사람)이기 때문이다.

조직에서는 직속상관이고, 엄마에게는 사랑하는 아들이, 자본주의 사회에서는 돈(money)이 가장 큰 영향력을 행사하는 앵커링 대상이다.

평상시 친하게 지내는 가족들을 대할 때는 아무런 문제가 없는데, 낯선 사람을 만나게 되면 지나치게 위축되는 경우가 있다면, 낯선 이를 만날 때마다 가족을 떠올릴 수 있는 앵커링 행동을 유발시킬 필요가 있다. 손을 잡는 행동이나 부드러운 웃음을 떠올린다든지 또는 즐거웠던 크리스마스 가족모임을 생각해내는 일 등은 앵커링된 마음으로 편안하게 낯선 사람들을 대할 수 있도록 앵커링 기법을 적용하여 훈련할 필요가 있다. 그러나 더 근본적인 차원에서 궁극적인 앵커링 대상을 발견하는 것이 영성심리의 과제라고 말할 수 있을 것이다. 예컨대, 소크라테스(Socrates)가 사람들에게 배신당해 독배를 마시는 순간에도 흔들리지 않고 마음을 차분하게 지킬 수 있었던 것은 다른 차원의 영원한 진리의 차원에서 앵커링 할 수 있었기 때문일 것이다.

> **“ 앵커링 1 : 앵커링 효과(정박효과)는 어떠한 조건에 얽매여 크게 벗어나지 못하는 효과인데 특정한 자극에도 의식하지 않고 자동적으로 반응하도록 만드는 것이다. ”**

20
앵커링(Anchoring) 2

상담 현장에서 사용하는 앵커링(Anchoring) 기법은 매우 유용하다. 따라서 유용성을 다시 강조하는 차원에서 다시 한 번 소개하면, 앵커링 기법은 NLP(Neuro-Linguistic Programming) 기법에서 파생된 개념으로 실천적인 활용의 다양성과 높은 효율성으로 인해 최면치료나 행동치료는 물론 인지치료 등에서도 폭넓게 사용되고 있다.

앵커란 정박(碇泊)시킨다는 뜻이 있다. 어느 한 곳에 고정시키는 것을 가리킨다. 예컨대, 배를 항구에 고정시킬 때 사용하는 닻이나 암벽타기에서 줄과 사람을 연결하여 사람이 낙하하지 않도록 하는 연결고리를 앵커라고 부른다. 이러한 고정시킨다는 의미를 확장하여 상담심리 현장에서 사용하는 경우 '앵커링 기법'이라고 하는 것이다. 즉, 마음이 어떤 특정한 심리상태에 머물도록 하는 기법이라고 말할 수 있다. 예를 들면, 인간의 마음의 욕망은 여러 가지 다양한 방향으로 동시에 흐르기 어렵다. 어떤 한 가지에 마음을 집중하게 되면 다른 한 가지는 잊기 쉽다.

병원에 온 아기가 주사 맞는 것을 두려워하는 경우가 있다. 그래서 크게 울면서 의사 앞에 가기를 주저할 때 의사는 아이의 주의를 다른 곳으로 돌릴 수 있다. 언젠가 유튜브에서 본 것으로 기억되는데, 의사가 티슈 한장을 빠른 속도로 아기 얼굴에 던지는 화면을 본 적이 있다. 이때 아이는 울음을 멈추고 깔깔대며 장난스럽게 웃고 있었는데, 이 순간 의사는 아기에게 주사를 신속하게 놓았다. 이것 역시 앵커링 기법을 응용한 사례에 해당한다. 주사를 놓는 동안 아이의 마음이 티슈 놀이에 앵커링 되었기 때문이다.

그런데 앵커링 기법을 사용할 때에는 적용대상(개인)에게 가장 효과적인 앵커를 선택하는 것이 중요하다. 집중이 가장 잘되는 앵커를 선택하는 것이 효과가 좋기 때문이다. 이를 위해 시각적 방식, 청각적 방식, 촉각적 방식 등 다양한 앵커를 사용할 수 있을 것이다.

먼저, 강한 느낌이 드는 앵커를 선택하는 것이 바람직하다. 개인적으로 차이는 있겠지만 특별한 이유 없이 마음이 불안할 때는 과거 엄마 품에서의 포근하고 평안한 느낌을 상상해보는 것이 좋다. 또한 혼자 있을 때 우울한 사람은 함께 노래하며 기뻐했던 장면을 떠올려 상상의 나래를 펼치는 것이다.

둘째, 앵커는 지나치게 보편적인 것은 피하고, 개인의 특성에 맞는 앵커를 선택하는 것이 바람직하다. 명상적 앵커링이라 해도 개인 기호에 맞는 것을 선택하는 것이 좋다. 유형에 따라 개인별 효과가 다르기 때문이다. 서양식 명상이냐, 동양식 명상이냐에 따라 마음이 집중 몰입되는 것이 다르게 나타나기 때문이다.

끝으로 어떠한 앵커를 사용하든지 상황과 장면의 연결이 적절해야 한다. 그러므로 가장 먼저 어떤 문제 상황에서 앵커링이 필요한지 알아야한다. 앞으로 갈 수도 없고 뒤로 물러설 수도 없는 샌드위치 상황이라면 위를 바라보는 앵커링 기법을 사용해야 하고, 따라서 문제 상황에 가장 적절한 앵커의 소재를 찾는 것이 중요하기 때문이다. 그리고 가능하다면 적용대상자의 과거 경험에서 앵커의 소재를 찾는 것이 바람직하다. 눈을 감은 상태에서 과거 경험 속에서 앵커의 소재를 찾을 수 있는 기회를 부여할 필요가 있다.

앵커링 기법은 연결(連結) 기법이라고 볼 수 있다. 과거 가장 행복했던 순간의 장면을 찾아 상상 속에서 그때의 기분을 재현(再現)할 수 있도록 심리적으로 연결하는 것이다. 만약에 과거에 어떠한 긍정적인 장면을 찾을 수 없다고 한다면 미래의 장면을 상상할 수도 있을 것이다. 미래의 장면도 찾을 수 없다면 영원차원에서 긍정적이고 행복한 기쁨의 장면을 찾을 수 있을 것이다. 문제는 시간이다. 많은 시간을 투입하면서 상상과 명상과 기도 속에 빠지게 되면 반드시 심리적 안정감과 행복감의 순간으로 연결된다. 그러한 연결의 기분은 일상으로 돌아왔을 때 얼마간의 시간이 흐르면 또 다시 우울하게 될 것이다. 그때는 다시 앵커링 기법을 사용하면 된다. 마음의 현실은 상상을 통해서도 얼마든지 재창조되기 때문이다.

21
에너지 법칙

마음에도 에너지 법칙이 적용될 수 있다. 에너지 법칙을 제대로 알고 있으면 언제나 긍정적인 마음을 유지할 수 있다. 즉, 부정적인 마음을 갖고 있는 사람은 자신의 주변이 부정적 에너지 벽으로 싸여 있는 것과 같기 때문에 그러한 보이지 않는 벽을 깨버리기 위해서는 마음의 에너지 법칙을 잘 이해하는 것이 중요하다.

정신세계에서도 '만유인력의 법칙'이 작용한다. 즉, 정신적으로 질량이 큰 것이 작은 것을 끌어당긴다는 뜻이다. 만유인력이란 질량이 있으면 보편적으로 이 힘이 작용한다는 의미이다. 잘 알려진 바와 같이 뉴턴은 사과가 나무에서 떨어지는 것은 지구의 당기는 힘 때문임을 간파(看破)하였다. 그래서 사과를 지구가 당기는 힘보다 더 세게 공중으로 던진다고 가정(假定)하면 사과는 지구가 당기는 힘을 능가(凌駕)하여 달과 마찬가지로 지구 주변을 도는 궤도(軌道)를 운동(회전)할 수 있다고 추론된다. 마음세계에서의 만유인력의 법칙은 있는 자는 더 넉넉하게 되고, 없는 자는 있는 것마저도 빼앗기게 되는 법칙이다.

에페소왕가의 헤라클레이토스(Heraclitus of Ephesuss)는 만물은 유전(流轉)한다고 했다. 그런데 여기서 유전이란 같은 상태로 존재하는 것은 없다는 말이다. 끊임없는 변화를 의미한다. 플라톤(Platōn) 역시 만물은 흘러가고 결코 머무르는 일이 없다고 하였다. 똑같은 강물에 두 번 들어갈 수는 없는 것이다.

만유인력의 법칙과 만물유전(萬物流轉)의 법칙을 함께 생각한다면 인간의 정신에너지도 가장 큰 정신(영혼)을 향해 끊임없이 변화하는 과정이라고 생각할 수 있다. 그래서 불교에서도 태어나는 것과 죽는 것이 되풀이되는 삼계육도(三界六道)를 끊임없이 윤회함을 말하고 있다. 어떻든 마음의 에너지 법칙을 알고 생활하는 것과 모르는 것은 행복한 마음생활에 많은 영향을 미치는 것이 사실이다.

어느 날 아침에는 활력이 넘치고 기분이 좋아서 행복하다는 생각이 많이 들기도 하지만, 다른 날 아침에는 집 밖으로 나오기 싫은 날도 있다. 왜 이러한 차이가 생겨날까를 관찰해보면 대개 전날 내린 결정이나 그동안 쌓인 생활방식에서 나오는 것이다. 왜냐하면, 작은 생활방식의 변화라고 인간의 마음에너지에 큰 변화를 초래할 수 있기 때문이다.

생각은 행동을 낳고, 행동은 습관을 낳고, 습관은 성격을 낳고, 성격은 운명을 낳는다는 말이 있다. 사람이 지성과 감성을 바탕으로 어떤 결단을 하고 행동을 하게 되면 반복된 과정이 쌓여 성격과 운명까지도 바꿀 수 있게 된다는 의미이다. 이러한 모든 과정은 한마디로 마음의 업적이라고 할 수 있다. 여기서 업적이란 존재와 행동 모두를 포함하는 말이다. 즉, 영혼의 업적이 마음에너지의 충만함을 결정짓는다는 뜻이다.

결국 마음에너지의 충만함이 운명을 결정짓는다고 해도 과언이 아니다. 에너지가 충분해야 성공할 수 있다는 말이다. 어떻게 살면 영혼의 에너지를 확장할 수 있는가를 생각해보아야 한다는 말이다.

모든 관계의 맺음은 영혼의 에너지를 크게 할 수도 있고, 더 작게 할 수도 있다. 그러므로 무엇보다 만남이 중요하다. 어떤 사람(사물)을 만나느냐가 영혼의 에너지에 영향을 주게 되고, 이것이 쌓여서 영혼의 품격(品格)을 결정하기 때문이다. 흔히 죽은 다음에 염라

대왕이 지옥심판과 환생(還生)을 결정하는 가장 근본적인 이유에 해당하는 것이 사람 됨됨이(인성)가 바탕이 되고, 인격을 형성하는 품성을 지닌 영혼의 품격을 갖추어야 한다.

마음의 에너지를 주는 사람(사물)이 인간을 참으로 성숙시켜주는 대상이다. 이는 마치 숫돌과 같은 존재이다. 보석(寶石) 같은 영혼의 품격이 되도록 다듬어주기 때문이다. 그러나 인간 영혼의 에너지를 빼앗아가는 사람이나 사물, 인간의 영혼을 지치게 만드는 사람(사물)은 맷돌과 같은 존재이다. 그렇다면 숫돌과 맷돌을 분별하기 위해서 주의 깊은 지혜가 필요하다.

결론적으로 인간의 마음에너지를 풍부하게 하고 영혼의 품격을 성장시키는 대상과의 관계맺음이 운명을 결정짓는다. 사람이 갈구하고, 찾고, 두드려야 하는 유일(唯一) 대상은 바로 이런 관계맺음이다. 이는 결국 개별적 사람마다의 느낌과 판단에 맡겨질 수밖에 없는 선택의 문제라고 할 수 있다. 그러나 가장 바람직하고 확실한 일반적인 방법을 추천한다면 삶의 지혜를 담고 있는 옛 경전(經傳)을 살펴보는 일이다. 즉, 성인(聖人)이 지은 말씀과 행실(行實)을 적은 글들을 사랑하는 마음으로 살펴보기를 바란다. 말 속에는 얼이 있고, 성인들의 말씀 속에는 영혼을 살찌우게 하는 에너지가 흐르기 때문이다.

우리나라 유학 사상사에서 사단 칠정론은 성리학 이론이다.

유교철학과 욕망 (맹자) : *인(仁)은 '내가 남과 하나가 되는 마음이다' 마음의 본질이자 삶을 영위하는 근본 바탕이 된다.

*의(義)는 인(仁)을 실천하는 구체적인 원리이며 사단(四端)이다.

인(仁)의 단서 : 측은지심(惻隱之心),

의(義)의 단서 : 수오지심(羞惡之心),

예(禮)의 단서 : 사양지심(辭讓之心)

지(知)의 단서 : 시비지심(是非之心)

칠정은 희(喜) · 노(怒) · 애(哀) · 구(懼) · 애(愛) · 오(惡) · 욕(慾)의 일곱 가지 인간 본성의 발현에서 나온 감정인데 인간이 외부 사물에 접하면 여러 가지 정이 표현되는 심리현상을 말한다.

5장

태초의 철학을 배우며

22
유교철학과 욕망(공자)

무엇을 바라고 간절히 원하는 마음인 욕망(欲望)에는 동양과 서양의 구분이 없다. 그런데 일반적으로 우리나라 사람들은 서양의 욕망 이야기에만 주로 관심을 두는 경향이 있다. 즉, 동양의 욕망론(慾望論)에 대하여는 관심이 별로 없는 것처럼 등한시하고 있다고 여겨진다. 그러나 동양철학에서도 서양철학에 뒤지지 않을 정도로 아니 그 이상으로 욕망론에 대한 연구가 쌓여있다고 할 수 있다. 오히려 이성적 접근에만 치우친 것으로 보여 지는 서양의 욕망론보다 동양철학의 욕망론이 더 깊은 통찰력을 보여주는 것으로 분별되기도 한다.

수신제가치국평천하(修身齊家治國平天下)는 대학에 나오는 말이다. 이 말은 '좋은 세상을 원한다면, 먼저 내 자신 그리고 내 주변에서부터 올바르게 생활해야 한다.'는 의미라고 간단히 정리할 수 있다. 즉, '스스로 자기중심적 욕망의 생활에서 벗어나지 못하면서 좋은 세상을 만들겠다는 것은 거짓 위선에 불과하다.'는 의미도 된다. 이처럼 유교철학에서도 욕망의 문제가 다루어지고 있다.

유교철학의 대가(大家)인 공자(孔子)는 그가 남긴 저서 「논어(論語)」 속에 죽지 않고 살아 있다. 영원한 가르침을 통해 불멸의 인간이 된 것이다. 사실 그는 현실정치에서는 실패하였다. 그럼에도 불구하고 그는 안일한 삶을 살지 않았다. 그는 소박한 생활보다는 위대함 속에 소속되는 것을 원했다. 그는 큰마음의 결핍 속에서 그리고 그 결핍이 큰 만큼 위대한 욕망의 대상을 찾아 방황하였다. 이와 같이 욕망하는 그의 생활의 결실이 논어라고 할 수 있다.

인간은 욕망하는 존재이다. 그러므로 욕망 그 자체가 문제가 아니라 욕망하는 방식이나 욕망하는 대상 선정이 문제일 뿐이다.

유교철학의 대가인 공자 역시 욕망 자체를 금지한 것은 아니라고 여겨진다. 그 자신이 욕망하는 사람이었기 때문이다. 다만, 그는 욕망을 해도 도리에 어긋남이 없는 경지(境地)에 도달하는 것을 욕망하였다. 그래서 그는 70세에 마음이 욕망하는 대로 해도 도리에 어긋남이 없었다(七十而從心所欲不踰矩)는 선언을 하게 되었다.

놀라운 수준이라 아니할 수 없다. 자기 마음대로 멋대로 행동해도 모두 다 예(禮)와 법도(法道)에 어긋나지 않았다는 것이다. 보통사람으로서는 감히 꿈꾸기 어려운 인격의 경지(境地)가 아닐 수 없다. 그런데 이러한 높은 인격의 경지는 타고 난 성품인지, 누구나 노력하면 도달할 수 있는 것인지 궁금하다. 하지만 공자는 타고난 자질로 말하지 않는다. 부단히 배우고 익히는 학습의 결과라고 주장한다(非生而知之者 不如丘之好學也).

공자는 스스로 매일매일 새로워졌다는 것이다. 그 결과 자기 마음대로 생각하고, 마음대로 행동해도 아무런 문제가 생겨나지 않는 경지에 달했다는 것이다. 이러한 태도는 사람(人)과 신(神)의 연결 가능성을 주장하는 말이다. 서양, 특히 기독교에서는 인간은 근본적으로 불완전하고 유한한 존재이며, 신은 무한하고 완전한 존재이므로 이 두 존재 사이의 어떠한 연속성도 존재하지 않는다고 주장한다. 그러므로 하늘의 은혜와 배려를 통하지 않고 선택받은 자들 외에는 아무도 구원받을 수 없다고 주장한다. 여기서 구원이란 절대적인 신의 세계와 연결되어 천국에서 영원한 복락생활을 할 수 있게 된다는 뜻이다. 그러나 공자에게서 발견되는 놀라운 것은 그는 죽을 때까지 욕망하는 생활을 하였다는 것이다. 그는 비록 현실 정치에서 실패한 인간이었으되 좌절하고 안일한 생활을 즐기는 사람이 아니었다.

공자는 자질구레한 삶을 비판한다. 잘디 잔 사람들은 따져볼 가치도 없다고 주장하였다(噫斗筲之人 何足算也/희 두소지인 하족산야, 어허, 도량이 좁은 사람들을 어찌 헤아릴 것이 있겠느냐?).

그는 모자람보다 차라리 넘치는 것을 칭찬하였다. 그가 가장 선호하는 길은 중도(中道)의 길이었다. 중도의 길은 어느 한쪽으로 치우치지 않는 생활태도를 의미한다. 그러나 그러한 중도의 길을 사는 사람을 얻을 수 없다면 반드시 뜻이 높은 사람이나 소신을 지키는 자와 함께 하려고 하였다(不得中行而與之, 必也狂?乎).

결론적으로 논어에 나타난 공자는 소박한 일상을 살더라도 끝까지 위대한 존재의 일부가 되려는 열망과 욕망을 버리지 않은 사람이다. 하늘을 믿은 사람이다. 그는 사람들의 이목에 좌고우면(左顧右眄)하지 않았다.

「논어」 '자한(子罕)' 에 "자외어광(子畏於匡)" 곧 "공자가 광 땅에서 두려움을 가졌다"는 표현이 나온다. 쉰이 넘은 나이에 노나라를 떠나 천하를 주유(周遊, 두루 구경하고 돌아다님)할 때였다. 진(陳)나라로 가려고 광(匡) 땅을 지나게 되었다. 그때 그곳 사람들이 노나라의 양호(陽虎)가 온 줄 알고 몰려가서 공자 일행의 앞길을 막고 나섰다. 이전에 양호가 그곳 사람들에게 포악하게 굴었던 적이 있었는데, 공자와 양호의 모습이 비슷했던 것이다. 광 땅 사람들이 둘러싸고 압박했으나 벌벌 떨며 무서워할 상황은 아니었던 듯하다. 그때 공자는 이렇게 말했다고 한다.

문왕기몰, 문부재자호? 천지장상사문야, 후사자부득여어사문야, 천지미상사문야, 광인기여여하?(文王旣沒, 文不在玆乎? 天之將喪

斯文也, 後死者不得與於斯文也, 天之未喪斯文也, 匡人其如予何?, 문왕이 돌아가신 뒤로 그 문화가 여기에 있지 않으냐? 하늘이 이 문화를 없애려 했다면, 뒤에 죽는 사람들은 이 문화에 젖어 들지 못했을 것이다. 게다가 하늘이 이 문화를 아직 없애지 않았으니 광 땅 사람들이 나를 어쩌겠는가?)

공자의 두려움은 자신의 목숨이 위태로워질지 모른다는 것에 대한 걱정이나 불안이 아니었다. 그가 배워 익히고 실천해왔던 인문(人文)이 전승될 기회를 잃지 않을까에 대한 두려움이었고, 천명을 재확인하고 의지를 다지게 하는 두려움이었을 뿐이다.

그렇다면 욕망하는 공자를 통해서 깨달을 수 있는 것은 역시 욕망 그 자체의 문제가 아니라 욕망하는 방식과 욕망에 도달하는 마지막 지점으로서의 궁극(窮極)적인 욕망대상이 중요한 것이다. 욕망의 궁극적인 대상은 하늘의 세계라고 할 수 있다. 공자도 하늘을 향(向)하였고, 사람들의 평판에 놀아나지 않는 유연함이 넓은 교양과 인격을 갖춘 인간교육 육성의 전인교육에 대한 욕망으로 가득함을 알 수 있다.

> **유교철학과 욕망(공자) : 공자가 말하기를 "배우고 틈나는 대로 익히면 또한 기쁘지 아니한가. 벗이 있어 멀리서 찾아오면 또한 즐겁지 아니하겠는가. 남이 나를 알아주지 아니하여도 노여워하지 아니하면 또한 군자가 아니겠는가."**

23
유교철학과 욕망(맹자)

공자(公子)의 가르침을 이어받은 사람은 맹자(孟子)이다. 그러므로 맹자 역시 공자의 욕망에 대한 사상을 수용하였으나 맹자는 다소 색다른 방식으로 접근하였다. 맹자는 공자의 도를 이어받은 유교의 적통(嫡統)으로서 공자의 이상을 널리 세상에 펴려고 하였다. 그리하여 맹자도 욕망을 제어(制御)하려는 공자의 사상을 받아들였다. 하지만 맹자는 욕망의 불가피성을 직시하였다.

첫째, 맹자에게 욕망은 피할 수 없는 것이다. 이는 인간이 살아있는 한 욕망하는 존재라는 것이다. 이러한 견해는 서양의 스피노자(Spinoza)와 유사한 생각이라고 말할 수 있다. 스피노자 역시 인간의 본질을 욕망이라고 주장하였기 때문이다. 욕망이란 자신을 보존하고 확장하려는 본성이다. 맹자 역시 욕망의 부정적 차원을 부인하지 않으면서 그럼에도 불구하고 욕망 자체를 없애는 것은 불가능하다는 것을 잘 알고 있었다. 왜냐하면, 스스로를 보존하고 자신의 영향력을 확대하려는 욕망은 생명본능에 해당되기 때문이다.

맹자는 특히 재산(財產)과 지위(地位)에 대한 욕망을 사람들이 모두 원하고 바라는 것을 잘 알고 있었다. 또한 성적(性的)인 욕구를 가지는 것도 자연스럽고 당연한 것이라고 믿고 있었다. 다만, 그러한 욕망하는 마음을 홀로 소유하거나 혼자 즐기지 않고, 백성들과 함께 나누지 않음을 지적(指摘)하고 비판(批判)하였던 것이다. 예컨대, 정부(政府)의 관료(官僚)들이 자신들의 욕망대로만 행동한다면 백성들은 더욱 어려운 지경(地境)에 빠지게 된다는 것을 말하고자 했던 것이다.

둘째, 맹자에게 욕망은 지나친 과욕(過慾)이 아니라면 무방(無妨)하다고 생각하는 측면이 있었다. 맹자는 인간은 일단 선하다고 주장했다. 이를 우리는 성선설(性善說)이라고 한다. 인간의 본성(本性)과 천성(天性)은 선천적으로 착하다는 것이다. 즉, 인간은 누구나 착하므로 궁극적으로는 사단(四端)을 향해 발전하게 된다고 주장하였다. 여기서 사단이란 사람의 본성에서 우러나는 네 가지 마음씨를 말한다. 곧 타인을 사랑하고 어질게 행동하는 인(仁)에서 우러나오는 가엾고 불쌍히 여기는 마음인 측은지심(惻隱之心), 사람으로서 행하여야할 바른 도리인 의(義)에서 우러나는 자신의 옳지 못함을 부끄러워하고 타인의 착하지 못함을 미워하는 수오지심(羞惡之心), 사람이 마땅히 지켜야할 도리인 예(禮)에서 우러나는 겸손하게 양보할 줄 아는 사양지심(辭讓之心), 사물의 시비(是非)와 선악(善惡)을 분별할 줄 아는 지(智)에서 우러나는 옳고 그름을 가릴 줄 아는 시비지심(是非之心)의 네 가지를 칭(稱)한다.

맹자는 모든 인간의 본성은 선하다고 주장하였으나 그럼에도 불구하고 '누구나 그러한 선한 본성이 사단(四端)으로 확장되어 나타나는 것은 아니다. 대부분의 사람들은 욕망에너지의 흐름이 다른 곳을 향(向)하기 때문이다. 즉, 욕망의 흐름을 조절하고 제어(制御)할 수 있는 마음의 수양(修攘)이 필요하다.'라는 것을 주장하였다. 이는 욕망하는 올바른 대상을 찾아야 한다는 것이며, 마음공부가 필요하다는 것을 역설한 것이라고 말할 수 있다.

셋째, 맹자는 욕망에너지의 바람직한 흐름을 위하여 사물의 이치를 따져서 깊이 생각하는 사색(思索)과 사물에서 해방되어 자유롭고 유쾌한 마음을 유지하는 호연지기(浩然之氣)를 제시하였다.

호연지기(浩然之氣)는 다소 신비(神祕)로운 방식이라고 여겨진다. 맹자가 호연지기를 기를 것을 주장하였는데, 호연지기가 구체적으로 무엇을 의미하는 것인지가 신비롭다는 것이다. 지극히 크고 굳센 도덕적 기상이면서도 하늘과 땅을 다 채워 어떠한 어려운 상황에도 굴하지 않고 맞서는 천기(天氣)와 같은 기운이다.

그런데 이러한 호연지기는 하루아침에 쌓여지는 것이 아니다. 게다가 인위적으로 만들어낼 수 없음은 물론이다. 다만, 꾸준한 믿음의 실천을 통해서 조금씩 서서히 인격의 변화를 가져오게 되는 것이다.

끝으로 맹자는 40세 이후에는 왕도정치(王道政治)를 주장하였다. 이는 덕치(德治)주의를 말한다. 이러한 왕도론(王道論)은 사람은 근본적으로 착하다는 성선설(性善說)에 바탕하고 있다고 말할 수 있다.

즉, 사람은 선하기 때문에 권력으로 내리누르거나 억압하지 않고, 지도자가 먼저 앞장서서 모범을 보이는 솔선수범(率先垂範)을 한다면, 그리고 인간으로서 어질고 올바른 인격을 나타내는 덕(德)을 베풀면 나라를 바르게 운영할 수 있다는 것이다.

맹모삼천지교(孟母三遷之敎)는 맹자의 어머니가 맹자의 교육을 위해 세 번 이사했다는 말인데, 그 영향 때문인지 맹자는 세상과 타협하지 않으면서 은퇴한 60세 이후 조용히 살았다. 그의 노후는 세상에 알려진 바가 없다. 그는 내려놓음의 결단을 실천한 사람으로 자신의 욕심으로 움켜쥐고 놓지 않는 사람들과 대비되는 면에서도 고품격을 확인할 수 있다.

24
효경(孝經)의 정신

효경(孝經)을 중심으로 공동체 정신을 위한 효(孝)의 개념을 논의하는 것은 효란 단순히 어떠한 하나의 가족을 위한 개념만이 아니라 올바른 공동체를 위한 가르침이기 때문이다. 子曰자왈, "夫孝天之經也부효천지경야, 地之誼也지지의야, 民之行也민지행야." 효경(孝經) 「삼재장(三才章)」에 나오는 말이다. "효란 하늘의 법칙이며, 땅의 질서이며, 백성들이 행해야 할 것이다."라는 뜻이다.

효경은 유가(儒家)의 13가지 경전 중 하나로 효경의 저자는 정확하게 알려진 바가 없고, 공자 또는 증자의 제자들이 유력(有力)한 것으로 추정된다. 효란 신체보존(身體保存)과 입신양명(立身揚名)으로 요약될 수 있다. "무릇 효는 덕(德)의 근본(根本)이고, 가르치고 이끄는 교화(敎化)가 여기서 비롯된다. 몸과 두 팔 다리, 머리카락, 피부까지도 모두 부모로부터 받은 것이다. 그러므로 함부로 훼손(毁損)하지 않는 것이 효도(孝道)의 처음이다. 몸을 세워 도를 실천하여 후대에 이름을 날려 부모님을 밝게 나타내는 현창(顯彰)이 효의 끝이다. 무릇 효는 부모님을 섬기고, 군주를 섬기고, 몸을 세우는 것이다." 결국 효도(孝道)는 결코 구시대적인 것이라고 치부할 수 없다. 부모 섬김(事親)에서부터 입신(立身)으로 나아가는 효도는 인간생활의 본질적, 윤리적인 질서를 표방(標榜)하고 있는 것이다.

효경에서는 철저한 신분제도(身分制度)에 따르는 계층(階層)별 효를 강조하고 있는데, 이는 시대적 한계(限界)에 따른 것이기에 보편적 효 개념을 깨닫고 현대적으로 적용(適用)하는 지혜가 필요하다.

최고 지도자(天子)의 효에 대하여는 "부모님을 사랑한다면 다른 사람을 미워하지 않는다. 부모님을 공경한다면 다른 사람을 업신여기지 않는다. 사랑하고 공경함을 부모님 섬기는데 극진히 한 뒤에 도덕적으로 가르치고 이끄는 교화(敎化)가 백성들에게 전해져 천하에 본(本)이 될 수 있다. 이것이 천자의 효다."

중간 지도자의 효에 대하여는 "윗자리에 있으면서 뽐내거나 잘난 체 하지 않으면 높아도 위험하지 않고, 알맞게 조절하면서 한계를 넘지 않으면 가득 차도 넘치지 않는다. 이러한 태도는 존귀(尊貴)를 오랫동안 지키는 방법이고, 가득 차도 넘치지 않는 것은 부유(富有)함을 오랫동안 지키는 방법이다. 부귀가 몸에서 떠나지 않은 뒤에야 나라를 보존하며 백성을 화목(和目)하게 할 수 있으니 이것이 대개 제후(諸侯)의 효다."

말단 관리의 효에 대하여는 "아버지를 섬기고 이를 바탕으로 어머니를 섬기며, 이를 바탕으로 군주를 섬기니 그 공경함도 같다. 그러므로 어머니를 섬김에는 그 사랑을 획득하고, 군주를 섬김에는 공경을 획득하니 결국 섬기는 대상은 아버지이다. 그래서 효로 군주를 섬기면 충(忠)이고, 경(敬)으로 어른을 섬기면 공순(恭順)이다. 충과 공순을 잃지 않고 그 윗사람을 섬긴 뒤에야 작위(爵位)와 봉록(俸祿)을 보존할 수 있으며, 그 제사(祭祀)를 지킬 수 있으니 이것이 대개 사(士)의 효다."

일반 서민의 효에 대하여는 "하늘의 때에 따르고 땅의 이로움에 나아가 몸소 근신하고 쓰임을 절약하여 부모님을 봉양하는 것이니 이것이 서인(庶人)들의 효다."

최고 지도자부터 말단 관리 그리고 서민에 이르기까지 효의 정신으로 살게 되면 백성들이 편안하게 된다고 주장하면서 효도는 공동체(共同體)의 도덕(道德)으로 강조되고 있다. "백성들을 서로 친애하도록 가르치는 데에는 효보다 좋은 게 없고, 백성들을 예에 순응하게 하는 데에는 공경함보다 좋은 게 없으며, 백성들의 기풍과 습속을 고치고 바꾸는 데에는 음악보다 좋은 게 없고, 백성을 평안히 하고, 백성들을 잘 다스리는 데에는 예보다 좋은 것이 없다."

이렇듯 효경에서 말하는 효는 배우고 익히는 학습(學習)의 결과이지만 그것은 획일적, 강압적(强壓的)인 것이 아니라 지도자가 솔선수범(率先垂範)을 보여야만 성취(成就)되는 것이다. 단, 효경에서 남존여비(男尊女卑)의 사상이 짙게 깔려 있음에 어머니의 숭고함을 첨언하고 싶었다. 물론 시대적인 사상이라고 이해하지만 아쉬움이 남는다. 어머니의 역할이 어릴 적에는 대부분을 차지한다는 사실을 빠뜨렸으며 어머니의 인성교육이 평생을 좌우한다는 이론으로 새롭게 구성하고 싶고 어머니가 인격과 지식이 높아야 한다.

효도는 기본적으로는 가정(家庭)에서 이뤄지는 것이지만 사회국가적 공동체(共同體) 차원으로의 확장(擴張)을 기대할 수 있다. 환언하면, 효는 개인적, 가족적 범주를 벗어나서 지역사회(地域社會)를 아우르는 공동체 화해(和解)이론으로 부족함이 없다고 말할 수 있다.

이는 원자적(原子的) 개인주의가 팽배(澎湃)한 현대사회에 꼭 기본적으로 지켜져야 할 덕목임에도 잊고 지낸다. 이글을 쓰다 보니 겸손함과 경건함이 떠오르며 평화로움이 밀려오고 있다. 자녀에 대한 부모의 교육을 통해 위아래를 구분하고, 자녀는 어른을 공경(恭敬)하고 자녀는 격려와 칭찬으로 양육하는 따뜻한 환경을 만들어야 한다.

25
악은 변화할 수 있는가?

순자(荀子)는 성악설(性惡說)을 주창했다. 순자가 말하는 악(惡)이란 근본적으로 무엇일까? 그렇다면 악한 사람은 결코 선해질 수 없는 것인지 궁금하지 않을 수 없다.

순자의 성악설 내용을 한마디로 정의한다면 '인간의 본성(本性)은 악하다. 그러나 예의(禮義)를 통해 선(善)해질 수 있다.'로 말할 수 있다. 그런데 이러한 순자의 주장에 대하여 어떤 학자들은 순자의 말은 자체적으로 모순(矛盾)이라고 비판한다. 왜냐하면, 어떻게 악이 선해질 수 있느냐는 것이다. 그들은 악한 인간은 선을 위한 자각(自覺) 능력이 없다고 주장한다. 이렇게 주장하는 사람들은 악한 본성은 결코 변할 수 없다는 것으로 악과 선이 서로 관계없는 독립적 관계라고 생각하기 때문이다. 악과 선은 어울려도 결코 섞이지 않는다는 것이다. 하늘은 하늘이고, 땅은 땅이라는 주장이다. 그러나 이들의 주장은 순자의 성악설의 의미를 정확히 파악하지 못하고, 단순히 절대적 악이 변하여 절대적 선이 될 수 없다는 차원만 강조하는 것이다.

순자가 말하는 악이란 결코 절대적 차원의 악을 의미하는 것이 아니다. 한마디로 사회적 혼란을 의미하는 것이라고 할 수 있다. 순자가 말하는 악이란 욕망을 가진 인간이 사회적 혼란을 일으킬 때 나타나는 현상을 악이라고 말한 것이기 때문이다. 그러므로 악에서 선으로의 변화는 인간 안에는 선한 씨앗이 있고, 그 씨앗이 자라서 선한 존재가 된다는 맹자의 주장과는 다른 개념이다.

순자가 주창하는 악의 본질은 욕망(欲望)인데, 그 욕망이 예의를 갖추게 되면 선하게 나타날 수 있다는 것이다. 이는 인간의 본질이 비록 혼돈과 공허와 암흑이라 할지라도 여기에 외부로부터의 선한 힘이 부여되거나 깨닫게 되면 혼돈과 공허와 암흑은 변하여 예의를 갖춘 아름다운 모습을 나타나게 된다는 것이다.

순자는 기본적으로 인간 욕구를 긍정한다. 그리고 인간을 사회적 존재로 간주(看做)한다. 즉, 순자는 인간은 욕망하는 존재이면서 동시에 이러한 욕망은 사회적 활동을 통해서만 충족(充足)이 가능하다는 견해를 가지고 있다. 그런데 여기서 욕망충족 과정에서 사회적 혼란이 야기된다. 이것이 순자가 말하는 악의 모습이다. 순자는 인간의 악을 사회적 관점에서 바라본 것이다.

순자의 주장을 모순이라고 비판하는 사람들은 악의 본성을 동물적인 본성으로 파악하고, 변하지 않는 고정불변한 것으로 생각하는 경향이 있다. 그래서 악이란 선과 모순되는 절대적 불변적인 것으로 판단한다. 즉, 악에서 선으로의 변화는 불가능하고, 선에서 선으로, 악에서 악으로의 변화만 가능하다고 주장한다. 이는 양적 변화만 가능하고, 질적 변화는 가능하지 않다는 주장이다.

그러나 인간의 욕망이란 변화가 가능하다. 다만, 욕망의 흐름이 잘못 되었을 때 사회적 혼란을 초래하므로 악이란 상대적인 것이고 가변(可變)적인 것이다. 그러므로 타고난 본성이 절대적으로 악한 것이라기보다 인간욕망이 사회적 질서를 어지럽히면 이것이 악으로 분별되는 것이다. 결국 예의를 통해 개인의 욕망을 사회적 질서에 맞게 조절해 줄 수 있다면 악한 본질은 그대로지만 선으로의 질적 변화가 가능하게 되는 것이다.

이러한 견해를 종합하여 다음과 같은 결론을 맺는다면 인간의 최초 인성적 재료는 혼돈과 공허와 암흑이다. 이러한 혼돈과 공허와 암흑 자체는 사실 악도 아니고 선도 아니다. 다만, 삶의 에너지 또는 활동에너지라고 말할 수 있다. 이는 아이가 세상에 처음 출생할 때의 존재 상태라고도 할 수 있다. 그런데 이러한 활동에너지가 예의를 통과하지 않으면 사회적 혼란을 야기하게 된다.

왜냐하면, 에너지 그 자체에는 쾌락원리만 있을 뿐 서로 배려하는 사회적 윤리적 분별력은 전혀 없기 때문이다. 그러므로 예의라는 질서와 연합(聯合)하지 못하면 그것은 짜증과 분노, 그리고 공격성, 나중에는 살인으로까지 발전하게 된다. 마침내 타자에 대한 지배욕망으로 성장하게 되는 것이다. 인류 역사는 이러한 모습을 보여주고 있다고 여겨진다.

결국 순자의 핵심적 관심 역시 사람의 인성 자체에 대한 선악을 판명(判明)하는 것이 아니라고 여겨진다. 사람은 욕망의 존재일 뿐 선하지도 않고 악하지도 않다. 다만, 혼란스럽고 서로 다투는 사회적 현상을 바라보면서 사회적 맥락에서의 고통과 악한 현실 문제를 해결하기 위해 인간 본성이 긍정적 방향으로 변화하려면 예의가 필요하다는 점을 파악한 것으로 이해될 수 있다.

요컨대, 순자는 인간의 본성 차원이 아니라 사회적 관점에서 인간의 욕망 추구를 '예(禮)'를 통해 가르치고 이끄는 과정을 통해 해결하려고 하였다. 즉, 순자의 성악설은 사회적 생명 및 윤리의 과제들을 해결하기 위한 실천적 프로그램이라고 할 수 있는 '예(禮)'를 위한 관점으로 이해되어야 한다.

> **❝ 악은 변화할 수 있는가? : 인간의 본성 밑바닥을 움직이는 것은 본인의 노력이 있어야만 된다. ❞**

26
인간의 자기수양 방법

맹자(孟子)가 무슨 근거로 모든 사람은 도덕적으로 선(善)하게 될 수 있는 능력을 가지고 있다고 하는지, 그럼에도 불구하고 왜 많은 사람들은 선하지 못한 행동을 하는지, 그렇다면 어떻게 도덕적 자기수양(自己修養)이 가능한지 매우 궁금하지 않을 수 없다.

맹자는 인간이 선천적(先天的)으로 도덕적 성향(性向)을 가지고 있다고 주장한다. 맹자는 타고난 능력과 지혜가 있다고 본 것이다. 예를 들면, 어떤 사람이든지 우물에 빠진 어린 아이를 보게 되면 깜짝 놀라고 측은(惻隱)해 하는 마음을 갖게 되는데, 이것은 아이의 부모와 어떤 관련이 있어서도 아니고, 뭇사람들에게 명성(名聲)을 얻으려는 것도 아니며, 또한 측은하게 여기지 않으면 잔인(殘忍)하다는 비난을 듣는 것이 두려워서도 아니다.

곤경에 처한 어린이를 보고 측은한 마음을 갖는 것은 맹자 자신의 경험에 비추어 볼 때 천성(天性)에 가까운 것이라고 주장하였다. 이러한 정서적(情緒的) 반응을 맹자는 인간에게 내재된 도덕감의 기반이라고 하였다. 그리고 이를 자신의 도덕론의 실마리로 삼았다. 이는 도덕 원칙이나 규범이 아니라 모든 인간은 도덕적 존재가 될 수 있는 가능성을 가지고 있다고 보는 것이다. 구체적으로 측은해하는 것은 인(仁)의 실마리, 부끄러워하는 마음은 의(義)의 실마리, 사양하는 마음은 예(禮)의 실마리, 옳고 그름을 분별하는 마음은 지(知)의 실마리라고 하였다. 이러한 네 가지 종류의 마음은 어떤 상황에 대한 사람의 정서적 반응이다.

그런데 왜 일상생활에서 도덕감을 상실(喪失)한 행동이 자주 나타나는가에 대하여 맹자는 사람들이 풍년(豊年)에는 선하고, 흉년(凶年)에는 포악(暴惡)한 것을 관찰(觀察)하였다. 즉, 맹자는 본래 마음이 악한 것이 아니라 마음이 어떤 환경적 요인에 의해 훼손(毁損)되는 것이 문제라고 본 것이다. 본래 마음은 아름다운 것이지만 생활 속에서 훼손되면 악한 모습이 드러나는데, 이는 선의 왜곡일 뿐 본래 악한 것이 아니라는 주장이다.

맹자는 벌거벗은 산(山)을 보고 과거에 울창한 숲이었다는 것을 생각하지 못하는 것과 같다고 말하였다. 그러므로 외부적 환경에 의해 지속적으로 훼손되는 것을 방지(防止)해야 한다는 마음수양의 한 가지 원리(原理)를 발견하였다. 또한 마음이 훼손되는 원인으로 외부적 환경뿐 아니라 내부적으로 생각하는 능력인 이성이 고장이 나게 되면 감각적(感覺的) 행동을 제어(制御)하지 못하게 된다는 사실을 확인하였다.

따라서 도덕감을 회복하기 위해서는 훼손된 마음의 회복이 필요하므로 이를 위해서 가장 중요한 것이 외부환경 개선이다. 요즘 시각으로 본다면 맹자는 경제적 환경개선이 가장 중요한 마음회복의 요소이다. 현명한 군주라면 위로는 부모를 모실 수 있게 하고, 가족을 부양할 수 있게 해야 한다고 맹자는 설파(說破)하였다. 그러나 경제력 확보가 도덕감 회복에 기여하는 방향으로 기여하는 것은 사실이지만 경제가 곧 도덕감 회복과 직결된다고는 볼 수 없다. 사람들은 닭이나 개를 잃어버리면 찾아 나서면서도 자신의 상실된 도덕감을 찾으려고 노력하지 않고 한탄한다. 그러나 현실적인 외부적 경제 개선과 반드시 잃어버린 진심(盡心)의 마음을 찾고자 노력해야 할 것이다.

맹자는 인(仁), 의(義), 예(禮), 지(智)는 밖에서 들어오는 것이 아니라 안에 있는 것이 나타나는 것이라고 주장하였다. 모든 사람이 귀하지만 찾지 않아서 모를 뿐이라고 하였다. 그러므로 맹자는 생각하기를 요구한다. 맹자에게 생각한다는 것은 자신이 가지고 있는 도덕적 자각능력을 의미한다고 했다. 맹자는 특히 마음을 보존하는 존심(存心)을 강조한다. 여기서 존심이란 도덕적 능력의 보존과 생각하는 능력의 보존을 의미한다. 도덕적 능력은 도덕적 실천을 낳고, 생각하는 능력은 상황에 맞는 실천을 낳는다고 했다.

도덕감의 수양은 진심(盡心)을 통한 도덕능력의 자각과 존심을 통한 도덕능력의 보존과 실천으로 이루어진다고 볼 수 있다. 말하자면, 맹자는 인간이 선천적(先天的)으로 도덕적 성향을 가지고 있다고 생각하였다. 이 도덕적 성향은 도덕원리(道德原理)나 규범(規範)이라기보다 도덕을 가능하게 하는 잠재력(潛在力)이며, 수양을 통해 길러지는 씨앗과 같은 가능성의 능력이다.

맹자는 도덕적 수양에서 마음의 사유(思惟)능력을 중요시한다. 맹자에 의하면 마음의 사유능력은 진심(眞心)과 존심(存心)으로 나누어진다. 진심을 통해 마음속에 내재해 있는 도덕감을 자각하고, 존심을 통해 각각의 상황에 맞는 올바른 행동을 실천한다. 이 밖에 맹자는 반복적인 도덕적 실천을 통해 습관이 되도록 체득(體得)하는 것이 중요하다고 보았다. 즉, 자연스럽게 반복적인 바른 생활습관이 마음에 배어서 우러나오는 올바른 행동을 실천하는 것이다.

27
마음의 그림자

마음의 그림자에 대하여 체계적인 이론을 가지고 설명한 사람은 칼 구스타브 융(Carl Gustav Jung, 1875~1961)이라고 생각된다. 마음의 그림자란 간단히 말해서 마음속에 있는 동물적 본능이라고 할 수 있다.

동물들에게는 도덕관념이 없다. 동물의 관심은 다만 생존과 번식이라고 말할 수 있다. 이와 마찬가지로 인간도 원시시대에는 동물수준이었다는 이야기다. 하지만 시대가 발전하면서 서로 모여 사는 사회가 생겨난 이후 사회와 질서를 유지하기 위한 법과 도덕이 생겨났고, 자기 자신만 살아보겠다는 동물적 속성은 악(惡)으로 취급되기 시작하였다. 특히 서구에서는 보통사람보다 훨씬 뛰어난 초인(超人)적 형상을 띄며 일반적으로 인간의 불완전성이나 제한을 극복한 이상적 인간(理想的人間)을 추구하는 경향이 많았으므로 동물적 본성을 가볍게 여기는 분위기가 성행(盛行)하기도 했다. 그러나 이러한 생존을 위한 동물적 본성은 완전히 사라지는 것이 아니라 마음속 깊은 곳에 남아있게 된다. 이를 마음의 그림자라고 이해하면 될 것이다. 이것이 밖으로 나타나면 분노하거나 지나치면 살인도 하고 집단적 광기로 변해서 전쟁을 일으키게 되는 것이다.

서구에서 인류는 인간 스스로를 지나치게 긍정적 · 낙관적(樂觀的)으로 생각한 나머지 '신은 죽었다.'라고 말할 정도였으며, 여기서 독일의 유명한 실존주의 철학자 니체(Friedrich Wilhelm Nietzsche, 1844~1900)의 초인 개념이 나오게 되었다. 그런데 그 이후 인류는 두 번의 세계대전과 지구촌에서 지금까지도 곳곳에서 진행되고 있는 인간 간의 살육(殺戮)을 경험하면서 마음속 그림자에 대하여 깊이 숙고(熟考)하기 시작하였다. 성서에 나오는 인류 최초의 살인사건, 형 가인이 동생 아벨을 들(field)로 데리고 나가 돌로 쳐 죽인 이야기는 인간의 마음 심층(深層)에는 분노와 살인의 그림자가 있다는 것을 뜻하는 이야기라고 볼 수 있다. 이와 유사한 이야기는 동서양 어디에서든지 발견할 수 있다.

동양사회에서는 서구에 비해 일찍부터 마음속의 그림자에 대한 인식이 있었으나 서구에서는 잠시 동안의 착각이라 할 수 있다지만 마음의 그림자를 애써 부정(否定)하면서 스스로가 정의(正義)의 이름으로 다른 존재들의 악을 다스리고 정복하는 것이 가능하다고 생각해왔다. 물론 자신 안의 그림자는 미처 생각하지 못했던 것이라고 이해할 수 있다. 그래서 요즘은 생각 있는 서구인들 사이에서 동양의 빛에 대한 관심이 많이 증가하고 있다. 특히 코로나19에 대한 대처방식에서 개인주의가 뛰어난 서구보다는 비교적 집단주의가 아직 강하게 남아있는 동양의 나라들이 더 효과적으로 방어하는 결과를 낳고 있는데, 이는 사회적 거리두기 등 위기상황에서의 단결력과 집단적 조절에서는 개인주의가 발달한 서구보다 동양사회가 더 유리하다는 것을 입증하는 사례가 될 수 있다. 동양사회에서 개인들의 마음의 그림자는 억압(抑壓)되고 은폐되어 왔다고 볼 수 있다. 반면, 서구에서는 마음의 그림자를 외부세계로 공격적으로 투사(投射)하고 발산(發散)시켜 왔다고 이해할 수 있다. 그래서 그동안 동양은 서구의 진취적 발전주의의 흐름에 따라가지 못해 후진국가라는 말을 들어왔으나 향후로는 노자의 무위자연(無爲自然)과 소박함의 지혜가 더 돋보이는 시대가 올지도 모른다는 새로운 시대 속에 들어가고 있는 느낌도 든다. 이는 서구의 지나친 속도전과 발전 지상주의가 한 풀 꺾이고, 자연스러운 흐름을 그리워하는 시대에 대한 기대감이 증가하는 것이다.

동양 가운데서도 한국은 그림자에 대한 경험이 남다르게 많다고 볼 수 있다. 남북의 같은 민족끼리의 전쟁 경험은 물론 동양과 서양의 기운이 동시에 모이는 한반도의 특성으로 말미암아 일제 강점기의 식민지를 경험하고, 중국과 미국 등 강대국의 이해가 충돌하는 지역으로서의 집단적 그림자를 경험하였으나 이제는 그러한 그림자 경험이 오히려 세계를 치유(治癒)하는 긍정적인 경험이 될 수도 있겠다는 생각이 든다. 이 말이 담고 있는 의미는 그림자 경험으로 인한 마음의 그림자를 많이 가지고 있는 즉, 한(恨)이 많은 한반도 한국 사람의 문제해결 능력이 오히려 세계인들의 마음에 면역력(免疫力)을 키워주는 데 크게 기여할 것이라는 뜻이다. 지금 바로 그런 시대가 도래(到來)하고 있는 것이다.

전염병이 돌고 경제적으로 어려워지고 유학생들이 짐을 싸서 들어오는 등 더 이상 앞으로 전진(前進)하는 것이 불가능해질 때 사람들은 말세(末世)라는 말을 하는데, 이는 미래의 불확실성이 커지기 때문이다. 그러나 한국인에게 그런 것은 없다는 것을 잘 알고 있다. 말세 경험을 너무 자주 겪었기 때문이다. 문제는 마음이다. 마음(心)을 다스리는 것이 성(城)을 빼앗는 것보다 낫다는 말은 그만큼 행복의 복지(福祉)를 성취하는 것과 마음의 그림자를 다스리는 것이 밀접한 관련이 있다는 것이다. 미래는 마음 안에 있다. 마음속에 우주가 있다. 마음을 탐구하는 것이 우주를 탐구하는 것이다. 내 마음의 그림자를 다스리는 것이 우주의 악을 다스리는 지름길이며 첩경(捷徑)이다. 그래서 무엇이든 마음먹기 달렸다고 한다.

불교 화엄경(華嚴經)의 핵심사상도 일체유심조(一切唯心造, 모든 것은 오로지 마음이 지어내는 것임을 뜻하는 불교 용어)이다. 결국 누구에게나 마음의 쓴 뿌리 그림자를 다스리고, 마음을 새롭게 하는 것이 가장 중요하다. 마음을 새롭게 하는 것은 욕망의 방향을 자리바꿈(transposition)하는 것이다.

> **"삶은 자신의 해석에 따라 행복과 불행이 결정된다."**

“ 효경의 정신 : 나를 잉태하시고 키워주신 부모의 인연으로 만난 만큼 그 크신 은혜는 끝도 없이 갚아도 모자라다. ”

“ 율곡의 개혁사상 : 애민과 애국정신

*이기론 -〉 이통기국론 -〉 다양성 속에서의 통일성을 추구하며 어느 학문이나 그것 자체가 완전무결할 수 없으니 누구든지 잘못된 점이나 시대에 따라 바꾸어 수정하고 비판할 수 있다고 하였으며, 국가정책의 통일성과 시의 적절함이 있어야 한다. ”

6장

용기가 필요할 때

28. 퇴계의 순수와 능동
29. 율곡의 이기묘합(理氣妙合)
30. 율곡의 개혁사상
31. 다산의 처세술
32. 링컨의 명언
33. 거룩한 분노
34. 대상관계이론

28
퇴계의 순수와 능동

인심도심설(人心道心說)에 대한 성리학 대가들의 담론으로 유명한 마음의 작용 2가지가 있는데, 오래 전부터 사람들은 마음의 중요성을 깨달아 마음에 대한 이해력을 높이고 마음을 지키려고 노력해 왔다. 서경(書經)에 의하면 사람의 마음(욕정[欲情]에서 나온 마음)은 위태롭기만 하고, 도를 지키려는 마음(의리[義理]에서 나온 마음)은 극히 희미한 것이니 정신 차리고 오직 하나로 모아 그 중정(中正, 지나치거나 모자람이 없고 치우침이 없이 곧고 올바름)을 진실로 잡아야 한다.

인심으로 표현한 칠정(七情)과 도심(道心)으로 표현한 사단(四端)을 간단하게 설명하면, 퇴계 이황의 인심이라는 칠정은 예기(禮記), 예운(禮運) 편에서 인간의 감정을 희(喜), 노(怒), 애(哀), 구(懼), 애(愛), 오(惡), 욕(欲)의 일곱 가지로 나누어 말한 것을 합쳐서 일컫는 개념이다.

사단은 맹자가 인간의 심리현상 중 선한 경향을 가진 네 가지 마음으로 측은지심(惻隱之心)은 불쌍히 여긴다는 뜻이며 다른 사람의 마음을 헤아린다. 수오지심(羞惡之心)은 옳지 못함을 부끄러워할 줄 안다. 사양지심(辭讓之心)은 겸손하고 양보할 줄 안다. 시비지심(是非之心)은 옳고 그름을 판단 할 줄 아는 마음이다.

사덕(四德)은 인의예지(仁義禮智) 네 가지 덕으로서 공동체를 이루기 위해 필요한 덕목의 단초가 사단이 된다.

사단과 칠정이 중국 주자학(朱子學)에서는 이기론(理氣論)으로 설명하지 않았으나 퇴계 이황은 이(理)와 기(氣) 두 가지가 보이지는 않지만 결단코 작용하는 사물이라는 견해를 강조했으며, 조선에 들어와서 인간의 마음에서 일어나는 인간 심성과 우주 속에 존재하는 모든 현상은 이기론(理氣論)으로 통합되었다.

퇴계 이황은 사단도 감정이며 선이고, 칠정도 감정이지만 선도 있고 악도 존재한다고 하면서도 같은 감정을 두 가지로 나누어서는 안 되며, 도덕과 욕망의 기원이 같을 수 없기에 비록 이 사단이 칠정 속에 들어 있는 구조라고는 하나 가리키는 바가 다르다고 했다. "우리가 도덕에 맞는 마음을 이야기할 때는 그것만 따로 끄집어내 이야기할 때가 있다. 그래야 사람들에게 선을 촉구할 수 있는 것 아니냐?"며 도덕과 욕망은 대립되고, 도덕을 추구하는 것으로 절제와 금지로 금욕적 수양론이 성립됨을 주장하였다.

퇴계 이황의 이론에 맞선 고봉 기대승은 이(理)와 기(氣)는 떨어질 수 없다는 점을 강조하고, 예기 편에 있는 칠정은 모두 욕망으로 그 속에 사단(선한 감정)이 포함된 것이며, 퇴계 이황이 말한 "도심인 사단은 이(理)에서 발한 것이고, 인심인 칠정은 기(氣)에서 발한 것이다(四端理之發-사단리지발, 七情氣之發-칠정기지발)."라고 한쪽으로만 단정 짓는 것은 아니라고 비판했다. 인심인 칠정은 기(氣)에서 발한 욕망은 일단 받아들이고 긍정하지만, 욕망을 추구해도 되는지를 보고 욕망을 절제하고 조절하는 방식으로 문제를 해결하려고 했다.

퇴계 이황선생과 26살이나 적은 청년 석학 고봉 기대승과의 8년 동안 진행된 사단칠정의 논쟁은 주자학의 존재론과 심성론을 결합함으로써 한국적 심성이론의 토대를 형성한 것은 동양철학 사상의 대단히 의미 있는 성취라고 할 수 있다.

그런데 마음의 세계는 그 실체(實體)를 파악하기가 결코 쉽지 않다. 사람의 마음은 안정적으로 흐르지 않고, 마땅히 가야할 도심은 늘 희미하게 파악(把握)되기 때문이다. 그러나 아무리 어리석은 사람에게도 그 마음의 중심에는 도심이 자리하고 있다. 다만, 도심을 알아차리고 마음 안으로 계속해서 끌어들이는 노력을 못할 뿐인 것이다. 무엇보다도 문제는 일상적 생활에서 하늘의 원리인 천리(天理)가 사람의 개인적인 욕망을 이길 수 없다는 현실이다. 그래서 지구촌 세상의 인간역사에서 혼돈과 공허와 암흑의 세월이 사라지지 않고 반복되는 것이라고 보아야 할 것이다.

사람 마음은 본래 비어 있는 것이라고 한다. 문제는 그 마음이 만나고 상대하는 대상과의 상호작용(相互作用)으로 마음의 상태가 달라진다는 점이다. 즉, 마음이 육체적 감각을 따라가면 인심(人心)이고, 의리를 따라가면 도심(道心)이라고 구분해 놓은 것으로 살펴본다. 특히 어린 시기에는 누구를 만나고 관계하는 대상의 영향력은 거의 절대적이기 때문에 아기의 마음은 도인을 만나면 도심이 되지만 평범한 사람을 만나면 인심에 머물게 된다. 심지어 원숭이들 사이에서 자라게 된다면 원숭이처럼 짐승 수준에 머물게 될 것이다.

원래 인간의 마음은 본질적으로는 하나의 마음이지만 욕망, 특히 신체적 욕망이 발생하게 될 때 마음이 하나로 모아지지 않고 갈라지게 된다고 할 수 있다. 즉, 도심(道心)은 사람으로서 지켜야할 도리와 의리(義理)에 따라 나타나고, 인심(人心)은 신체적 욕구와 욕망에 따라 나타나는데, 의리와 욕망 그리고 신체적 욕구는 서로 상반되는 경우가 많기 때문이다.

도심이란 하늘로부터 받은 마음인 천성으로 누구든지 착하다. 도심은 육체적인 감각적 욕구가 배제(排除)된 상태에서 나타나는 것이다. 그러므로 순수하게 양심에 따라 행동한다면 이것이 곧 도심이 나타나는 경우라고 할 수 있다.

이러한 도심에 비해 인심이란 그 자체를 부도덕한 마음이라고 할 수는 없으나 항상 부도덕으로 흘러갈 위험성이 열려있다는 마음일 것이다. 즉, 인심의 성질은 본질적으로 늘 위태롭기 때문에 항상 다잡고 중심을 잃지 않는 것이다.

인간의 3대 욕구인 식욕, 수면욕, 배설욕은 아주 기초적인 생리적 욕구인 것이다. 조금 더 수위를 높여 안전의 욕구, 애정과 공감의 욕구, 존경의 욕구, 자아실현의 욕구를 나누면서 인간의 본성은 본질적으로 사회적 존재이기 때문에 더욱더 많은 악의 욕구에 노출되어 있는 것이다. 행동을 일으키는 동기요인이 바로 욕구이기 때문이다.

메슬로우가 분류한 5단계 욕구에서 보았듯이 하위는 결핍의 욕구가 있고, 상위욕구는 더 성장하고 싶은 성장욕구가 있다. 욕구는 충족되지 않은 욕구를 만족하기 위해 힘쓰는 동기부여가 그 다음 단계로의 욕구로 발생한다는 이론이다. 하위 개념의 결핍에서 오는 좌절된 욕구에서 오는 여러 가지 악의 폐단이 뒤따를 수 있는 요인들이 항상 도처에 있다.

일상생활에서 이러한 마음은 아주 흔히 일어나며, 정상적인 범주를 넘어설 위험성이 많다. 인심이 모두 인욕은 아니지만 인욕인 악으로 흐르게 될 가능성이 높다는 것이다.

인심과 도심의 이와 같은 성격 때문에 마음을 잘 살피는 자세가 강조되었을 것이다. 도심은 희미하지만 잘 살핀다면 키울 수 있고, 인심은 위태로운 것이지만 역시 잘 살피면 현실과 조화를 이룰 수 있다는 것이다. 마음의 수양(修養)을 강조했던 것 또한 지나친 것이라고 할 수 없다.

퇴계 이황은 칠정(七情)을 인심으로, 사단(四端)을 도심으로 관련시키며 인심을 인욕의 다른 이름이라고 이해하였고, 인심을 부정적으로 해석하려고 하였다. 왜냐하면, 퇴계는 도심으로 살아야 한다는 이상적 가르침을 강하게 신봉하였기 때문이다. 그렇지만 현실은 도심인 도덕적으로만 살기에는 사회생활에 어려움이 많다. 사단(도심)을 선으로 표현하고, 칠정(인심)을 악으로 표현하였지만 도심과 인심은 서로 공존하고 있으며, 선이 더 많은 사단을 지키는 도심을 향해 가는 이가 많이 있기에 살만한 세상인 것이다.

퇴계 이황의 견해는 인심인 칠정은 감성적인 욕구를 인욕의 감정에 치우쳐 선도 있고 악도 있지만 악이 더 많다고 여겨 도덕적 절제와 수양을 강조했던 것이다. 도심인 사단을 이성적인 선이라고 말하고 있으며 천리라고 표현했다. 사람의 감성과 이성 모두 마음 깊은 곳에서 가장 좋아하는 것이 무엇인지에 따라서 그 기능이 각각 다르게 발휘된다는 점을 깨달아야 한다. 심층 깊은 곳에서 가장 좋아하는 대상이 무엇이냐에 따라 퇴계 이황의 사단과 칠정은 끝없는 수양을 강조함으로 후세에 진정한 깨달음이 무엇인지에 대한 교훈을 남겼으며, 후학을 존중할 줄 아는 깨끗한 선비였다.

> **"퇴계의 순수와 능동 : 우주만물 즉 이. 기의 이원적 요소로 도덕을 분석하여 주장하였다.**
> **이는 순선무악한 것이며 절대적 가치를 지녔다.**
> **기는 가선가악한 것이며 상대적 가치를 지녔다.**
> **본성의 발현으로 사단칠정론을 주장하면서 이중 하나라도 결핍하면 우주의 만상을 표현할 수 없다고 하였다."**

29
율곡의 이기묘합(理氣妙合)

성리학자 율곡(栗谷, 이이[李珥]의 호, 1536~1584)의 정치사상을 살펴보면, 당시 세력 간의 경쟁과 대립 즉, 정치싸움인 붕당정치(朋黨政治)에 대한 사상을 논하지 않을 수 없다. 율곡은 조선 중기 유학자이면서 정치가였다. 동호문답(東湖問答), 성학집요(聖學輯要) 등 저술을 남겼으며, 조선사회의 제도개혁을 주장하였다.

율곡의 사상에는 두 가지 특징이 있다. 그것은 나라를 이루는 것은 백성들이지만 정치를 이루는 근본은 임금이라는 생각이다. 성학집요는 그가 임금을 위해 저술한 정치학 교과서라고 할 수 있다. 그리고 율곡은 결코 관념적(觀念的) 철학자가 아니었다. 임금의 정치에 도움을 주기 위해 필요할 때 철학적 개념을 통해 설명한 것일 뿐이며, 궁극적인 목적은 현실적으로 바람직한 정치를 이루는 것이었다.

율곡은 정치를 지나치게 이상적으로만 추구하지 않았고, 그렇기 때문에 현실적으로 나타난 정치의 폐단(弊端)을 제거하는 것을 주된 목적으로 삼았다. 즉, 정치에서 선악의 개념으로 접근하고 상대를 악으로 규정하면 아예 정치무용론으로 흐르기 때문에 정치는 현실적으로 반드시 필요한 것이며, 다만 정치의 폐단을 최소화하는 것을 목적으로 삼았던 것이다.

당시 정치에서 가장 큰 골칫거리는 붕당(朋黨) 간의 갈등심화(葛藤深化)였다. 그래서 율곡은 선조 12년에 적극적인 해법(解法)을 제시하였다.

첫째, 붕당 문제는 유학을 공부하는 유림(儒林)과 직접적 관련이 있다는 것이 율곡의 판단이었다. 즉, 율곡은 유림이 나라의 원기(元氣)라고 하면서 유림이 성(盛)하고 화합(和合)하면, 그 나라는 다스려지고, 유림이 과격(過激)하고 분열(分裂)되면, 그 나라는 어지러워지며, 유림이 없어지면, 그 나라는 망한다고 하였다. 율곡은 유림의 중요성을 강조하면서도 유림들이 파당을 짓고 개인적 감정대립을 붕당 갈등으로 확대시킨 것이 가장 큰 문제라고 판단하였다.

둘째, 선조(宣祖, 1552~1608) 8년에 갈등의 붕당갈등의 원인 제공자(김효원, 심의겸)들을 외지(外地)로 보내 갈라놓았다. 동인 그룹, 서인그룹으로 나뉘어 세력 다툼을 하는 것이 가장 큰 문제로 분별한 것인데, 문제의 본질을 사람이라고 본 것이다.

율곡은 김효원이 심의겸보다 우월한 것은 동인이 모두 서인보다 우월한 것은 아니라고 주장하면서 두 사람의 우열 문제를 국론으로 여기는 것은 진정한 의논(議論)과 논의(論議)가 사라진 것이라고 비판하였다.

셋째, 선조에게 동인, 서인 등 편 가르기 식 정치에 빠지지 말고, 공론(公論)에 의거한 인재(人才)를 등용(登用)할 것을 충고하였다. 여기서 율곡의 국시 개념이 나타나는데, 국론 분열의 중심에는 당론(黨論)이 자리하고 있었기 때문이었다. 율곡에게 나라의 기본방침, 국시(國是)는 인심이 함께 옳다하는 것이라고 하였다. 따라서 민중의 감정을 따라서 안정시키는 것 즉, 순흥정정국시(順興情定國是)였다.

이러한 민중의 전체 감정을 살피지 않기에 국론이 분열되고 하나가 되지(귀일, 歸一) 못한다는 것이 율곡의 생각이었다. 율곡은 무엇보다도 공론과 국시를 확립하는 것은 임금의 역할이 중요하다는 점을 다음과 같이 강조하였다.

"조정이 편안하고 국론이 하나가 되는 데에는 두 가지 길이 있습니다. 군자가 임금의 신임을 얻어 간하면 행하고, 말하면 들어주며, 모든 관료가 봉직하여 이론이 없으면 이것은 선으로 통일되는 것이요, 소인이 임금의 사랑을 받아 계략이 행해지고, 마침내 중론을 막아서 대중이 말을 못하고 눈짓만 하게 되면 이것은 불선으로 통일되는 것입니다. 지금 성명께서 마치 해가 중천에 있는 것과 같으니 소인이 간사한 꾀를 부릴 수가 없으나 또 한편 군자가 도를 행한다는 말도 듣지 못하였습니다. 소인이 이미 간사한 꾀를 부리지 못하고, 군자가 또한 도를 행하지 못하고 보면 사람마다 시끄럽게 말을 하여 논의가 정해지지 않음은 당연한 것입니다." '정치와 평론'의 최진홍 저에 의한 기록이다.

이로써 율곡의 사상 가운데 가장 돋보이는 것은 이기묘합(理氣妙合) 사상이다. 이는 퇴계(退溪, 李滉이황의 號호, 1501~1570)가 대기만성(大器晩成)의 학자로 이론적이고 사람됨을 가장 중시한 반면, 율곡은 천재형 학자로 현실적 사회변혁(變革)과 개혁(改革)에 대한 관심이 더 컸다. 그 결과 이기론(理氣論) 논쟁에서도 퇴계가 이(理)의 순수성과 능동성을 강조한 반면, 율곡은 묘합(妙合)을 강조하며, 모든 능동성은 기(氣)로 돌렸다고 보는 것에서 합리적인 우주의 원리를 탐구하고 이해한 흔적이 남아 있는 것이다. 한 때는 불교에 심취한 적도 있었고, 도교에도 관심을 보인 학문의 대가이며, 문인, 정치가, 역사학자이다.

30
율곡의 개혁사상

율곡 사상은 그가 바라보는 시대적 배경과 밀접한 관련이 있다. 율곡은 16세기 후반 조선사회를 대대적(大大的)인 개혁(改革)이 필요한 시대로 보았다. 그래서 그의 일은 늘 개혁의 선봉(先鋒)에 서는 것이었고, 그래서 18년 동안 선조를 향해 지속적으로 개혁안을 제안하였다. 그는 자신이 위치한 조선이라는 역사의 공간에 대하여 흙이 무너지고, 지붕의 기와가 산산이 조각나는 토붕와해(土崩瓦解)를 느꼈다. 그래서 그는 10만의 군사를 길러낼 양병(養兵)설도 주장하였다.

율곡의 개혁사상이 조선후기 정치사상에 미친 영향은 상대할 다른 대상이 없을 정도로 거의 절대적이라고 보아야 할 것이다. 퇴계가 영원한 종교적 차원의 이야기를 했다면, 율곡은 현실 상황을 개혁하는 입장에 있었으므로 조선후기 정치사회를 실질적으로 이끌어 간 것은 율곡의 가르침을 이어받은 서인(西人)과 노론(老論)임을 부정할 수 없다.

율곡의 정치사상적 배경은 한마디로 이기론(理氣論)의 묘합(妙合)이다. 당시 일반적인 사상적 흐름은 두 가지로 나누어 볼 수 있다. 하나는 사물의 이치(理致)를 끝까지 파고 들어가 완전한 깨달음에 이르고자 하는 경향을 가지고 있는 입장이다. 이 입장을 한마디로 표현한다면 격물치지(格物致知)라고 할 수 있다. 이러한 입장의 단점(短點)은 지나치게 학문에만 치중하므로 나라를 다스리고 개혁하는 현실에 등한시 하게 된다는 점이다. 율곡은 이러한 태도는 좋지 않게 생각하였다.

다른 하나는 모든 사물의 본체를 허무(虛無)라고 주장하는 입장인데, 이는 세상만사를 기(氣)가 모였다가 흩어지는 것으로 보는 것이다. 즉, 모이면 사물이 되고, 흩어지면 사물이 소멸하는 것으로 생각한다. 다만, 기(氣) 그 자체는 소멸하지 않는 것으로 여긴다. 마치 물이 얼면 얼음이 되고, 얼음이 녹으면 다시 물로 환원되는 것과 같은 것이다. 율곡은 이러한 입장들을 종합화하려고 하였다. 즉, 당시에 퇴계가 "이(理)"를 중시하는 입장이고, 서경덕은 "기(氣)"를 존중하는 입장이었다면, 율곡은 이와 기를 굳이 구분하지 않고 상대적으로 연결 배합의 비율에 따라 인식과 상황이 달라지며, 기가 우위에 있거나 이가 우위에 있거나 주체 역할에 따라 달라질 수 있다는 것이다. 어느 한쪽에 치우치지 않고 상호보완과 조화(調和)를 이루는 묘합(妙合)을 주장하였다. 인간을 보는 관점에 있어서도 율곡은 인간을 땅에 속(屬)한 존재로만 여기지 않고, 하늘과 연결된 천인합일(天人合一)의 관점에서 생각하였으며, 우주의 원리와 자연의 섭리로 윤회되어 새로운 생명이 탄생함을 알았다.

율곡은 사회적 문제해결에 있어서도 위기의식을 갖게 하면서 대안을 제시하는 종합적인 방식으로 접근하였다. 백성들에게 위기의식을 갖게 하는 정책은 시폐(時弊)라 하고, 임금에게 대안을 제시하는 정책은 시무(時務)라 하였다. 여기에서 율곡이 가장 중요하게 생각한 개념은 타이밍(時)이었다. 율곡은 민감한 정치 · 경제 · 사회 현안에 거침없이 해법을 툭툭 내놓으며 정치권 전반의 이슈를 주도하였다. 특히 율곡의 민생(民生)에 대한 생각은 현대에도 귀감(龜鑑)이 되는 실용적인 대안이라고 평가된다.

이를 구체적으로 살펴보면,

첫째, 백성의 세금을 가볍게 해야 한다는 박세렴(薄稅斂)의 도(道),

둘째, 백성이 부역을 가볍게 해야 한다는 경요역(輕徭役)의 도(道),

셋째, 백성이 재화를 생산하는 시기에는 부역을 시키지 말라는 절용생시(節用生時)의 도(道),

넷째, 백성의 소유재산을 평등하게 조절해야 한다는 재민항상(財民恒産)의 도(道) 등을 실천하려고 하였다. 율곡은 적어도 인간으로서 의 · 식 · 주의 충족은 보장되어야 한다고 생각하였다.

율곡의 개혁사상을 교육 분야에 적용하면, 이는 한마디로 "성인(聖人)됨"을 목적으로 삼는 것이라고 할 수 있다. 배움이란 이론에만 치우치면 안 된다는 것이다. 일상생활과 밀접한 배움이라야 한다는 주장이다. 일상생활을 바르게 해낼 수 있는 인격형성이 학문의 목적이라는 뜻이다. 율곡은 모든 인간은 선한 마음(善性)을 가지고 있다고 이해하였다. 성찰과 실천을 핵심적인 원리로 삼았다고 볼 수 있다. 궁극적인 목적은 성인이 되는 것에 두었다.

끝으로 율곡의 개혁사상을 낳은 그의 생애를 간략하게 살펴보면, 먼저 입지기(立志期)는 28세까지 정신적 방황의 시기라고 하겠다. 그런데 어머니 사임당과의 사별을 계기로 금강산에서 하산한 후 삶의 뜻을 세웠다.

출사기(出仕期)는 40세까지 정계에 입문하여 탁월한 시사의 진단과 처방으로 선조 임금의 총애를 받던 시기이다. 후진 양성기(後進 養成期)는 45세까지 해주 석담에 은거(隱居)하여 집필활동과 후진양성에 몰두하던 시기로 볼 수 있다.

재출사기(再出仕期)에는 46세부터 49세까지로 다시 정계(政界)로 돌아와 나라의 앞날을 걱정하며 10만 양병을 주장하였으나 받아들여지지 않자, 그래도 민족과 나라를 위해 마지막까지 혼신의 힘을 다하였다.

31
다산의 처세술

다산(茶山, 정약용[丁若鏞]의 호, 조선후기 실학자, 1762~1836)이 살았던 18세기 중반 이후에서 19세기 전반까지 국내에서는 오래되어 고치기 어려운 고질적 권력다툼이 쌓여 있었을 뿐만 아니라 타락하여 부정부패(不正腐敗)와 내란 등으로 국가 기강이 심각하게 무너져 백성들은 참담한 고통 속에서 시달리고 있었다.

대외적으로는 천주교 등 서구사조(西歐思潮)가 밀려들어오던 시기였다. 당시 다산은 올바른 삶과 처세술에 대한 깊은 사색을 통한 실용적 저술들을 많이 남겼다. 이 가운데 수령 등 관리들이 지켜야 할 행동지침(指針)을 밝히면서 지방의 행정 책임자인 수령들의 부정부패를 막고 행정쇄신을 이룩하고 관리들의 폭정(暴政)을 비판한 목민심서(牧民心書)가 있다. 또한 행정기구의 개편을 비롯하여 관제 · 토지제도 · 부세제도 등 모든 제도의 개혁 원리를 제시한 경세유표(經世遺表)는 지금까지도 유명하다.

정약용에 대하여 한마디로 표현하면, 당시 사회가 직면해 있던 봉건적 질곡(桎梏. 束縛속박과 동의어)을 극복할 수 있는 탁월한 견해를 지닌 인물로 실학사상의 집대성을 성취한 인물이자 조선후기 사회의 대표적 개혁사상가라고 할 수 있다.

다산은 임금이 중심이 되는 이상적인 왕도(王道) 정치가 이루어질 수 있으리라는 희망을 간직하고 있었다. 그러기에 좌절하지 않고 그 방대한 개혁사상을 전개해 나갈 수 있었지만 다산의 개혁안이 묵살되거나 좌절되어가는 과정은 조선왕조가 몰락하는 원인이 되었다.

한편, 목민심서와 관련된 일화로 남북 베트남 모두로부터 존경과 사랑을 받았던 베트남 국민들의 국부(國父)와도 같은 존재 호치민은 다산의 목민심서를 애독하였고, 그가 죽을 때 머리맡에 두었던 것은 목민심서와 지팡이, 낡은 옷이 전부였다고 한다. 그에게 목민심서를 선물한 사람은 남로당 출신인 박헌영이었다고 한다.

현대사회에서 사람들은 대개 아는 사람들보다 모르는 사람들과도 여러 가지 이유로 해서 많은 인간관계를 맺으며 살게 된다. 그리고 사람은 상대를 평가할 때 자기 주관적으로 평가하는 경우가 많다. 그런데 다산은 사람의 마음을 올바르게 다스리는 것이 중요하다고 보았다. 즉, 사람들은 겸손한 사람, 칭찬하는 사람, 이해해주는 사람, 배려하는 사람을 좋아하지 않는 사람은 없다는 것이다. 그래서 다산 선생은 자기관리를 잘하는 사람이 가장 훌륭한 사람이라고 생각하였다. 이와 관련 목민심서에 나오는 이야기 중에서 몇 가지 예를 들면,

첫째, 다산은 탐욕을 버려야 정말 큰 것을 획득할 수 있다고 하였다. 따라서 청렴(淸廉)하다는 말을 듣는 사람이 세상에서 가장 큰 장사꾼이라고 할 수 있다고 주장한다. 그래서 큰 것을 가지고 싶어 하는 사람은 반드시 청렴하다는 것이다. 또한 사람들이 청렴하지 못한 이유는 지혜가 모자라기 때문이라고 한다. 재물은 어느 시대에나 크나큰 욕망의 대상이지만 사람의 진짜 욕망은 재물보다 더 큰 것에 있다는 것이다.

둘째, 다산은 해가 뜨면 밝혀질 소문을 만들지 말라고 충고하였다. 예컨대, 뇌물을 받는 일을 비록 몰래 비밀스럽게 한다 하더라

도 밤에 한 일이 아침이면 이미 널리 소문이 나기 마련이라는 것이다. 왜냐하면, 뇌물을 준 사람은 문 밖으로 나가는 순간 함부로 말을 퍼뜨리고, 잠깐 사이에 소문이 사방으로 퍼지게 된다는 것이다.

셋째, 다산은 권력의 중심에 있는 사람에게는 선물을 하지 말라고 하였다. 왜냐하면, 권력을 쥐고 있거나 정치 권세를 부리는 사람들에게 무조건 머리를 숙여 섬기거나 권세를 누리고 있는 집안에 큰 선물을 보내게 되면 그는 그것을 즐기게 되고, 그러한 행태가 반복되면 그는 머지않아 반드시 몰락하기 때문이라는 것이다.

넷째, 다산은 전임자와는 반드시 우의를 지켜야 한다고 말하였다. 즉, 후임자가 부임했을 때 전임자의 잘못을 발견했을지라도 과실을 비난하지 말아야 원망을 적게 들을 것이라는 뜻이다. 물론 공금 횡령 등의 두드러진 죄가 있을 때는 무조건 숨기고 덮으라는 이야기가 아니다. 그러나 최선을 다해 전임자를 아끼고 보호하는 선에서 원만한 해결책을 모색해야 한다는 것이다.

다산은 당시 현실에 대한 날카로운 비판의식을 가지고 사회개혁을 위한 여러 방향을 모색하는 등 그 문제점들을 찾아 나섰다. 그는 문제점이 가지고 있는 근본적 원인에 대해 규명하고자 하였고, 이를 기반으로 문제에 대한 구체적이고 실천적인 개혁안을 마련해 보기 위해 노력하였다.

반면, 다산의 개혁안은 그 위대성에도 불구하고 현장성 결여라는 큰 문제점을 가지고 있었는데, 이는 다산이 직접 추진할 수 있는 입장이 아니었기 때문이다. 즉, 개혁의 목표에 대해서는 분명하게 나타나고 있지만 개혁을 위한 실천적인 방법이나 과정에 대해서는 구체성이 떨어지며 그를 받쳐줄 인물이 없었다.

한편, 그의 왕도(王道) 개혁안은 민(民)을 다스리거나 보살핌의 대상으로만 파악할 뿐 민(民) 자신을 통치의 주체로 여기지 못하는 현실에도 문제가 있다는 것이 다산 개혁안의 한계이다. 그러나 정약용은 18세기를 전후하여 우리나라 사회에서 강력히 요구되고 있던 개혁의지를 체계적으로 완성했고, 왜 개혁해야 하는지에 대한 분명한 대답을 준 인물임에는 틀림이 없다. 그에게는 개혁을 향한 열정과 몹시 어려운 지경에 빠진 백성에 대한 사랑이 확연히 드러나고 있다. 그는 그 시대의 문제점을 밝혀내는 데 용감했으며, 고뇌하던 양심적인 지식인이었다. 현 시대에도 이러한 의지의 개혁가가 절실히 필요한 때라 더욱더 다산 정약용 선생의 숭고한 정신이 그리워진다. 다산 선생의 말씀처럼 민(民)이 주체라는 의식을 깨우치는 데 어른들이 앞장서야 한다. 어릴 때부터 국가정치와 경제가 어떻게 돌아가며 어떤 시대의 흐름에 내가 서있는지 역사의식을 올바르게 일깨워주는 것이 중요하다 하겠다.

32
링컨의 명언

미국의 제16대 대통령 에브러험 링컨(Abraham Lincoln, 1809~1865, 재임기간 1861~1865)은 미국 남북전쟁에서 노예해방을 이루고, 많은 명언을 남기며, 대통령에 다시 선출되었으나 암살(暗殺)당했다.

링컨은 대통령이 되기 전 변호사로 책읽기를 좋아했다. 그런데 링컨의 가정생활은 결코 평탄(平坦)하지 않았다. 무엇보다 그의 자녀 4명 가운데 18세 어른이 된 자식은 한 명뿐이었다. 링컨 대통령은 자녀들을 사랑하였지만 두 명은 링컨이 살아있는 동안 열병과 폐결핵 등으로 병사하였고, 한 명은 링컨 사후에 요절(夭折)하였다. 링컨의 부인은 결국 정신병동에 입원하게 되었고, 링컨도 역시 우울증으로 크게 시달렸다고 한다.

링컨의 죽음과 관련 1864년 미국의 남북 대치 상태에서 남쪽을 지지하였던 한 유명 배우가 4월 11일 링컨의 흑인 투표권을 위한 연설을 듣고 나서 링컨을 죽이려는 마음을 먹었다고 한다. 그래서 링컨 부부가 극장에 간다는 사실을 안 범인은 링컨의 경호원이 없는 틈을 타서 저격(狙擊)하였다. 그때 대통령 부부가 보던 연극은 '우리 미국인 사촌(Our American cousin)' 이었다. 이때 링컨의 경호원은 잠시 링컨의 마부(馬夫)들과 한잔 하려고 극장 옆 '스타 살롱(Star Saloon)' 으로 나갔다고 한다. 이 때문에 대통령은 발코니 관람석에서 무방비 상태로 앉아 있었던 것이다. 이 기회를 잡은 범인은 링컨 바로 뒤에서 머리를 겨누었다. 군의관은 링컨의 부상을 치명상으로 진단했으며, 길 건너 양복점인 피터슨 하우스(Petersen House)로 링컨을 옮겼으나 9시간 동안 혼수상태로 있다가 결국 소생하지 못하고 사망하였다.

링컨의 치적은 노예를 해방하고, 조각날 뻔 했던 미국을 하나의 국가로 지켰으며, 대통령으로서 내각을 기용할 때에 정적을 선택하였다. 그는 "누구를 당신의 편으로 만들고 싶다면 먼저 당신이 그의 진정한 친구임을 확신시켜라"는 교훈을 남기기도 했다. 링컨이 남긴 명언은 지금까지도 유명하다. 그 가운데 가장 길이 남을 명언은, "국민의, 국민에 의한, 국민을 위한 정부는 지상에서 결코 사라지지 않을 것이다(Government of the people, by the people, for the people, shall not perish from the earth.)"이다. 이 밖에 기억되고 크게 귀감(龜鑑)이 되는 다수의 명언들이 오늘날까지도 전해지고 있다.

▶ The gem cannot be polished without friction, nor man perfected without trials.

☞ 마찰 없이 보석을 광나게 할 수 없듯 시련 없이 사람을 완전하게 할 수 없다.

▶ Nearly all men can stand adversity, but if you want to test a man' s character, give him power.

☞ 거의 모든 사람이 역경은 견뎌낼 수 있다. 그러나 한 인간의 인격을 시험해보려면 그에게 권력을 주어보라.

▶ The ballot is stronger than the bullet.

☞ 투표는 총알보다 강하다.

▶ Better to remain silent and be thought a fool than to speak out and remove all doubt. ☞ 말을 함으로써 모든 의혹을 없애는 것보다는 침묵을 지키며 바보로 보이는 것이 더 낫다.

▶ You can fool some of the people all of the time, and all of the people some of the time, but you can not fool all of the people all of the time.

☞ 일부 국민들을 오랜 세월 속이는 것도 가능하며, 전 국민을 잠시 속이는 것도 가능하긴 하지만 전 국민을 영원히 속일 수는 없다.

▶ The worst thing you can do for those you love is the things they could and should do themselves.

☞ 사랑하는 사람에게 할 수 있는 가장 나쁜 일은 바로 그들이 할 수 있고 해야 할 일을 대신해 주는 것이다.

▶ The Lord prefers common-looking people. That is why he makes so many of them. ☞ 신은 평범한 사람들을 좋아한다. 그것이 바로 그 분께서 보통 사람들을 이렇게 많이 창조하신 이유다.

▶ If I only had an hour to chop down a tree, I would spend the first 45 minutes sharpening my axe.

☞ 나무 베는데 한 시간이 주어진다면, 도끼를 가는데 45분을 쓰겠다.

▶ If you would win a man to your cause, first convince him that you are his sincere friend. ☞ 만약 누군가를 당신의 편으로 만들고 싶다면, 먼저 당신이 그의 진정한 친구임을 확신시켜라.

▶ I have always found that mercy bears richer fruits than strict justice.

☞ 나는 항상 가혹한 정의보다는 자비가 더 큰 결실을 맺는다고 믿는다.

▶ Whenever I hear anyone arguing for slavery, I feel a strong impulse to see it tried on him personally.

☞ 누구든 노예 제도에 찬성한다는 이야기를 할 때마다 그에게 직접 노예 생활을 시켜보고 싶은 강한 충동을 느낀다.

33
거룩한 분노

국회의원 선거가 4년마다 치러지는데, 21대 국회의원 선거에서 여성 국회의원 30%의 강제조항을 넘기지 못했다. 최근에는 정치계에서도 예전에 비하면 크게 활약하는 여성들을 어렵지 않게 볼 수 있다. 이러한 여성 참정권은 여성 인권을 위한 수많은 투쟁과 정이 있었기에 가능해진 것이다.

여성 참정권은 뉴질랜드가 가장 먼저 도입하였는데, 1893년 여성에게 투표권을 세계최초로 부여했다. 이는 끈질긴 사회적 · 조직적 운동의 결과물로 여성들이 세상을 바꾸기 위해 어떠한 노력과 투쟁을 하였는지를 말해주는 영화가 있다. 그 영화제목이 '거룩한 분노'이다. '거룩한 분노(Die gottliche Ordnung, The Divine Order)'는 스위스에서 2017년 제작된 페트라 볼프 감독의 영화이다. 이 영화를 통해 배워야 하는 교훈은 용기 있는 여성의 분노가 어떻게 현실을 변화하는지 그 변화과정을 살펴보는 것이다.

가장 중요한 것은 우선 잘못된 현실에 대하여 변화가 필요하다는 사실을 분명히 인식하는 것이며, 생각이 같은 사람들과 힘을 합쳐 연대(連帶)하는 것이다. 마지막으로 중요한 것은 반대하는 방해 세력에 대해서 믿음으로 저항하는 '사회적으로 조직적인 운동 자세'로 끝까지 견지(堅持)하는 것이 중요하다.

주인공 '노라'는 매일 반복되는 삶에 순응하며 살아가는 평범한 가정주부로서 그런 자신의 삶에 회의감을 느끼지만 남편인 한스는 노라의 고민을 대수롭지 않게 여기며 자신의 체면을 더 중시하는 태도를 보인다. 배우자의 반응에 실망한 노라는 길거리에서 받은 여성 참정권에 관한 책자를 읽게 되고, 이후 부녀회에서 같은 생각을 가진 브루니와 의기투합하게 되면서 새로운 사회를 꿈꾸게 된다. 하지만 주변에서는 오히려 현실을 바꾸려는 움직임을 불편해 하였다. 포스터를 붙이며 여성 참정권의 중요성을 알리는 노라에게 욕을 퍼붓기도 하고 심지어 가족들이 등을 돌리는 일이 일어나기도 했다. 그러나 다시 한 번 의지를 다짐하고 여성 연대를 통해 파업을 선언하며 본격적으로 부당한 세상과 맞섰다. 그러나 결국 노라와 여성들의 연대는 남성들의 강제적인 개입으로 해산되고, 끌려가는 여성들의 모습에 놀라서 브루니가 쓰러지는 절망적인 상황이었다. 하지만 노라는 포기하지 않고 마지막으로 한 발짝 더 나아간다. 무력 앞에서도 굴하지 않고 다시 나선 노라의 용기 덕분에 결국 여성들은 그토록 원하던 참정권을 쟁취하게 된다.

미국 국무부에서는 세계적으로 용감한 여성으로 알려진 경우 심의과정을 거쳐서 용기 있는 여성상(International women of courage award)을 주고 있는데, 이는 2007년부터 매년 시상해 왔으며, 다른 사람을 위해 희생하는 지도력, 용기, 여권 신장 등의 활동을 한 여성에게 주어지고 있다. 우리나라에서는 탈북한 국내 1호 박사 여성인 이애란 씨가 최근에 미 국무부가 주는 「용기 있는 여성상」 수상자로 선정됐다. 이 박사는 수상소식이 북한 주민들에게 희망과 용기를 주기 바란다며 눈시울을 붉히면서 그녀는 단지 자신이 받은 상이 아니라 북한 주민들에게 주는 상이고, 북한 주민들이 용기와 희망을 가지고 살아가라는 격려의 상이라고 하였다.

서양에서는 여성들의 용기 있는 '거룩한 분노'에 의해 양성 평등사회가 이루어졌다. 그러나 아직도 동양사회에서는 남성중심의 사대부 문화가 생활 곳곳에 남아 있다고 말할 수 있다. 사(士)는 학자, 대부(大夫)는 관리를 말하는 것으로 학자 출신의 관리란 뜻이다. 관리등용이 남성만의 전유물이었던 과거 시대는 남존여비 사고가 매우 강했다. 따라서 사내아이를 낳지 못하면 대가 끊긴다느니 하면서 며느리를 구박하는 등 믿을 건 오직 아들뿐이라고 여겼다. 지금도 아들을 낳기 위해 온갖 노력을 기울이는 사람들이 아직도 더러 있다.

남성 중심의 사회가 갖는 폐단(弊端)이 얼마나 많은지 경험을 통해 배웠음에도 불구하고 아직도 남성 중심의 제도들이 많이 있지만 양성평등을 위한 움직임도 지속적으로 이어지고 있다. 우선 교육 분야에서부터의 꾸준한 양성평등의 변화가 국공립학교 교수나 교사 임용과정에서 실천되고 있고, 이러한 공정성이 확보되도록 정책적으로 배려하는 양성 평등 심의과정을 도입하고 있다. 최근에는 국공립대학 교원임용 시 특별 성별이 편중되지 않도록 하는 내용의 교육공무원법 개정안이 국회 법사위를 통과함에 따라 대학 교원임용의 양성평등 현황을 진단하고, 정책 시사점과 개선 방향을 탐색하는 계기가 되었다.

그러나 아직까지도 그다지 큰 성과를 내지 못하고 있는 사회적 폐해인 성희롱, 성폭력 등 잘못된 성문화 인식이 잔존하고 있다. 이를 철퇴하기 위해 대학 성희롱 · 성폭력 근절지원 중앙센터 운영을 통한 상담 역량강화, 사건처리 자문 · 컨설팅, 학생 · 교원용 예방교육, 사건처리 매뉴얼 개발 · 보급 등을 하고 있다. 그래도 잊을만하면 불거지는 성희롱 · 성폭력 상황으로 여성들이 남성들의 희생물로 등장하는 n번방 사건과 법조인, 사업가, 국회의원,

시장, 배우, 감독 등이 사회를 이끌어가는 지도층의 추악한 성추행 사건으로 주요 언론과 사법부서는 물론 대통령까지 나서는 상황이 발생할 정도로 도덕성이 추락하고 있다. 따라서 용기 있는 여성들의 '거룩한 분노'에 의해 우리 사회에서 완전히 근절(根絕)되어야 함은 물론, 솜방망이 처벌이 원인이므로 형벌을 무겁게 중형으로 단죄해야 한다.

여성의 법조인 진출 열세로 더욱더 방치되는 경향이 있으므로 여성 지도자가 보다 많이 배출되어 여성의 심정을 이해하는 방패막이 되어주어야 할 것이다. 지난번 21대 국회의원 선거에서도 여성의원이 30%를 넘지 못하는 상황은 언제까지 이어져야할지 안타까운 실정이다.

'거룩한 분노'는 어느 한편을 편들고 다른 한편을 억압하는 것이 아니라 신체적으로 약하다는 이유로 항상 당해야하는 입장이 되어서는 인권이 보호되는 사회가 아닌 것이다. 우리 모두의 평화와 정의로운 인류 공동체를 위한 분노가 진정 거룩한 분노일 것이다. 우리사회의 여성 공개 취업에서 꺼리는 회사가 있는가 하면 승진에서는 유리천장을 없애지 못하고 남성에게만 혜택을 주는 기업이 많이 있다.

직장 내 성차별로 비정규직이나 커피 심부름 정도의 대우를 생각하는 경우를 종종 목격한다. 2017년 1월 11일자 인터넷 다음뉴스에 의하면 맞벌이 가족이면서도 여성의 가사노동 시간을 따져보니 남성은 19분, 여성은 140분으로 나타났다. 가사노동을 여성이 남성보다 무려 7배 이상 더하고 있는 실정이다. 이제 남성들도 분명코 바뀌어져야 한다.

꾸준한 노력의 결과로 여성들의 사회적 입지는 예전과 비교할 수 없을 정도로 좋아졌지만, 한편으로는 남성들이 왜 여성만이 사용 가능한 여성 전용 주차장이 존재하는지, 무거운 물건을 드는 등의 힘든 일은 왜 당연하다는 듯이 남성이 해야 하는지, 공무원 및 공공기관의 여성 채용 할당제로 인해 남자는 취업에서 불리함을 감수해야 하는지, 여성들이 해외여행을 가고 자격증을 준비하는 등의 스펙을 쌓는 동안 남성들은 군대에 가야만 하는지 등 상대적으로 큰 부분까지 남성들이 오히려 역차별을 당하고 있다는 주장 또한 커지고 있다. 따라서 기존에 존재하던 사회 속 여성에 대한 차별은 마땅히 고쳐나가야 하되 이 과정에서 남성들에게 부당한 불이익이 주어지는 또 다른 차별을 만들지 않도록 주의해야 할 것이다.

어릴 때부터 남녀차별 없는 부모님의 인간존중 교육과 사회 전반에 걸친 차별은 사라져야 되는 시점이다.

“ 거룩한 분노 : 성차별로 그동안 억압 받던 시대는 지났다고 하지만 아직도 숙제처럼 남아 있다. 유리천장의 보이지 않는 차별은 암묵적으로 존재하기에 이로 인한 여러 가지 문제점을 낳고 있다. 남녀의 성이 다름을 인정하고 존중하는 사회로 남녀 고용의 평등과 기혼 여성의 일, 가정 양립의 지원을 아끼지 않는 사회와 정부가 적극적으로 나서야 한다. ”

34
대상관계이론

프로이트 이후 현대정신분석학을 대표한다고 일컬어지는 대상관계이론(對象關係理論, object relations theory)의 개념에서 핵심적인 사항은 인간의 본능적 욕동을 무엇으로 보느냐에 대한 관점을 좀 더 명확하게 설명한 것이다. 즉, 인간 마음의 내면적 본능인 향자적(向自的)인 관계지향적(relationship-oriented)이라는 뜻이다.

전통적으로 인간 마음의 본질이 무엇인가에 대한 주장에는 크게 두 가지 견해가 맞서 왔다고 말할 수 있다. 인간 마음 본질의 하나는 내면적 본능이라는 주장이고, 다른 하나는 환경적 영향이라는 주장이다. 환경적 영향이란 외부적 요소가 인간심리 내부로 내사(內射, introjection)되는 것이 더 본질적인 것이라는 말이다. 그리고 내면적 본능이 더 우선적이라는 말은 내면적 요소가 대상을 향해 투사(投射, projection)되는 것을 말한다.

대인정신분석학파는 외부적, 환경적 요소의 본질적 중요성을 더 강조하였다. 즉, 인간은 외부의 형향을 받아서 인간심리가 형성된다는 주장이다. 그래서 대인정신분석학파에서는 인간관계를 매우 중요하게 생각한다. 그런 의미에서 인간관계학파라고 해도 무방하다고 하겠다. 그러나 대상관계학파에서는 특히 대상관계학파의 창시자라고 할 수 있는 멜라니 클라인(Melanie Klein)은 "감성전이의 근원(Orgig of Transference)"이라는 글에서 인간의 본능은 타인을 향한 감정(emotion or passion)이라고 주장하였다.

그녀는 환경 적응에서 출발도 하지 않는 어린이들도 외부의 같은 어머니에 대하여 자신의 내적 기분에 따라서 좋은 감정을 투사하기도 하고, 나쁜 감정을 투사하기도 한다는 것을 관찰하였다. 즉, 내적 감정상태가 더 우선적으로 근원적이라는 점을 발견한 것이다. 게다가 그녀는 외적 대상만이 아니라 내적 대상(internal object) 개념을 발견하였다.

프로이트나 대인관계학파에서는 대상이란 외부적 대상만을 의미하는 것으로 생각했으나 클라인이 이에 대한 새롭고 도전적인 이론을 전개한 것이다. 이러한 클라인의 주장으로 현대정신분석학의 주류를 이루게 된 대상관계이론이 탄생하였다. 대상관계라는 개념은 프로이트 이론에서부터 비롯된 것이다. 즉, 대상이란 사랑의 대상, 또는 공격 대상을 의미하였다. 여기서 대상의 구체적인 의미는 사물이라는 의미와 함께 목표라는 의미도 담겨져 있다. 요컨대, 대상이란 사랑의 목표로서의 사물(사람), 공격의 목표로서의 사물(사람)을 나타낸다.

그런데 클라인과 그녀의 후예(後裔)들이 주장한 대상 개념의 핵심은 대상을 실제의 사물이나 사람이 아니라 그에 대한 지각에 따라 외부대상이 내면에 나타나는 정신적 표상(表象)에 공격적 또는 성적 에너지가 집중(충당, cathexis)된 것으로 보는 것이다. 특이한 것은 클라인에게 대상관계의 성격을 결정하는 것은 특정한 정신적 표상과 연계되어 있는 무의식적(無意識的) 환상(幻想)이라고 규정한 점이다.

지금까지 살펴본 결과 대상관계의 개념은 프로이트의 대상 개념을 지지하는 그룹과 프로이트의 대상개념을 배제하는 그룹의 주장으로 갈리는 것처럼 보이기도 한다. 그러므로 대상관계의 개념은 협의(狹義)적으로 좁게 규정(規定)할 것이 아니라 보다 광범위(廣範圍)하게 정의(定義)되어야 할 것이다. 따라서 대상관계 개념은 한 사람이 자신의 외부 상징적(象徵的) 대상들은 물론 내적인 상상적(想像的) 대상들과 이루는 상호작용(相互作用)이라고 정리할 수 있을 것이다.

그런데 라캉은 오이디푸스적인 가족 삼각형(아빠–엄마–아이) 대신 엄마–아이의 대칭적 관계만을 부각(浮刻)시키는 점을 비판(批判)하였다. 이는 지나치게 주체–대상이 완결되고 만족적인 관계의 가능성을 미리 구상(構想)한다는 점을 비판한 것이다.

정리하자면, 대상관계이론은 한 인간을 독립적인 개인으로 보는 것이 아니라 외부 대상 또는 내면적 대상과의 상호작용 속에 존재하는 것으로 파악하는 일체(一切)의 정신분석학 이론이다. 이는 인간이 천성적(天性的)으로 향자적(向自的), 관계지향적(關係指向的)이라는 개념에 기초한 인간에 대한 매우 올바른 관점이라고 생각하지 않을 수 없다. 왜냐하면, 인간은 누구나 예외 없이 상상적(想像的)이든, 상징적(象徵的)이든, 실재적(實在的)이든 누구(무엇)인가를 향(向)하여 살아가는 존재이기 때문이다.

궁극적으로 누구(무엇)를 향하여(unto)/위하여(for) 존재하는지를 인간의 천성적인 운명을 생각할 때, 지금 현재 마음의 무의식적 심층에 자리한 관계대상이 누구(무엇)인지를 파악하고, 올바른 대상관계를 향하는 훈습(薰習, working through, 몸에 밴 습관)은 더욱 중요할 것이다.

> **대상관계이론 : 대상관계는 '자아' 외의 다른 인물 즉 대상과의 관계에 초점을 맞춰 인간심리를 이해하고자 한다.**

행복한 가정의 10가지 조건

1. 용서가 있어야 한다.

   가정에서도 용서해 주지 않는다면 그 사람은 지구상에서 용서받을 곳이 없다.

2. 이해가 있어야 한다.

   가정에서도 이해해 주지 않는다면 그 사람은 짐승들과 살 수밖에 없다.

3. 대화의 상대가 있어야 한다.

   가정에서 말동무를 찾지 못하면 전화방으로 갈 수밖에 없다.

4. 골방이 있어야 한다.

   혼자만의 공간(수납장, 옷장, 공부방, 화장실)이 많을수록 인품이 유순해진다.

5. 안식이 있어야 한다.

   피곤에 지친 몸을 편히 쉬게 할 수 있는 환경이 가정에 없으면 밖으로 나간다.

6. 인정을 해주어야 한다.

   가정에서 인정받지 못한 사람은 바깥에서도 인정받지 못하게 된다.

7. 유머가 있어야 한다.

   유머는 가족 간의 정감을 넘치게 하는 윤활유 역할을 한다.

8. 어른이 있어야 한다.

   연장자가 아니라 언행에 모범을 보이는 어른이 있어야 한다.

9. 사랑이 있어야 한다.

   잘못은 꾸짖고 잘한 것은 칭찬해 주는 양면성의 사랑이 있어야 한다.

10. 희망이 있어야 한다.

    앞으로 더 잘될 것이라는 희망이 보이면 가정의 가치는 더욱 높아진다.

출처 : http://www.heartisitying. com/archives/1528, 2018. 3. 3. 인출

7장

다양함을 맞추는 리더

35
욕동(欲動)의 두 얼굴

심리학(心理學, psychology)과 구분되고 있는 정신분석학(精神分析學, psychoanalysis)의 특징, 특히 무의식을 탐구하는 정신분석학의 특징인 무의식적 욕동(欲動)에 대해 살펴보면, 넓은 의미로 볼 때 심리학이나 정신분석학이나 인간의 마음을 연구하는 학문이라는 공통점이 있다.

심리학은 처음에는 영혼에 대한 탐구라고 하였다. 이는 19세기 이전으로 당시 신학(神學)의 영향을 받았기 때문이다. 사전적 의미로 심리학(psychology)은 인간과 동물의 행동 및 그 행동과 관련된 생리적 · 심리적 · 사회적 과정들을 연구한다. 초기(19세기 이전)에는 '인간 영혼에 대한 탐구'라고 하였는데, 이는 신학의 영향을 받은 것으로 여겨진다.

그런데 정신분석학(psychoanalysis)은 무의식을 연구하는 학문이다. 그러므로 의식과 무의식의 차이를 이해한다면 심리학과 정신분석의 차이를 확실하게 구분할 수 있다. '빙산(氷山)의 일각(一角)'이라는 말이 있다. 의식과 무의식을 비유할 때 자주 사용된다. 바다 속에 잠긴 큰 부분은 무의식이고, 바다 위에 솟은 작은 부분은 의식에 해당된다는 말이다. 눈에 보이는 빙산의 일각이 바로 의식이라는 말이다. 의식은 인간 정신의 주인이 될 수 없다는 것을 시사(示唆)하고 있다.

소크라테스(Socrates, BC 470~399)는 **"너 자신을 알라"** 라고

했다. 여기서 인간의 정신에 대한 이해는 그만큼 쉽지 않다는 의미로 이해될 수 있다. 왜냐하면, 의식되지 않고 알려지지 않는 무의식(無意識) 정신세계가 있기 때문이다.

데카르트(Descartes)는 **"나는 생각한다. 고로 나는 존재한다"**라는 유명한 말을 남겼지만, **자크 라캉**(Jacques Lacan)은 **"내가 생각하는 곳에 나는 없고, 나는 내가 생각하지 않는 곳에 있다"**로 말하였다.

여기서 데카르트의 생각하는 '나'는 의식적인 나 자신(자아自我)을 의미하고, 라캉의 생각하지 않는 곳에 위치하는 '나'는 무의식적인 나(主體주체)를 의미한다고 말할 수 있다. 데카르트는 의식적이고 생각하는 '나'를 삶의 주체로 여겼으나 라캉은 무의식에 위치하는 '나'를 실제적인 생활의 주인으로 여겼다. 다시 말하면, '나'는 라캉이 생각하는 의식은 자아(自我)에 해당하고, 무의식에 존재하는 주체(主體)에서 비롯된 종속관계라고 파악하였다.

프로이트(Sigmund Freud)는 인간 심리를 연구하면서 본능(本能)을 강조했다. 정확하게 말하면 본능이라기보다는 충동(衝動) 또는 욕동(慾動, drive)이라고 표현하는 것이 더 맞는 표현이다. 욕동은 태어날 때부터 지니고 있고, 유전적(遺傳的)으로 정해진 겉으로는 드러나지 않지만 속에 있는 힘, 잠재력(潛在力)에 그 뿌리가 있다.

프로이트는 욕동과 본능을 구별하였다. 동물적인 본능의 기본적인 개념은 생물학적 자극으로 인한 행동과 활동을 포함한다. 그러나 인간의 욕동(충동)은 어떤 목표를 향한 강박감이나 추진력으로 행동이나 활동과는 구분된다. 욕동 그 자체는 의식적 자각을 초월한다. 또한 욕동은 생물학적으로 유발되는 충동인데, 미워하는 사람에 대한 공격성과 사랑하는 사람에 대한 이끌림은 욕동이 겉으로 드러난 하나의 표현물이며, 욕동의 파생물이라고 할 수 있다.

인간의 욕동은 정신적인 실체(實體)이다. 예컨대, 어떤 남성 내담자(來談者)는 어릴 때 공격적인 욕동과 관련된 심리적 상처를 경험하였다. 그는 폭력적인 어머니로부터 심한 욕설과 무차별적인 체벌로 많은 상처를 입었다. 이러한 사실을 알고도 모른 체하고 있는 아버지에 대해서도 분개하며 심하게 상처를 주고 있는 어머니와 같다고 생각했다. 그러나 어린아이 단계에서는 이러한 강한 감정을 표현할 힘도 없었고, 더구나 심리적으로 수용하기가 더욱 더 어려웠다. 그래서 그는 이러한 '마음의 상처에 대한 기억의 흔적'을 무의식으로 밀어 넣었고, 그 결과 자신의 어린 시절 생활을 대부분 돌이켜 생각하지 못하게 되었다.

프로이트는 자신의 욕동이론을 여러 차례 변경하였으나 최종적으로는 생명(生命)욕동과 이에 대립되는 개념으로 여겨지는 파괴 또는 죽음욕동, 그리고 욕동을 제로상태 수준으로 줄이려는 열반(涅槃)욕동으로 정리하였다고 말할 수 있다. 생명욕동은 사랑하고 건설하려는 욕동이고, 죽음욕동은 공격하고 파괴하려는 욕동이다. 그런데 이 두 가지 욕동은 밀접하게 상통하는 관계이다. 동전의 양면과도 같은 관계라 말할 수 있다.

생명욕동과 파괴욕동이 출생 시에는 분리된 형태였지만 나중에 발달과정에서 하나로 합쳐진 것인지 혹은 두 욕동이 처음에는 하나로 합쳐져 있었지만 나중에 분리된 실체로 각각 발달되는 것인지에 관해서는 확실하지 않다. 새로운 창조는 항상성으로 고착화된 고정관념을 깨고 창작과 예술의 깊이를 이해하는 차원에서 본다면 파괴욕동이 반드시 부정적인 것은 아니기 때문이다. 그러므로 생명욕동과 파괴욕동은 결국 합쳐져서 최고의 기쁨을 맞는 세계인 열반을 지향한다고 말할 수 있다. 오랜 세월동안의 수행, 정진으로 고통 받는 중생을 구제하고 깨달음의 열반에 이르러 욕동을 제로상태로 끌어내리는 무념인 것이다.

어떠한 방해도 받지 않고 소망하는 것을 이루기 위해 욕동하는 의식적 행동은 결론적으로는 일차적인 원초적 과정인 인간의 무한 경계이며, 욕동의 만족을 추구하는 무의식의 지배를 받아 의식으로 표출된 것이다. 즉, 욕동의 과정은 일차적으로 무의식에서 일어났다고 할 수 있다. 욕동은 무의식의 심리적 실제(psychic reality)이며, 동기화시킨다고 할 수 있다.

금지된 행동을 할 때 끓어오르는 욕동을 분출하지 못하고 이것을 피하려는 '억압'이라는 기제를 사용하면 불쾌하고 싫은 상태로 변형된 불안한 마음이 생긴다. 불안 자체는 과거의 위험한 상황에 대한 감정이 재생되기도 한다. 순수하고 의미 있는 생각의 욕동 표출은 사실 기쁘고 행복해진다. 신경세포에서 도파민과 옥시토신의 화학물질이 분비되어 행복을 느끼기 때문이다. 그렇지만 행복을 잡으려는 인간의 끝없는 욕심이 앞서는 욕동이 일어나기 시작하는 순간부터 고통은 시작된다.

행복, 불행, 쾌락은 찰나에 스치고 지나가는 것임에도 불구하고, 인간은 망각의 동물인지라 끝없이 갈구하고 버거워하며 불안을 호소한다. 참 자기를 만나고 평화로움을 느낀다면 그것이 진정한 행복인 것을 깨닫는 것이 중요할 것이다.

36
성격검사

사람의 심리적 특성이나 경향성을 포착하려는 일체의 테스트 과정을 성격검사(性格檢查) 또는 인성검사(personality test)라고 한다.

성격검사는 일반적으로 관리적 효율을 위하여 체계화시킨 검사를 실시하는 것으로 정상적이지 않는 성격 이상자(異常者)를 진단하려는 경우나 학교생활 등에 적응하지 못하는 대상자를 발견하고자 할 때, 또는 학교나 기관에서 진로지도 자료를 획득하기 위해서나 기업에서 직원채용 및 인사배치 등에 이용하기 위해 실시하지만 평소 자신을 이해하는 데에도 많은 도움이 되므로 성격검사는 해두는 것이 좋다.

성격검사에서 가장 손쉬운 방식은 질문지법으로 예를 들면, 성격에 관한 몇 개의 짧은 질문 항목에 '예', '아니오' 등의 간단한 대답을 하는 방식, 향성(向性) 검사와 같이 단순히 외향성과 내향성을 검사하는 방식, 그리고 미네소타 다면적 인성검사인 **MMPI**(Minnesota Multiphasic Personality Inventory)는 개인의 성격, 정서, 적응 수준과 같이 다차원의 성격을 보는 방법 등 다수의 검사방법이 있다.

좀 더 복잡한 검사방식으로 작업검사법은 일정한 작업(work)을 시키고, 작업과정과 작업결과로부터 성격을 파악하는 방식이다.

성격검사는 넓은 뜻으로는 **평정법**(評定法, rating method), **투**

영법(投影法) 형식의 검사도 포함되는데, 평정법은 어떤 특성이 있는지 없는지를 따지는 것이 아니라, 그 양적 분량이나 질적 수준을 분별하여 평가하고자 할 때 사용되는 방법이라고 할 수 있으며, 평정하는 방식(style)에 따라 구분된다.

숫자평정법(數字評定法, numerical rating method)은 가장 쉽고 간단한 방법으로 평정대상자로 하여금 주어진 특성의 정도를 나타낸다고 생각되는 숫자에 표시를 하는 방법이다. 어떤 특성에 대한 답변으로 '① 매우 그렇다. ② 대체로 그렇다. ③ 보통이다. ④ 대체로 그렇지 않다. ⑤ 전혀 그렇지 않다.' 등 1부터 5까지 평가대상자가 스스로 체크하도록 하는 방식이다. 필요에 따라 7이나 10단계로 나누어 사용할 수도 있다. 그러나 10단계 이상으로 상세히 변별하는 것은 어려우므로 10 이상의 단계로 나누는 것은 바람직하지 못하다.

도식평정법(圖式評定法, graphic rating)은 평정대상자가 어떤 평가 점수치를 스스로 매긴다는 점에서 숫자 평정방식과 동일하지만 차이점은 정수(整數) 이하 소수점까지 배정(配定)할 수 있는 특징이 있다.

매우 약하다	약하다	보통이다	높다	매우 높다
1	2	3	4	5

상대적평정법(相對的評定法, comparative rating scale)은 현재 평가대상과 비교하기 위해 다른 표준이 되는 견본(sample)에 따라 평정자로 하여금 평정치를 부여하게 하는 방식으로 주로 학생의 문학이나 예술작품 등 제작물에 대한 질적 수준을 평가할 때 사용한다.

등위법(等位法, ranking method)은 순위를 매기는 방식이다. 이 방법은 학생들을 순위별로 판별하는 방식으로 모두 점수를 후하게 주는 극단적 평정을 막을 수 있는 장점이 있다.

강제선택법(强制選擇法, forced-choice method)은 미국 군무국장실 인사부(PersonnelResearchSectionoftheAdjutantGeneral' sOffice, U.S.A)에서 제일 먼저 사용하였다고 한다. 예를 들면, "우표 수집을 좋아 한다", "축구를 좋아 한다", "소설 읽기를 좋아 한다"와 같은 세 가지 문항이 주어져 있고, 각 문항은 각기 다른 척도에서 나온 것으로 이들 세 가지 중 한 개만을 선택해야 하며, 또한 반드시 한 가지는 선택하도록 강제로 요구하는 것이다. 이러한 방식의 단점은 평정대상자 간 차이를 설명하지 못하는 어려움이 있다.

평정법은 사물을 주의 깊게 살펴보는 것으로 관찰하는 사람의 판단에 관한 정보를 체계적으로 획득하는 방법이다. 평정할 때는 관찰되자마자 표시할 수도 있지만 지나간 일에 대한 기억에 근거(根據)하여 평가할 수도 있다. 평정법의 가장 큰 문제라고 할 수 있는 사항은 대개 과거 관찰된 행동의 기억이나 인상에 의해서 평가하는 경우가 많다는 점이다. 이 때문에 평정법은 주관적 의견이나 치우친 의견을 포함할 가능성이 많다고 보아야 한다.

투영법은 **투사법**(投射法, projection method)이라고도 하는데, 이 검사방법의 특징은 의식적인 면만이 아니라 무의식(無意識)적인 경향까지도 진단이 가능하다는 점이다. 여러 가지 검사를 통해 자신의 내면을 단단하게 다지는 것도 필요할 것이다.

37
성격을 알면?

성격이란 무엇인가? 성격을 형성하는 요인과 성격유형별 특징에 대해 기술하면, 성격이란 일반적으로 개인을 특징짓는 지속적이며 일관된 행동양식이라고 정의할 수 있다. 따라서 성격을 알면 주어진 상황에 어떻게 행동할 것인지를 예상할 수 있다. 그런데 개인 속에는 집단적(集團的) 성격도 내재되어 있다. 예를 들면, 한국인과 미국인의 집단적 차이는 각각의 성격 속에 포함된다.

성격은 정신도 아니고 물리적인 것도 아니다. 물론 신체적 조건이 성격의 기초적 요인이라고 말할 수 있을 것이다. 그러나 신체만이 아니라 유전적인 요인도 존재한다. 예컨대, 신체가 허약한 사람은 운동경기 등 신체활동에서 대개는 인정받으려는 노력에서 멀어지는 경향이 강하다고 말할 수 있다. 따라서 신체적 허약자는 예외는 있겠지만 대개는 사람들이 많이 모이는 장소라든지 과격한 행동이 요구되는 장소에서는 무의식적으로 피하게 되며 안정적인 성격이 형성될 것이다. 이는 신체와 정신은 서로 연결되어 있기 때문이다. 따라서 신체적으로 건강함과 허약함은 심리적 성격에도 영향을 미친다고 말할 수 있다.

한편, 성격은 고정된 것은 아니지만 습관을 통해 어떤 한 가지 형태로 형성되어 가는 것이 사실이다. 그래서 습관이 성격을 낳는다고 말할 수 있다. 성격형성에서 습관이 지닌 역할은 매우 크다. 그러므로 반복을 통해 성격까지도 재형성시킬 수 있다고 한다.

운전연습 과정을 생각해 보면 운전면허증이 없었을 때에는 자동차 운전은 몸에 익숙한 습관의 대상이 아니다. 그러나 반복된 운전연습을 통해 면허증을 획득하고 거리에서 실습을 반복하면서 점점 더 자동차 운전은 기계적으로 할 수 있게 된다. 연습을 통해 체득화된 우리의 몸은 조건반사적으로 자동차 운전을 할 수 있게 되는 것이다. 이와 같이 성격도 반복적인 습관으로 후천적으로 획득될 수 있는 것이다. 일단 몸에 체득된 습관은 본능처럼 자연스럽게 작용한다고 볼 수 있다. 그러므로 좋은 습관으로 다져진 실천은 원만한 성격형성에 크게 도움이 된다. 또한 성격은 환경 또는 사회적 역할 등에 의해 형성되는 차원도 무시할 수 없다. 더운 지방에 사는 사람들과 추운 지역에 사는 사람들은 성격적 차이를 드러낸다. 수십 년 이상 오랫동안 일하게 되는 직업 환경 또한 성격형성에 지대한 영향을 준다고 할 수 있다. 예를 들면, 교사생활을 오래한 사람들은 자신도 모르게 교사 때의 누적된 습관을 나타내게 되어 지적하거나 가르치려 들고, 오랫동안 사업을 한 사람은 무슨 물건을 보면 얼마의 이익창출을 내야 하는지를 무의식적으로 생각하게 된다. 주위 환경 역시 성격형성 요인이라고 말할 수 있다.

성격을 구성하는 요인에는 크게 인간의 보편적 특성도 있지만 집단적으로 공유하는 차원도 있고 개인적 특성도 있다고 말할 수 있다. 따라서 한 인간을 제대로 이해하려면 그 사람의 개인뿐만 아니라 그 개인이 소속된 집단에 대한 이해도 필수적이라고 할 수 있다. 같은 피를 가진 가족 사이에서도 개인적 성격 차이가 드러난다. 그러나 가족과 가족 사이의 차이도 존재한다. 남성과 여성의 성격적 차이도 있다. 한편, 인류 보편적인 속성도 존재한다. 그러므로 한 인간의 성격을 이해한다는 것으로 보면 된다.

첫째, 인간이란 무엇인가에 대한 이해이다. '인간본성이론'이라고 말할 수 있다. 예컨대, 인간은 어떠한 언어를 사용하여 말하고 소통하는 존재라는 점에서 모두 같다고 할 수 있다. 또한 인간은 누구나 생각하는 의식이 있다는 점에도 동일하다. 인간은 모두 욕망하는 존재라는 것도 동일하다고 말할 수 있을 것이다.

둘째, 한 인간의 성격에는 집단적인 요소가 들어 있다. 문화가 다르면 성격이 다르다고 말할 수 있다. 언어를 사용한다는 점은 같아도 한국어를 사용하는 한국인의 성격과 영어를 사용하는 미국인의 성격은 차이를 보일 것이다. 이러한 문화적 성격심리는 문화권에 따라 차이를 보인다. 문화의 차이는 같은 문화권이라도 연령층에 따라 다르게 나타나기도 한다. 교육수준이나 경제수준에 따른 권역에서도 차이가 날 수 있다.

마지막으로 성격의 개인적 고유성이 포함된다. 사실 이것이 가장 큰 성격이론의 관심사라고 말해야 할 것이다. 개인이 가지고 있는 고유한 욕망은 분명히 차이를 보인다. 모든 인간에게 존재하는 생존본능과는 다르게 한 개인이 가지고 있는 특별한 욕망은 성격과 밀접한 관계가 있다. 배우자 선택, 직업 선택, 마케팅 등 일상생활에서 개인적 성격은 제각기 다르게 나타난다. 먼저 나 자신이 누구이며 어떤 성격의 소유자인지 정확히 알아야 한다. 나 자신을 알고 남들의 성격을 이해하면 사람을 보는 눈이 생길 수 있다. 성격을 안다는 것은 그 사람의 고유한 개성과 그 사람이 소속된 문화 집단적 성격, 나아가 인간이란 무엇인가에 대한 이해까지도 할 수 있으므로 좋은 관계를 맺는데 많은 도움이 된다.

> **“성격을 알면? : 사람의 성격은 어디에도 똑같은 사람은 없다. 비슷한 부분은 있으나 다르기 때문에 서로 다름을 인정하고 존중하며 대한다면 편할 것이다.”**

38
다양한 성향

성격이란 특정 상황에서 개인이 어떻게 행동할 것인가를 예측할 수 있게 해주는 것으로 성격을 구성하는 5가지 요인이 있으며, 이는 여러 사람들의 집단지성(集團知性)에 의한 산물이라고 할 수 있다.

성격을 구성하는 다섯 가지 요인은 ① **경험에 대한 개방성**(cpenness to experience), ② **성실성**(conscientiousness), ③ **외향성**(extraversion), ④ **친화성**(agreeableness), ⑤ **신경성**(neuroticism) 등을 말하며, 일상적인 용어를 통해 분류된다는 점이 특징이다. 이 모델에서는 각 요인들이 생물학적 기반을 가지고 있다고 본다.

경험에 대한 **개방성**이란 상상력, 호기심, 모험심, 예술적 감각 등으로 보수주의에 반대하는 성향이라고 말할 수 있다. 개방성이 많은 성격은 상상력이 풍부하고 창의적이며, 호기심이 많고 생각이 깊으면서도 세련된 성격이라는 뜻이다. 개방성이 높은 성격은 선구적 역할을 했던 진보적 인물들로 아**인슈타인**(AlbertEinstein, 1879~1955)이나 **프로이트, 간디**(Gandhi, 1869~1948) 등이 여기에 해당한다고 말할 수 있다. 개방성이 높은 사람들은 보수적인 사람에 비해 삶이 불안정하고, 주변 사람들과 갈등을 일으킬 수 있다. 어떤 경우에는 성격이 괴팍한 사람으로 여겨지기도 한다.

성실성(conscientiousness)이란 목표를 성취하기 위해 성실하게 노력하는 성향을 뜻한다. 성실성이 높다는 것은 체계적이고 책임감이 있으며 현실적이면서도 철저한 근면성을 보이는 성격이다. 약속시간을 잘 지킨다면 성실성이 높은 성격이라고 할 수 있다. 그런데 성실성이 지나치게 높으면 일에 대한 효율성에 집착하여 대인관계에 소홀할 수가 있다. 또한 사소한 규칙 등에 지나치게 집착하면서 완고한 성격장애로 발전할 수도 있다.

외향성은 다른 사람과의 사교, 자극과 활력을 추구하는 성향을 뜻한다. 외향성이 높다는 것은 말이 비교적 많으면서도 자기주장이 강하고 모험적이며, 대담하고 정력적이라는 뜻이다. 외향성이 높은 성격자의 가장 큰 특징은 사회성이라고 말할 수 있다. 따라서 이들은 먼저 말을 걸고, 먼저 눈을 마주치면서 사회적 교류를 시도한다. 외향적 성격자는 무엇이든 쉽게 시작하고 쉽게 상실하기도 한다. 그래서 다른 사람보다 성공과 실패 등 더 많은 경험을 하게 된다. 변화 없는 삶을 지루하게 여길 수 있다. 폭음과 도박 등에 크게 빠지기도 한다.

친화성이란 우호성이라고도 한다. 타인에게 반항적이지 않은 협조적인 태도를 보이는 성향을 뜻한다. 우호성이 높으면, 친절하고 협조적이며, 이타적이면서도 관대하고 잘 믿는 성향이다.

우호성이 낮으면 적대적이고 호전적이면서도 다른 사람의 감정을 이해하는 공감능력이 떨어진다. 친화성이 떨어지는 사람은 자신의 욕망을 위해 다른 사람의 감정을 무시하기도 하고 타인의 고통에 민감하지 못하다.

신경과민성이란 분노, 우울함, 불안감과 같은 불쾌한 정서를 쉽게 느끼는 성향을 뜻한다. 긴장을 잘하고 불안하면서도 불안정한 성격으로 감정적이고 불만이 많은 성향이다. 신경과민성은 부정적 정서에 대하여 민감하다는 뜻이다. 신경과민성이 부정적인 성향만 있는 것은 아니다. 이들의 장점은 현실 속에서 실패 가능성을 민감하게 포착하는 능력을 발휘하여 결국 손실을 축소시키는 역할을 한다는 점이다. 즉, 어두운 진실을 예리하게 알아차림으로써 자신은 불행과 고통을 많이 경험하지만 이를 치유하는 마음수련이나 신체훈련 등 창작활동에 몰두함으로써 일반적인 사람들이 이루지 못하는 큰 인격성숙과 성취를 이루기도 한다.

성격을 구성하는 5요소는 영어 단어의 첫 자를 따서 **OCEAN 모델**이라고 한다. 이 다섯 가지 요소들은 보통 50%를 기준으로 측정된다. 예를 들어 개방성 수치가 80%라면 상상력과 창의력을 다른 사람보다 더 중요하게 여긴다는 뜻이고, 성실성 수치가 5%라면 예측불가 성향으로 일반적 상황에서는 게으르거나 비체계적이지만 변화하는 상황에서는 타인보다 민첩하게 적응하는 경향이 있다는 것을 의미한다.

39
무관심은 싫어

「여성인 A씨는 요즈음 자신이 왜 사는지 의문이 많아졌다. 서로 마음이 들어서 알게 된 남자친구와 별것 아닌 언행에 너무 화가 치솟아 이별을 선언했고, 또 잠시간 기간 후 다른 남자친구를 사귀려는 욕동이 일어나서 사귀게 되었다. 이러한 사귐과 이별의 행동들이 반복되면서 스스로에 대한 의문과 죄의식과 우울감이 쌓였고 자살도 시도했다.」

경계선 성격장애(borderline personality disorder)의 특징이 무엇인지 살펴보면, 경계선 성격은 사례에서 보는 것처럼 강렬한 애정과 분노가 교차하는 불안정을 특징으로 한다. 경계선(境界線)이라는 용어의 의미는 신경증과 정신증의 두 가지 증상이 함께 복합적으로 나타난다는 뜻이다. 그러나 현시대에는 경계선이라는 말의 의미는 크게 확장되었다.

첫째, 현상적으로 확인이 가능한 뜻으로 경계선 성격은 감정이 좋았다가 곧 나빠지는 등 안정적이지 못하다. 우울과 불안과 공포 등을 자주 경험한다. 무엇을 하려는 의욕이 없다. 어떤 일을 감당할 기운이 없다고 생각한다. 특히 인간관계에서 의견충돌을 일으킨다.

둘째, 정신분석 이론가 말러와 동료들(Mahler, Pine, Bergman, 1975)의 주장으로 성격조직으로서의 경계선 개념이다. 즉, 자율성 표현에 있어서 갈등을 느끼는 발달과정에서 나타나는 현상이다. 예컨대, 아이들은 성격발달 과정에서 양육자로부터 심리적 분리를 하려는 상황에서 일정한 한도를 정해 그 한계를 넘어가지 않도록 하려는 양육자로부터 독립하려 하고, 동시에 양육자의 좋은 측면은 계속 받아들이려고 한다. 그런데 아이가 느끼는 대상(양육자)의 좋은 측면과 나쁜 측면은 다른 대상이 아니라 동일한 대상이라는 것을 아이가 분별하지 못할 때 경계선 문제가 발생한다고 주장한다.

셋째, 상담치료자들은 많은 경우 치료하기 어려운 환자에 대한 명칭으로서 경계선 환자라고 부른다. 그런데 이는 경계선이라는 용어를 잘못 사용하는 것으로 여겨진다. 즉, 내담자가 상담과 치료에 적극적으로 협조함에도 불구하고 결과가 나타나지 않으므로 경계선이라고 하는 경우가 있다는 것이다. 심리치료의 결과가 언제나 좋은 것은 아니고, 치료과정이 원만하지 않은 경우도 많다. 그렇다고 상담치료자들이 치료의 실패나 어려움을 경계선 환자로 분류하는 것을 통해 회피하려는 것은 상담치료자의 자기합리화처럼 보인다.

넷째, 경계선에 대한 현대적 견해는 가장 일반적인 것은 정신장애진단 및 통계 편람(diagnostic and statistical manual of mental disorders, DSM) 진단 기준을 적용하여 증상이 맞는 경우 경계선이라는 진단을 내리는 것이다. 즉, 경계선이라는 용어에 제시된 다양한 용법 중 DSM이 가장 적절하기 때문에 특별한 언급이 없는 경우 이러한 현대의 견해에 따른다. 경계선 성격장애는 나타난 증상으로 판단하는 것이 가장 바람직하다는 것이다. 아래 증상 가운데 다섯 가지 이상의 증상이 나타난다면 경계선 장애로 보아야 한다는 것이다.

▶ 상대방으로부터 버림받지 않으려고 모든 힘을 다해 노력한다.

▶ 상대방에 대한 극단적 이상화(있는 그대로 보지 않고 더 크게 이상적으로 생각하는 것)와 평가절하(있는 그대로 보지 않고 훨씬 더 낮게 평가하는 것)가 특징적으로 반복되는 강렬하지만 불안정

한 대인관계 패턴을 나타낸다.

▶ 정체감 혼란(한 사람이 둘 이상이 인격을 가지고 있는 정신 상태)이 심하고 지속적이다.

▶ 자신에게 큰 상실을 주는 충동성이 적어도 두 가지 영역에서 나타난다.

▶ 반복적인 자살 행동, 자해 행동을 나타낸다.

▶ 현저한 기분변화에 따른 정서의 불안정성(不安定性)을 나타낸다.

▶ 만성적으로 심리적인 허기(배고픔)를 느낀다.

▶ 부적절하고 심한 분노를 느끼거나 분노를 조절하기 어렵다.

▶ 스트레스와 관련된 망상적 사고(병적으로 생긴 잘못된 판단이나 확신)나 해리 증상(기억과 정체감에 영향을 주는 갑작스러운 의식의 변화가 일어나는 장애)을 일시적으로 나타낸다.

결국 경계선 장애의 특징은 심한 불안정이다. 사고, 감정, 행동, 대인관계, 자아상의 불안정성(不安定性)이다. 이들이 가장 두려워하는 것은 버림받음이다. 그래서 강렬한 애정표현을 요구한다. 이러한 요구가 좌절되면 상대방을 극단적으로 내리 깎으면서 강렬한 증오를 나타내거나 자살 등 소동을 피운다. 이는 자신에게 관심과 애착을 보이라는 무의식적 요청이라고 보아야 한다. 주변 사람들의 관심과 배려가 요구되는 상황이다.

> **무관심은 싫어 : 무관심은 모든 것을 추방한다. – 엘리위즐 –**
> **사랑의 반대말은 증오가 아니라 무관심이다.**
> **아름다움의 반대말은 추함이 아니라 무관심이다.**
> **정통종교의 반대말은 이단이 아니라 무관심이다.**
> **삶의 반대말은 죽음이 아니라 무관심이다.**

40
강점과 개성

성격강점(character strengths)에 대해 살펴보자. 성격을 간단하게 두 개의 유형으로 분류해 보면, 생각하고 깊이 고려하는 숙고(熟考)형 성격과 본능적 반사적인 충동(衝動)형 성격으로 나누어 볼 수 있다. 그런데 성격강점 이론에서는 숙고형과 충동형을 단순 비교할 수 없다는 것이고, 그래서 숙고형이 더 좋다든지 충동형은 나쁜 것이 아니라 각각의 장점과 단점이 있으므로 그 중에서 장점과 개성만을 키워가는 것이 바람직하다는 주장을 한다.

숙고형 성격과 충동형 성격 여부 등 성격 유형을 판단하는 것은 심리검사 또는 긍정심리학을 기반으로 개인의 성격강점을 측정하는 검사를 통해서 알 수 있다. 예컨대, 숙고형 성격이라면 일정한 시간 내에 풀어내는 문항 수는 보통의 경우보다 적을 것이고, 충동형 성격이라면 문제풀이 시간이 보통의 경우보다 신속할 것이다. 반면, 숙고형 성격은 문제풀이 결과 틀린 답이 충동형보다 훨씬 적을 것이다. 따라서 숙고형 성격은 어떤 일이나 사건에 대하여 반응하는 속도는 느리지만 실수를 하지 않는다고 말할 수 있고, 충동형은 신속하게 반응하는 장점이 있다.

숙고형 아이는 구체적인 기억력이나 세밀한 추리력을 테스트하는 시험에서는 충동형 아이보다 우수할 것이다. 그러나 활동성이나 빠른 시간에 전체의 윤곽을 파악하는 능력 테스트에서는 충동형 아이가 더 우수할 것이다. 숙고형 아이는 자기 생각에 대한 확신이 들 때까지 꼼꼼하게 검토하기 때문에 문제 해결과정에서 많은 시간을 필요로 하게 된다. 또한 숙고형 아이는 대개 친구와의 싸움을 회피하려고 하며, 낯선 환경을 불안해한다. 따라서 유치원 생활 등 새로운 환경적응에 시간이 걸린다. 그러나 블록놀이 등에서 숙고형 아이는 놀이 시작 시간은 늦지만 일단 시작하게 되면 많은 시간을 들여 완성도 높은 작품을 만들 수 있다.

충동형 아이는 실외활동이나 단체놀이 등 모든 활동에 있어서 적극적으로 행동한다. 충동형 아이는 모험적이거나 전신의 움직임을 이용한 놀이를 즐긴다. 충동형 아이는 바로 놀이를 시작하지만 몇 개의 블록만으로 빠른 시간 내에 단순한 내용의 작품을 만든다. 일정 시간 동안 그림을 보여준 후 질문을 하면 충동형 아이는 그림 속의 사물은 많이 기억해 내지 못하지만 그림의 주제에 대해서는 잘 알고 있다. 충동형 아이는 세세한 부분보다는 과제를 전체적으로 크게 나누어서 보려고 한다. 자유롭고 유연한 발상을 바탕으로 한 창의적인 사고는 충동형 아이가 우수하다. 그러므로 성격강점을 잘 파악하여 강점을 키우는 방식으로 생활하고 강점이 적절하게 잘 활용될 수 있는 분야로 진출하는 것이 바람직하다고 말할 수 있다.

성격강점에는 어떠한 것들이 있는지 살펴보면, 최초로 관찰한 사람은 미국의 피터슨(Peterson)과 셀리그만(Seligman, 2004)이다. 그들은 200여 개의 성격강점을 찾아내고, 이를 아래 열 가지 기준으로 평가하려고 하였다.

첫째, 보편성 차원에서 개별 성격강점이 대다수 문화에서도 좋은 덕목으로 이해되고 있는지를 평가.

둘째, 행복 공헌도 차원에서 개별 성격강점은 다른 사람의 행복에도 공헌하는지를 평가.

셋째, 도덕성 차원에서 개별 성격강점은 도덕적 가치를 지니는지를 평가.

넷째, 타인에의 영향 차원에서 개별 성격강점은 다른 사람에게 부정적 영향을 주지 않는지를 평가.

다섯째, 반대말의 부정성 차원에서 개별 성격강점의 반대말이 확실하게 부정적인지를 평가.

여섯째, 측정가능성 차원에서 개별 성격강점은 측정가능 한지, 개인의 행동이나 감정이 확실하게 표출되는지, 상황 변화에도 안정적으로 나타나는지를 평가.

일곱째, 특수성 차원에서 개별 성격강점이 다른 성격강점들과 확실하게 구별되는지를 평가.

여덟째, 모범 차원에서 개별 성격강점이 어떤 모범적인 인물에 의해 구체화될 수 있는지를 평가.

아홉째, 결핍 차원에서 개별 성격강점이 현저하게 부족한 사람들이 존재하는지를 평가.

열째, 풍습과 제도 차원에서 개별 성격강점을 육성하기 위한 풍습이나 제도가 있는지를 평가.

결론적으로 한 인간의 성격강점을 잘 이해하게 되면 성격유형에 맞는 개성과 특성에 맞는 교육적 배려를 강구하는데 매우 유용할 것이다. 예컨대, 숙고형 아이는 숙고형 아이대로 충동형 아이는 충동형 아이대로 장점이 있기 때문에 표현력을 길러주면 아이는 자신의 개성을 따라서 살아가게 된다.

41
탐닉과 왜곡의 중독

중독(中毒)이란 도대체 무엇일까? 그리고 많은 사람들이 중독이 나쁘다는 것을 알면서도 왜 중독에 빠지고 중독증에 걸리는 건지 궁금하지 않을 수 없다. 중독은 크게 세 가지 유형의 범주를 들 수 있다.

첫째, 영어로 중독(poisoning) 또는 취함(intoxication)이라고 표현하는 중독이다. 이는 크게 독(毒)으로 지칭되는 유해 물질에 의한 신체 증상 중독이다. 즉, 약물 중독이다. 뱀에 물려 몸에 독이 퍼지게 되는 것도 포함될 수 있다. 중독의 원인으로는 의약품, 농약, 공업용 약품, 가정용 약품 등 약물에 의한 중독이 흔하며, 특히 문제가 되는 약물은 알코올, 수면제, 진통제, 항응고제 등이다. 그 밖에 복어 독, 버섯 독 등 동물 및 식물, 산과 알칼리 등 부식성 물질, 일산화탄소, 이산화황 등의 가스 중독과 세균 중독이 있다.

둘째, 탐닉(addiction)으로 표현하는 중독이다. 이는 알코올이나 마약과 같은 약물 남용에 의한 정신적인 중독이 주로 문제시되는 중독으로 정신적 의존증(依存症)을 일컫는다. 술 없이는 못사는 사람도 있지만 지나치게 사람을 의존하는 사람도 있을 수 있다. 지나친 의존과 애착이 문제되는 경우라고 말할 수 있다. 남용 물질로는 알코올, 니코틴(담배), 카페인(커피, 차 등), 마약류(마리화나, 코카인, 암페타민, 아편류 등), 환각제, 흡입제(시너, 본드 등) 및 일부 의약품(항불안제, 수면제 등) 등이 있다. 특정 남용 물질 외에도 특정 행동이나 조건에 중독된 상태까지 범위를 확장하면 인터넷 중독, 쇼핑 중독, 스마트 폰 중독 등도 포함시킬 수 있다.

셋째, 어떤 사상이나 사물에 빠져 정상적인 분별력이 왜곡된 상태를 뜻한다. 공산주의 사상에 빠져서 자본주의 체제를 붕괴되어야 할 대상으로 여기고, 투쟁일변도의 생활을 한다면 사상 중독이라고 볼 수 있을 것이다.

최근 현대 소비사회에서 이슈화되고 있는 중독개념은 소비자 중독이다. 이는 지나치게 구매(購買)에 이끌리고 이러한 구매 욕구를 억제하지 못하는 행동을 말한다. 일종의 소비구매 의존증이라고 볼 수 있다. 이렇게 중독적 구매는 스스로는 도저히 통제할 수 없는 구매욕구로 경제파탄의 원인이 된다. 의식적으로는 구매할 형편이 아니라는 것을 알면서도 마음의 내면적 요인으로부터 발생하는 심리적 긴장감과 충동에 의해 강박적으로 요청되는 것이며, 또한 소비구매 행위를 통해 안도감이 뒤따른다.

이러한 소비 중독현상 중 브랜드 중독이란 게 있다. 이는 브랜드에 대한 애착이 강하게 형성된 경우이다. 브랜드 중독 연구에서 나타난 연구결과에 의하면, 브랜드에 대한 소비자의 관계 종속과 브랜드 애착을 매개로 하여 나타나는 브랜드 중독에는 브랜드에 대한 사랑과 의존성이 반영됨을 검증한 결과 브랜드 중독과 구매 중독의 가장 큰 차이점이 브랜드 중독은 브랜드 자체에 대한 애착이고, 구매 중독은 제품에 대한 애착이다. 그리고 낮은 자아 존중감이 있는 사람이 구매 중독과 연관이 많지만 브랜드 중독과는 그다지 연관이 없다는 점이다.

소비자 중독에는 의복 구매 중독이 포함된다. 의복 구매 중독 성향은 스트레스와 불쾌한 상황에서 대체행동이나 불행한 정서감에서 도피(逃避)하려는 목적에서 과도한 의복을 구매하는 경향이 나타났는데, 구매 행동 이후에는 불안감이 이어진다. 물질주의 가치관이 높은 성향일수록 과시적인 구매와 충동구매가 많이 나타난다.

온라인 게임 중독도 소비자 중독에 포함된다. 게임 중독 역시 과소비 대상이기 때문이다. 게임 중독은 병리적 현상이라고 단정할 수는 없지만 사회적 인정이나 관계에서 소외감을 느끼고 있는 사람들이 인정욕망을 특정한 방식으로 충족시키려는 것이라고 말할 수 있다. 이러한 현상을 전문용어로 '럭셔리 신드롬(luxury syndrome)', '과소비 현상'으로서의 온라인 게임 중독이라고 한다.

또 인터넷 중독과 휴대전화 중독 역시 소비자 중독에 포함시킬 수 있다. 인터넷 및 휴대전화 중독은 대개 집중력이 낮거나 충동성이 높은 경우에 해당되는 현상이라고 볼 수 있다. 그렇다고 충동성이 높거나 집중력이 낮다고 모두 중독되는 것은 아니다.

몰입은 행복감을 선사한다. 그러나 신체와 정신을 망가뜨리는 수준에 대하여는 획일적으로 말할 수 없지만 몰입 대상이 신체와 정신을 파괴하는 수준이라면 그것은 중독이다. 운동, 등산, 독서 등 건전한 대상에 몰입하는 것은 오히려 정신을 풍요롭게 하므로 중독이라는 표현이 아닌 운동광, 등산광, 독서광으로 어느 분야에 열정을 쏟는 사람으로 표현하며, 독서를 많이 하면 삶의 질이 높아져 지혜로운 삶을 살거나 운동을 많이 하면 건강한 삶을 영위한다.

42
구름과자의 배신

담배가 몸에 해롭다는 것을 알면서도 금연(禁煙)하지 못하고 계속 피우는 것을 니코틴 중독(nicotine dependence)이라고 한다. 보통 사람들이 흔히 생각하는 의미의 니코틴 중독은 의학적으로는 니코틴 의존중독이라고 말하는 것이 더 적절하다.

중독 중에서도 입을 사용하여 이로 물고 빨아 흡입하며 만족을 느끼는 니코틴 중독은 구강기 때 엄마의 젖을 충분히 빨았을 때 리비도(libido, 성적 본능이나 충동)가 해결되는데, 불만족 시 나타나는 원인인 고착증상으로 나타나는 증상 중 하나인 니코틴 중독증상이 표현되기도 한다.

구강기의 과도증상으로는 의존성, 지나친 낙관주의의 특징을 보이며, 고착증상으로는 비관주의, 탐욕, 흡연, 손톱 깨물기, 손가락 빨기, 수다, 과음, 과식 등의 특징인 구강 쪽으로 해소하려고 한다. 해소가 되지 않으면 금단 현상으로 고통스러워하는 것을 주변에서 볼 수 있다.

「급성 니코틴 및 항히스타민제 중독으로 두 가지 자살 사례에서 보고되었다. 남성과 여성이 호텔에서 죽은 채 발견되었다. 피해자 근처에서 약 5㎖의 갈색 액체로 채워진 일회용 주사기 2개와 순수한 니코틴 용액으로 표시된 빈 전자 담배 액체 병 2개가 발견되었다.」

여기서 발견되는 새로운 사실은 전자 담배의 광범위한 사용으로 니코틴의 급성 중독과 사망으로 이어지기도 한다. 다음은 또 다른 사례로 니코틴 살해이다.

「남편을 니코틴 원액으로 숨지게 하고 보험금을 탄 부인과 그 내연남이 경찰에 구속됐다. 경찰이 A씨 시신을 부검한 결과 평소 담배를 피우지도 않은 A씨에게서 치사량의 니코틴이 검출됐다.」

니코틴 의존 중독은 담배 속에 포함되어 있는 니코틴 때문에 생기는 신체적 또는 정신적 증상을 뜻한다. 좀 더 자세하게 말하면 담배 안에 들어 있는 니코틴이라는 요소(物質물질)에 의해 신체 및 정신적 증상이 발생하는 것이다.

급성(急性) 중독은 대개 담배를 처음 피울 때, 그리고 어떠한 인과관계 없이 담배를 삼켰을 때 생기는 현상으로 머리가 아프거나 가슴이 답답해진다. 또한 토하거나 설사를 하는 등 동시에 눈이 잘 보이지 않게 되고, 혈액 순환에 일부 문제가 생기면서 심장박동(心臟搏動)에 이상이 생기며, 혼수상태와 근육 떨림, 경련(痙攣) 등이 따른다.

만성(慢性) 중독은 만성적으로 많은 수량의 담배를 피웠을 때 발생한다. 만성적으로 목 점막(粘膜)에 염증이 생기거나 기관지에도 염증이 생긴다. 또는 심장박동이 빨라지고 불규칙하게 된다. 이밖에 혈압이 올라가거나 심장발작 증세를 일으킨다. 만성 중독은 심장 및 혈관의 다양한 증세 외에 밥맛이 없거나 소화가 잘되지 않는 등의 위장 이상증세와 잠이 잘 오지 않고 머리가 아프면서 시각(視覺) 관련 신경계에 이상이 생기는 증상도 보일 수 있다.

니코틴 의존은 니코틴과 사람 몸과의 서로 영향을 주고받은 결과로 신체적, 정신적 증상이 발생하는 것이다. 이러한 신체적, 정신적 증상으로는 모든 약물의존의 공통적인 세 가지 현상이 나타난다. 즉, 담배에 대한 저항력인 내성(耐性)이 생긴다. 담배 피우기를 간절히 바라는 갈망(渴望)도 생긴다. 담배 피우기를 끊었을 때 생기는 이상증세인 금단(禁斷)현상도 있다. 니코틴의 의존성은 뇌신경, 도파민 회로와 밀접하게 관계된 것으로 여겨진다. 내성(耐性)이 생기면 약물을 투여해도 효과가 없게 되어 약물 투여분량을 계속 늘리게 되는 것처럼 담배피우는 분량을 늘리게 되는 것이다.

갈망(渴望)은 담배를 장기간 피우다가 중지하게 되면 느껴지는 담배에 대한 정신적인 의존성을 뜻한다. 반면, 육체적으로 고통스럽고 신체적으로 여러 가지 증상이 나타날 때를 금단(禁斷) 현상이라 한다. 자의든 타의든 니코틴을 몸 안으로 흡수하게 되는 것은 담배를 직접 피우는 경우와 같은 간접적인 흡연이다. 한국의 흡연율은 다른 나라와 비교할 때 낮지 않은 수준인데, 특히 최근 청소년과 여성의 흡연율이 상대적으로 증가하는 경향이 있다.

흡연의 유해성분 중 건강에 악영향을 주는 것은 니코틴 이외에도 수많은 화학물질과 암을 발생시키는 물질들이다. 아스팔트의 성분인 타르와 벤조피렌 등은 발암 물질이고, 니켈, 크롬, 카드뮴 등의 중금속 등은 화학물질이며, 일산화탄소는 신체에 산소공급을 방해한다.

니코틴에 중독된 사람은 대개 만성적으로 담배를 피우는 사람이 많으며, 이들은 건강에 이상 증세를 갖게 된다. 흡연으로 발생하는 암은 전체 암 발생의 30% 정도를 차지하고 있다. 흡연과 관련있는 암은 폐암, 구강암, 식도암, 후두암, 방광암 등이다. 폐쇄성 폐질환, 빈혈성 심장 질환, 뇌혈관 질환 등의 위험도 낮지 않다. 여성 흡연자는 임신을 하게 되면 체중이 줄고, 유산 등이 나타날 수 있다.

금연하려면 흡연하고 싶을 때 심호흡을 하는 것이 좋다. 즉, 길고 천천히 숨을 쉬고 천천히 내뱉으며, 흡연생각이 나지 않도록 구강 운동을 하는 것이 좋다. 예컨대, 차가운 물을 입안에 약간 오래 두면서 천천히 깊이 느낌을 갖도록 노력한다거나 운동을 하는 등 다른 일을 하는 것이 좋다. 술자리 등 흡연하고 싶은 상황을 피하고 만들지 않는 것도 좋은 방법이다. 두통이나 기분이 좋지 않을 때에는 따뜻한 물로 샤워를 하는 등 기분전환이 필요하다. 불면증을 없애려면 카페인이 섞인 음료는 마시지 않는 게 좋다.

금연을 하면 일시적으로 체중이 증가될 수 있으므로 적당한 운동은 필수적이다. 식사는 저지방 저칼로리가 바람직하다. 니코틴 중독의 약물요법(藥物療法)은 항우울제(抗憂鬱劑, antidepressants)들이 대부분이다. 비 약물적 요법은 인지-행동요법이 주류를 이룬다. 실제로는 약물요법과 행동요법을 함께 적용하는 프로그램이 바람직하다.

요컨대, 중독예방을 위해서 가장 중요한 것은 일반적인 인식의 변화이다. 현대 소비사회에서 지속적인 경제발전과 억압된 욕망의 자유로운 탈주(脫走)현상으로 인하여 개인들은 다양한 중독에 노출(露出)되어 있으므로 중독예방 프로그램은 억압된 욕망이 시원하고도 건전하게 해소(解消)되는 방식으로 구성되어야 할 것이다. 중독예방을 위해서는 제일 먼저 아기 성장의 구강기 때 부모님이 충분한 만족을 주는 것이 최고의 예방이며, 연초(年初)에는 작심삼일이 될지언정 끊겠다고 나서는 이들이 많다. 그러나 본인의 확고한 의지와 함께 건강을 원하는 가족들이 힘을 모아 니코틴 중독에서 벗어날 수 있도록 적극 도와주는 협력의 마음이 절실히 필요하다.

43
상호의존증

관계중독을 다르게 표현하면 상호의존증이라고 말할 수도 있다. 상호의존증이 심해지면 부부사이가 좋지 않을 경우 외도발생의 원인이 되기도 한다. 왜냐하면, 마음이 허전하고 자기 자신과의 사이가 좋지 않고 혼자 있으면 불편하고 불안하기 때문이다.

A씨(여 · 33)는 20대부터 알고 지내던 남자친구에게 수시로 욕설과 폭언을 들으면서도 관계를 끝내지 못했다. 종종 손찌검 등 신체폭력을 당하기도 했다. 그녀는 "그는 불처럼 버럭 하다가도 나에게 누구보다 다정한 사람이었다."며 "심할 때는 정말 헤어지고 싶지만 그가 달라질 거라는 기대 때문에 매번 그러지 못했다."고 말했다. 이런 유형의 사람은 같이 있으면 불편한데, 혼자 있으면 더 견디지 못하는 사람이라고 진단될 수 있다.

관계에 중독된 사람들의 가장 큰 특징을 살펴보면, 자기 자신에 대한 불만족이 특히 심하다. 대부분 공허와 절망 그리고 상실감 등의 느낌을 갖고 있다. 문제는 이런 마음의 고통을 다른 사람과의 관계를 통해서만 해소하려고 한다는 것이다. 독서나 음악 감상, 영화감상 등 혼자만의 취미활동을 통한 즐거움을 생각하지 않는다. 다른 사람 없이는 스스로 혼자서는 아무런 의미가 없다고 생각한다는 점이 문제의 핵심이다.

관계중독은 관계 그 자체라기보다 좋지 않은 관계임에도 불구하고 더구나 그것이 잘못된 것으로 인지하고 나중에 더 큰 고통을 경험하게 될 수 있다는 것을 예측하면서도 아무 생각이나 대책도 없이 그냥 빠져든다는 데에 가장 큰 문제가 있는 것이다. 그래서 중독(中毒)이라고 한다. 이는 분명히 착각하는 것으로 이들은 나쁜 관계는 관계를 아예 맺지 않는 것보다 그래도 낫다고 오인(誤認)한다.

한마디로 관계중독자에게 일상생활 속에서 독립적인 나는 없다. 타인에게 의존하고 함께 하는 나만 있는 것이다. 이들은 친밀성에 배고픈 자들이고, 친밀하게 사는 것을 늘 상상한다. 그래서 지속적으로 관계를 맺을 타자를 갈망한다. 환상 속에서라도 친밀성을 즐긴다. 그래서 중독이다.

이들에게는 나와 너의 경계(境界)가 없다. 이들에게 구분하는 것은 나쁜 것이다. 그래서 나와 너의 구분이 없다. 더구나 자신이 좋아하는 어떤 특정인에게 과다하게 예민(銳敏)하다. 상대가 없으면 불안하다. 상대방의 상황은 아랑곳하지 않고, 왜 전화도 하지 않았느냐고 따지고 촉각을 곤두세운다. 지극히 사적인 것까지도 간섭하려 하고 그의 사소한 언행에도 상처를 입는다. 그래서 우울증에 시달리기도 한다. 결국에는 다른 이에게도 불편을 주게 되며, 이로 인하여 더욱 더 상처를 입는다.

관계중독은 어린이처럼 의존증이 심한 것이 성인이 되어서도 지속되는 것에서부터 비롯된다고 말할 수 있다. 이는 어렸을 때 충분하게 의존한 경험이 없었기 때문이기도 하다. 의존한 경험이 많으면 의존하는 것에 대하여 호기심을 갖지 않고, 의존경험에 대한 부족함을 느끼지 않을 수 있기 때문이다. 이러한 의존 성격과 밀접한 관련이 있는 관계중독은 몇 가지 특징이 있다.

첫째, 관계중독자는 많은 경우 자기 자신에 대하여 긍지가 부족하고, 마음 중심에서 모자라고 수치스러운 자기 이미지를 가지고 있다. 자기 이미지가 손상(損傷)되어 있는 것이다. 자신감이나 자기 존중감이 약한 것이다. 이러한 수치스러운 자기 이미지를 갖고 있으면 대부분의 상황에서 다른 사람들을 자기 맘대로 통제해야만 마음이 편하다. 아니면 자신이 아예 통제를 벗어난 생활을 해야 마음이 편하다.

그래서 어떤 경우에는 실제 감정과 사실적 욕구를 통제하고 아무도 의지하지 않으려고 한다. 그 이유는 허술하게 보이면 자신의 부족함이 드러나게 된다고 착각하고 이를 두려워하기 때문이다. 그런 다음 다른 사람을 기쁘게 하려고 노력하는데, 이는 관계중독자에게 나타나는 경험적 반복이다.

둘째, 외부에 있는 사람들과의 상황에는 지나치게 민감하면서도 자신 내면의 욕구에는 둔감한 경향이 강하다. 한마디로 이런 사람들은 타인의 인정욕구에 지나치게 매달리고 목숨을 걸려고 한다. 모든 마음과 힘을 다해 다른 사람이 보는 자기 이미지를 관리한다. 이들의 지나친 책임감도 문제이다. 다른 사람의 필요를 돌보아야 한다고 느낀다. 결핍이 있다고 여겨지는 사람들을 찾아내고, 그들을 돌보는 것을 일종의 사명으로 생각한다. 한마디로 이들의 행복은 외부에 있다. 다른 사람들의 행복과 소망과 기대에 부응하고 인정받는 것이 자신의 행복을 좌우한다.

셋째, 관계중독자들은 상당히 방어적이다. 그러면서도 자신은 이를 부인하는 경향이 매우 강하다. 몸이 아파도 우울해도 이를 부인하는 경우가 많다. 그러면서도 자신의 문제해결에 대해서는 무기력하고 절망감을 느낀다. 객관적인 현실보다는 자신이 믿고 싶은 대로 믿으며, 자신만의 상상 속에 사는 것이다. 다시 말하면 관계중독은 의존성을 조절하는 이성(理性)의 힘이 크게 약화된 것이다. 이성의 힘이 약화되면 결혼생활이 원만하지 않은 부부일 경우 외도가 발생할 확률이 더 높아진다.

이성이 약화 되는 것은 관계중독이 스트레스 등 다른 이유들과 복합적으로 작용한 결과이다. 외도(外道)자들에게 관계중독을 지적하면 대부분 그렇지 않다고 부인(否認)하면서 일시적인 일탈(逸脫)이나 스트레스 등 다른 이유를 댄다. 그러나 거짓말이다. 이들은 스스로 혼자 있어도 절대로 불편하지 않다고 말한다. 이것도 역시 거짓말이다.

관계중독자들은 홀로 있는 능력(the ability to be alone)이 없다면 올바른 관계능력도 소유하지 못한다는 가르침을 새롭게 배워야 한다.

“상호의존증 : 상호의존증은 자기 자신의 생각과 의지를 포기하며 견고한 자존감을 발달시킬 수 없고 분노와 자기 보호력을 상실한 상태이다. 회복하려면 상대방에게 나의 생각을 전달하는 연습이 필요하다.”

44
진화심리는 어디부터?

진화심리학은 진화의 관점에서 인간마음을 연구하는 것으로 인간의 마음은 끊임없이 진화한다고 본다. 이는 인간과 세상이 어떻게, 왜 생겨났는지 그리고 앞으로 어떻게 될 것인지에 대한 질문에서 발달하기 시작했다고 말할 수 있다.

주로 주관적 마음의 표현을 시도한 프랑스 후기 인상파 화가였던 **폴 고갱**(Paul Gauguin, 1848~1903)은 그의 위대한 작품의 그림 제목을 이렇게 썼다. “우리는 어디서 왔는가? 우리는 무엇인가? 우리는 어디로 가는가?(Where Do We Come From? What Are We? Where Are We Going?)”

진화생물학자 리처드 도킨스(Clinton Richard Dawkins, 1941~) 도 역시 그의 저서 「이기적 유전자」에서 “어느 행성에서나 지적 생명체는 자신의 존재 이유를 밝혀내고 나서야 비로소 어른이 된

다."고 하였다. 그런데 마침내 이 문제가 진화심리학자들에 의해 풀리기 시작했다. 인간이 어디에서 왔는지, 인간이 왜 존재하는지 알아낸 것이다. 이는 모든 생명의 기원을 밝히는 이론이기도 하다.

이들의 주장에 의하면 유전자의 보존과 확장에 기여하는 모양과 성질(형질)들은 많아진다는 것이다. 이러한 발견은 20세기 후반의 진화생물학자들(William Hamilton, George Williams, John Maynard Smith, Robert Trivers)에게서 최종적으로 확인되었다. 요컨대, 유전자의 번식을 높이는 형질이 선택된다. 유전자의 이익을 위해 진화한 결과는 단순하지 않고, 정교(精巧)한 적응을 가능하게 했다. 이들은 유전자 관점(gene's eye view)을 발굴함으로써 새로운 길을 개척하였다.

진화심리학에서 가장 중요한 전제(前提)는 인간의 신체는 먹거리를 찾아서 이동해야 하는 유목(遊牧)시대에 알맞게 적응되어 있다는 것이다. 그래서 먹거리가 많은 현대사회에서는 특별하게 노력하지 않으면 대부분 뚱뚱해진다는 것이다. 다른 사례에 의하면 인간의 마음은 500명 이하의 사회에 적응되어 있다고 한다. 그 이상이 되면 특히 국제적 교류에서 여러 가지 문제가 발생하는 경향을 갖지 않을 수 없게 된다고 한다.

진화론은 심리학에 응용되어 많은 업적을 올리고 있다. 다른 사회과학에 응용되는 경우는 많지 않지만 심리학은 모든 사회과학의 기본이기 때문에 심리학에서 퍼져나간 다양한 분야의 연구에서 좋은 결과를 생산하는 것도 기대할 수 있다. 예를 들면, 진화심리를 응용하여 연구한 사례로 「깨진 유리창 이론(Broken Windows Theory)」이다.

사소한 무질서를 방치하면 큰 문제로 진화될 가능성이 높다는 의미를 담고 있는 「깨진 유리창 이론」은 사회 무질서에 관한 이론이다. 깨진 유리창 하나를 방치해 두면 그 지점을 중심으로 범죄가 확산되기 시작한다는 이론이다. 구석진 골목에 2대의 차량 모두 본네트(bonnet)를 열어둔 채 주차해놓은 다음 차량 한 대에만 앞 유리창을 깨져있도록 차이를 두고 일주일을 관찰한 결과 본네트만 열어둔 멀쩡한 차량은 일주일 전과 동일한 모습이었지만 앞 유리창이 깨져있던 차량은 거의 폐차 직전으로 심하게 파손되고 훼손된 결과를 보여주었다.

1980년대 뉴욕시에서 당시 여행객들에게 뉴욕의 지하철은 절대 타지 말라는 말이 있을 정도로 지하철의 치안상태가 형편없었던 것으로 알려졌지만 지하철 내의 낙서를 모두 지우는 것을 목표로 세웠더니 실제로 지하철에서의 사건사고가 급감하였다. 한국에서는 지난 2012년 10월 노숙인들이 많던 서울역 부근에 국화꽃 화분으로 꽃거리를 조성한 후부터 깨끗한 거리가 만들어지기 시작하였다.

진화심리의 다른 연구사례들로는 두려움이나 공포증은 생존과 번식에 유리했기 때문에 선택된 감정으로 이해될 수 있다. 현대사회에서 사람들의 마음속 깊은 곳에 있는 공포의 대상은 '수렵 · 채집 생활을 한 조상들의 생명을 위협했던 것들' 이라고 한다. 또한 진화심리의 관점에서 대중 앞 연설이 두려운 이유는 모르는 사람들에게 둘러싸인 낯선 장소는 어떤 적이 출몰할지 모르는 위협적 공간이기 때문이다.

이러한 사례들은 현대인의 뇌(두개골)에 담긴 석기시대의 마음이라고 이해될 수 있다. 인간마음의 심층(深層)은 21세기 현대사회가 아니라 석기시대의 먼 과거 조상들이 마주쳤던 문제들을 해결하는데 도움을 주는 방식으로 구조화되어 있기 때문이라고 말 할 수 있다.

8장

긍정의 바다

45. 늘 빳빳한 종이돈을 사용하는 사람
46. 흥분시키는 대상경험, 거절대상 경험
47. 무조건적 긍정
48. 알더퍼 욕구 ERG이론
49. 나폴레옹과 녹색
50. 퇴행본능
51. 대인공포, 광장공포
52. 가학적 소망
53. 촉진적 환경

45
늘 빳빳한 종이돈을 사용하는 사람

"어떤 남자가 저랑 모르는 여자를 만나게 해주면서 서로에게 만 원짜리 빳빳한 지폐 50장을 주었는데 좋은 꿈일까요?" 이는 상담 사례에서 나온 질문이다.

돈에 관한 꿈은 대개 길몽(吉夢)이라고 말한다. 왜냐하면, 꿈에서 나타나는 돈은 재물을 상징하기 때문이다. 꿈에서는 돈이 대변(大便)으로 변장해서 나타나기도 한다. 구체적으로는 돈이나 보물은 무의식적으로 가장 중요한 것을 상징하므로 돈이 손 안에 들어온다는 것은 자기 자신의 성숙(成熟)함에 이르게 된다는 의미이기도 하다. 직접적으로는 현재 진행 중인 사업이 있다면 잘 될 것이라는 확신을 가지라는 암시를 담고 있는 꿈이라고도 볼 수 있다.

그런데 프로이트를 찾아 온 내담자 가운데 늘 빳빳한 종이돈을 사용하는 사람이 있었다. 그 날도 프로이트에게 그 남자는 빳빳한 돈으로 상담료를 지불하였다. 그때에는 오늘날처럼 은행계좌로 직접 송금(送金)하거나 신용카드를 사용해서 지불하는 방법이 없었기 때문이다.

프로이트는 그에게 직감(直感)적으로 느껴지는 것이 있어서 그 남자에게 물어보았다. 선생님은 어떻게 빳빳한 돈만을 사용하시는지를 물었던 것이다. 그런데 그 남자는 돈에는 각종 세균이 많이 묻어 있으므로 더러운 돈을 사용한다는 것은 예의(禮儀)가 아니라고 대답하였다. 여기서 프로이트는 이 사람의 증상(症狀)이 느껴졌다. 이러한 직감(直感)이야말로 전문가만이 느낄 수 있는 본능적인 감각이라고 말할 수 있다.

프로이트는 그 남자의 성생활에 대하여 편하게 말할 수 있도록 분위기를 만들고, 가능한 모든 이야기를 다 하도록 부탁드린다고 당부(當付)하였다. 처음에 내담자는 자신의 성생활은 아무런 문제가 없다고 말했지만 편안한 분위기가 되자, 특히 자신이 어린 아이들에게 아주 좋은 아저씨로 소문이 나있다고 말하였다. 어떤 때에는 어린 소녀와 가까워지면 단 둘이서 가까운 야외로 소풍을 가게 되는 경우도 있었다고 말하였다.

그 남자는 아이가 전혀 눈치 채지 못하게 시간을 잘 조절해서 저녁이 늦어 집에 갈 수 없는 상황을 만들어 항상 방 두 개를 잡아 안심시켜 놓았다고 한다. 그런 다음 아이가 완전히 잠이 들면 아이 방으로 들어가서 아이의 성기를 손가락으로 만지면서 묘한 희열(喜悅)을 즐기곤 했다고 털어놓았다.

이 남자는 전혀 죄의식이나 나쁜 짓이라는 생각을 하지 않았다고 말했다. 지금 현재 아이들은 모두 잘 성장해서 비교적 잘 살고 있다고까지 말했다. 그런데 이렇게 자신의 과거 이야기를 털어놓고 난 이후에 상담실에는 더 이상 나타나지 않았다고 한다. 그 남자는 의식적으로는 아무런 죄의식을 느끼지 않았다고 말하였지만 무의식 상태에서는 자신의 행동에 대하여 늘 추악한 행동이라는 감정을 품고 있었던 것이라고 보아야 한다. 프로이트도 역시 그렇게 생각하였다.

무의식에서 자신의 추악한 행동에 대한 꺼림칙한 감각을 견딜 수 없었고, 이에 대한 방어행동으로 빳빳하고 깨끗한 느낌의 돈을 사용하면서 좋지 않은 느낌을 지워버리고 싶었던 것이다. 사람은 무의식 내면에 결코 떳떳하지 못한 양심의 가책들이 숨겨져 있다고 한다. 돈에 대한 꿈은 대개는 좋은 꿈이라고 하지만 그것도 누가 어떠한 상황에서 꾸었던 꿈이냐에 따라서 흉몽(凶夢)이 될 수도 있다.

사람이 사는 목적은 행복이라고 할 수 있으며, 편안함과 기쁨의 생활일 것이다. 그것을 방해하는 근본적인 장애물이 있다면 선과 악에 대한 관념이다. 우리의 무의식은 선과 악에 대한 관념이 없으므로 무조건 쾌락(快樂)과 향락(享樂)을 추구할 뿐이다. 그렇지만 바깥세상에는 반드시 선과 악의 기준을 가지고 있다. 그래서 즐거움과 향락을 추구하면서도 부득이 그것을 억제하고 억압하는 이중적 생활을 하게 되는 것이다. 사회가 용인하는 윤리적이고 정당한 즐거움만으로 인간의 정신세계는 만족되지 않기 때문에 사회에서 악이라고 규정(規程)되는 테두리에서 조심하며 사는 것이다.

사회가 용인하는 범위 내에 있는 기쁨인 쾌락과 범위를 위반해서라도 맛보려는 기쁨인 향락의 추구 그 자체를 정죄(定罪)할 수는 없다. 오히려 사회적인 배출구가 부족한 상황을 개선시켜야 할 것이다. 사회를 시끄럽게 달구고 있는 후안무치와 악랄한 방법의 n번방이나 박사방 문제 역시 완전하게 없어지지 않을 것이다. 대통령까지 나서서 철저한 수사와 처벌을 요구하였지만 잠시 사라지는 듯 하는 모습을 보이다가 다시 반복될 것이다. 왜냐하면, 성적 욕망은 본능에 가까운 것으로 처벌이 무서워 일시적으로 잠시 사라질 뿐이다. 따라서 이는 완전한 퇴치(退治)도 중요하지만 보이지 않는 무의식 세계에 임시로 숨어버리는 것을 색출해서 예방하는 방법을 모색해야 하는 것이 더 중요하다.

그러므로 욕망의 문제는 정당하게 배출할 수 있는 배출구를 사회적으로 건전한 범위에서 찾아주어야 한다는 것이다. 색출(索出)과 처벌(處罰)만이 능사가 아니라 예방의 방법론이 나와야 하며, 건강한 치유로 이어져야 할 것이다.

46

흥분시키는 대상경험, 거절대상 경험

대상관계 경험 가운데 흥분시키는 대상경험과 거절대상 경험에 대하여 살펴보면, 마음의 문제로 어려움을 겪고 있는 거의 모든 사람들은 대상경험을 적절하게 처리하지 못하기 때문이다. 심리문제는 대개가 약한 자아의 문제라고 볼 수 있다. 그렇다면 약한 자아의 문제는 왜 생기느냐를 생각해보면, 자아의 응집(凝集)성이 원만하게 형성되지 않았기 때문이다. 예를 들면, 수증기가 모여서 물방울이 되는데, 여기서 수증기가 모인다는 표현이 바로 응집성이다.

자아도 역시 흩어지지 않고 한데 모여야 응집성이 높은 자아가 된다. 그래야 약한 자아의 문제가 근본적으로 해결되는 것이다. 그런데 안타깝게도 대부분의 사람들의 자아는 분열되어 있다. 즉 분열이 없는 온전한 자아는 사실상 존재하지 않는다는 것이다. 온전한 자아가 분열되는 가장 큰 이유는 자아를 분열시키는 대상경험 때문이다. 좋지 않은 대상경험이 자아분열의 원인이라는 말이다.

이렇게 자아를 분열시키는 대상경험을 크게 두 가지로 분류하면, 흥분시키는 대상경험과 거절하는 대상경험으로 나누어 볼 수 있다. 특히 이러한 자아분열 경험이 어린 시절에 발생하게 되면 분열된 자아는 성인생활에서도 여러 가지의 다양한 허약한 자아 문제의 원인이 된다.

흥분시키는 대상경험은 간단히 말하면 자아를 흥분시키고 약 올리는 것이라고 말할 수 있다. 예를 들면, 양육자가 아기에게 젖병을 흔들어 보이면서 곧 젖을 줄 것처럼 행동하면 아기는 젖을 먹고 싶어서 안달을 하게 될 것이다. 그래서 목을 쭉 빼고 젖을 향해 몸을 움직이게 된다. 그런데 이때 양육자가 젖병을 주지 않고 다른 일을 하거나 집중을 돌리면 실망하고 심리적으로 매우 힘들어지게 된다. 이와 같이 약 올리고 흥분시키는 대상경험이 반복되면 아기는 이제 그렇게 약 올리는 대상한테 당하지 않겠다고 결심하고, 그 흥분시키는 대상에게 반응하는 방식을 자기 나름대로 터득하려고 애쓰게 된다. 이러한 과정에서 자아의 응집성이 깨지고 분열되는 것이다.

세상에는 다양한 대상들이 있다. 같은 유형의 대상들이 아니므로 이들을 상대하는 관계방식도 다양해질 수밖에 없다. 그런데 흥분시키는 대상이나 거절하는 대상을 다루는 과제를 해결하는 것은 나약하고 힘이 없는 아기에게 실제적으로는 불가능한 과제가 아닐 수 없다. 젖은 먹고 싶은데 약만 올리고 주지 않는 양육자를 아기가 어떻게 다룰 수 있겠는지를 생각해 본다면 아기가 할 수 있는 방법은 이러한 외부적 상황을 내면으로 끌고 오는 수밖에 없다. 이를 내사(內射)라고 하며, 관계 자체를 안으로 내사시키는 것이다. 즉, 자아의 관심은 흥분시키는 양육자에게로 이미지를 내면에 생성시켜 향하게 된다. 이러한 내면의 심리활동이 발생하는 것은 비록 자신을 흥분시키고 약 올리는 양육자라고 해도 아기는 그를 악하게 여기고 이별하는 생활방식을 생각할 수 없기 때문에 오히려 흥분시키는 양육자와 함께 살려는 자아 구조를 형성시키는 것이라고 말할 수 있다.

흥분시키는 대상 인물과 헤어지지 않고 함께 살아야만 생존할 수 있다면 어쩔 수 없이 아기는 그 대상에게 적응하는 방법 외에 다른 길이 없는 것이다. 그것이 바로 자아가 분열되는 원인이고, 약한 자아의 문제가 고착화되는 것이다. 즉, 나쁜 대상과 헤어지지 못하고 함께 살아야 한다는 생각에서 벗어나지 못하는 것이 약한 자아의 고착화 문제이다.

심리문제를 발생시키는 근본적인 원인은 흥분시키는 나쁜 대상경험 등 인생 초기의 대상과의 애착관계 형성이 매우 중요하다. 인생 초기에 좋지 않은 대상관계를 반복해서 경험하고, 그 경험이 자아분열을 일으켜서 자아의 구조 자체가 좋지 않게 형성되면, 이후 외부대상과의 접촉에서 압도당하는 불안과 좌절을 느끼게 된다. 이러한 대상관계 문제를 치유하는 방법은 건전하고 좋은 대상관계의 경험이 가장 좋지만 현실적으로 기회를 만들기는 쉽지 않아 전문적인 상담자를 찾게 된다. 전문가는 반드시 좋은 대상 경험을 제공할 수 있는 인내심 있는 훌륭한 인격을 갖추고 있어야 한다.

외부현실을 인격적으로 받아들일 수 있는 사람이라면 심리적으로 상당히 건강한 것이다. 흥분시키는 경험을 반복해서 당한 사람은 외부사람을 사실 그대로 경험하지 못하기 때문에 항상 선입견을 가지며, 자신을 흥분시키고 약 올리는 대상으로 오인(誤認)한다. 이에 대한 통찰력을 획득하는 것도 좋은 대상경험으로 매우 중요한 치료요소라고 할 수 있다.

> **“인간은 누구나 잘못을 저지르며 살아간다. 물론 잘잘못의 정도 차이는 있지만 자기 자신의 추악함을 가리기 위한 행동으로 일관하는 시간에 깨끗이 회계하고 건강한 생활습관으로 자신을 치유하는 지혜가 필요하다.”**

47
무조건적 긍정

사람에 대한 긍정을 전제로 인간성 변화에 대해 알아보면, 사람은 누구나 성장 즉 자기를 실현하려는 경향성(傾向性)을 가지고 있으며, 내적인 잠재력을 가지고 있다고 볼 수 있다. 이러한 인간긍정에 대해 강하게 주장한 사람은 미국의 칼 로져스(Carl Rogers, 1902~1987)이다.

상담학이나 심리학에 관한 책을 읽어본 사람들은 로져스에 대하여 어느 정도는 알고 있을 것이다. 그의 주장 가운데 가장 널리 알려진 개념이 무조건적 긍정과 완전한 기능인(the fully functioning man)개념이라고 할 수 있다. 그는 무엇보다 삶의 과정을 중요시 하였다. 목적보다는 삶의 과정 그 자체의 태도가 중요하다는 것이다. 그래서 그는 "좋은 삶은 변화하는 과정이지 어떤 고정된 상태가 아니라고 말하면서 목적보다 방향을 중요시하였던 것이다(The good life is a process, not a state of being. It is a direction, not a destination)."

그리고 "사람은 무조건적으로 긍정되는 경험을 체험할 때, 실패를 두려워하지 않으면서 새롭게 도전할 수 있고, 외부적 영향에 흔들리지 않으며 새로운 자기를 창조하게 된다."고 주장하였다. 이러한 태도야말로 진정한 자존감이라고 말할 수 있기 때문이다.

사회에서의 평가기준에 따라 휩쓸리는 것은 진정한 자존감이라고 볼 수 없다. 왜냐하면, 다른 사람이나 사회적 인정을 받지 못하는 것에 대한 민감성(敏感性)이 너무 강하면 불필요한 좌절감에 휩싸이게 되는 경험을 하게 되므로 사회적 인정 여부가 기준이 되는 자존감은 엄밀한 의미에서 올바른 자존감 개념에 맞지 않는 것이라고 이해할 수 있다. 자존감이란 글자 그대로 자기 스스로의 가치와 존중을 뜻하기 때문이다.

삶의 과정 중에 사랑받은 경험이 많은 사람일수록 자신에 대한 존경과 용서, 자기 자신을 사랑할 줄 아는 것이 곧 자존감인 것이다. 그래서 아기 때 부모로부터 진심어린 사랑을 많이 받고 자란 사람은 누구를 관계하든 당당하며 줄 것이 많은 사람으로 느껴진다. 반면, 관심과 사랑이 부족했던 사람을 보면 상대방을 대하는 진실성이 결여된 가면적 사랑을 하는 사람들을 볼 수 있다. 어쩌면 아낌없이 주는 사랑을 받지 못했기 때문에 어떻게 사랑을 주고받는지를 모르는 것이다. 이 현상은 상담을 하는 중에 내담자의 내면을 보며 안타까움을 자아내기도 한다. 그렇지만 사람은 끊임없이 변화하는 마음을 가졌기 때문에 자각을 하고 관계하는 사람들로 부터 무조건적 수용과 칭찬 그리고 관심과 사랑을 받으면 회복이 가능하므로 신뢰감 있는 사람을 만나는 것이 중요하다. 그리고 사랑을 받고 싶으면 자기 자신이 연습하는 노력이 필요하다.

학생들 상담 중에 남들로부터 '미친년' 소리를 듣는 학생이 있었는데, 그만큼 삐뚤어진 사고로 비행을 일삼은 결과의 호칭이었을 것이다. 고등학생이 남들로부터 이런 소리를 들으며 살아가야 하는 심정이야 말할 것도 없이 자존감이 떨어진 상태의 아이였다. 깔끔한 교복을 입고 학교를 다니기는 하지만 남들을 바라보는 시각이 의심의 눈빛을 보내고 있었다. 우선 상담을 하면서 신뢰감을 주기위해 학생의 장점을 찾아주었다. 학생의 강점을 찾으며 누구에게서 듣지 못한 칭찬을 해주며 이야기를 유도하자, 조금씩 경계를 풀면서 자신의 진솔한 이야기를 쏟아내기 시작했고, 신뢰감, 존중, 수용, 공감적 이해, 진솔성을 총동원하자, 그에게서 엄청난 보석 같은 예쁜 마음들이 쏟아져 나왔다.

허드렛일로 고생하시며 몸이 조금 불편하신 홀어머니가 늘 부끄러웠고 짜증만 부려 사이가 안 좋았는데, 성인이 되면 어머니를 꼭 모시고 살 것이며 효도하겠다고 하는 것이었다. 보통사람들이 귀찮아하는 것을 서슴없이 이야기하는 기특한 학생의 마음을 어루만지며 이 순간부터의 숙제를 내주었다. 인기인이 되는 비결을 알려주었다. 첫 번째가 '아는 사람이면 누구든지 먼저 인사하기' 라고 했더니 웃었다. 그런데 숙제를 잘 실천한 그에게 엄청난 일들이 벌어지기 시작한 것이다. 여러 선생님들과 친구들로부터 칭찬을 들은 것이다. 신이 난 그는 다음 숙제는 평소 하고 싶었던 일, 가고 싶었던 곳 등을 실천하는 것을 통하여 자기 자신을 사랑하는 법을 연습시켰더니 놀라운 일들이 생기는 것이었다.

학생은 상담 후 자신의 삶의 목표를 위해 과정을 잘 가꾸어 나갈 것으로 믿는다. 어려울 때마다 다시 일어날 수 있는 힘을 실어주는 사람들과 관계를 맺는 것이 중요함을 알려주었다. 로저스의 '완전한 기능을 하는 사람(the fully functioning man)' 은 삶의 과정에서 나타나는 태도이다.

완전한 기능인은

첫째, 자신의 긍정적인 감정뿐만 아니라 부정적인 감정도 수용하는 사람이다. 부정적인 감정을 거부(拒否)하지 않고, 다만 이를 헤쳐 나갈 뿐이다.

둘째, 고정관념(固定觀念)이나 선입관(先入觀)이 없으므로 신중하지 않게 미리 속단(速斷)하지 않으며, 과거나 미래에 집착하지 않고 현재에 충실할 뿐이다.

셋째, 솔직하게 우러나는 감정을 신뢰한다. 이는 직감(直感)에 집중한다는 뜻이라고 볼 수 있다.

넷째, 무엇보다 중요한 특징은 다소의 위험이 있어도 새로운 창조적 삶을 지향(指向)한다는 것이다. 안정 위주의 삶은 완전한 기능인의 태도와는 거리가 멀다.

다섯째, 인생에 대하여 전반적으로 만족하면서 새로운 기회를 찾는다. 그런데 중요한 것은 이와 같이 완전한 기능을 하는 사람의 특징은 어떤 특정인에게 해당되는 것이 아니라는 것이다. 모든 사람이 완전한 기능을 발휘하면서 살 수 있는 가능성과 잠재력을 가지고 있다는 것이다. 그러므로 사람은 누구든지 무조건적 경험을 하게 되면 완전한 기능인의 특징이 발휘될 수 있다고 말할 수 있다.

그렇다면 이러한 완전한 기능인의 인간성은 어떻게 발휘될 수 있는지 즉, 인간성 변화의 방법에 있어서 가장 중요한 사항은 생각과 믿음의 변화라고 말할 수 있다. 자신과 세상에 대하여 분별하고 판단하는 인식(認識)의 태도와 동시에 이를 자신의 관점에 따라 논리적으로 이해하고 해석하는 태도를 변화시키는 것이 무엇보다 중요하다. 이러한 태도 변화는 단순히 이론적 학습에 의한 것이 아니라 정서적 체험을 동반(同伴)해야 가능하며 관심의 대상을 밖에서 안으로 돌려야 한다. 즉, 자신의 마음을 깊이 관찰하는 것이 무엇보다 먼저 이루어져야 한다. 세상에 대한 과다한 기대와 이상이 없는지를 관찰하고 이를 현실적 및 적응적 방향으로 생각할 수 있어야 한다. 이러한 생각의 변화는 한 번의 결단으로 끝나는 것이 아니라 반응적 습관으로 이어지도록 끊임없는 반복이 필요하다. 반복 없이 참된 변화는 불가능하기 때문이다.

결국 무조건적 긍정을 통한 완전한 기능인으로의 변화는 자기 자신과 세상에 대한 올바른 관찰과 이해가 전제(前提)되어야 한다는 것이 발견된다. 이러한 관찰과 이해 자체가 변화의 시작점이라고 말할 수 있다.

48
알더퍼 욕구 ERG이론

알더퍼(Clayton Paul Alderfer, 1940~2015)는 인간의 핵심적인 욕구(ERG) 존재욕구(existence needs, E), 관계욕구(relatedness needs, R), 성장욕구(growth needs, G)를 들고 있다. 개별 인간 스스로의 주관(主觀)적인 행복 요소는 욕구나 소원이 충족되었을 때일 것이다. 그러나 인간의 욕망은 무한(無限)하므로 욕망이 모두 충족(充足)되는 경우는 현실적으로 극히 드물다고 말할 수 있다. 그래서 메슬로우(Abraham H. Maslow, 1908~1970)는 인간의 욕구를 단계별로 체계화하였다.

인간의 욕구는 타고난 것이며, 욕구를 강도와 중요성에 따라 5단계로 분류, 하위단계에서 상위단계로 계층적으로 배열되어 하위단계의 욕구가 충족되어야 그 다음 단계의 욕구가 발생된다고 주장한다. 1단계 욕구는 생리적 욕구로 먹고 자는 등 최하위 단계의 욕구이다. 2단계 욕구는 안전에 대한 욕구로 추위 · 질병 · 위험 등으로부터 자신을 보호하는 욕구이다. 3단계 욕구는 애정과 소속에 대한 욕구로 어떤 단체에 소속되어 애정을 주고받는 욕구이다. 4단계 욕구는 자기존중의 욕구로 소속단체의 구성원으로 명예나 권력을 누리려는 욕구이다. 5단계 욕구는 자아실현의 욕구로 자신의 재능과 잠재력을 발휘해 자기가 이룰 수 있는 모든 것을 성취하려는 최고수준의 욕구이다. 이를 통해 인간의 욕구가 충족되는 과정을 연구한 사람으로 유명하다. 또한 메슬로우는 욕구를 긍정한 심리학자로 유명하다. 욕구가 좌절되지 않아야 행복하다는 것이다. 이는 욕망하는 동안은 불행하지 않다는 뜻이기도 하다. 또한 정신분석 등이 병리적 사례에 집중하는 것이라면 긍정심리는 일반인들의 행복한 마음생활에 더 많은 관심을 집중한 것이라고 말할 수 있고, 메슬로우의 욕구이론은 긍정심리학의 뿌리에 해당된다. 물론 일반인들의 생활에서 나타난 현상은 인간의 욕구가 반드시 단계별로 체계화 되어 있다고 볼 수 없으나 행복과 긍정을 추구하는 것은 분명하다.

「아이를 키우고 있는 여성들이 느끼는 행복하지 않을 때를 생각해 보라고 물었더니 대개 자신만의 시간이 없어서 허둥지둥할 때라고 대답하였다고 한다. 즉, 시댁 식구들에게 신경 쓸 때(=관계), 에너지가 떨어지거나 생활이 너무 복잡하고 바빠질 때(=생존), 소모적인 일에 에너지를 써서 전체적인 균형이 깨질 때, 외롭고 반복적인 가사와 육아에 지칠 때 그리고 남편은 일로 바쁘고 아이들과 함께 하는 시간이 많아서 내 시간이 없을 때(=성장) 등이다.」

보통사람들에게는 그다지 많이 알려지지 않은 알더퍼는 메슬로우의 욕구 5단계 이론이 갖는 한계를 줄여 제시하며, 직접 조직현장에 들어가 연구를 실행하여 간단하게 생존-관계-성장(ERG) 등 3가지 과정으로 단순화하였다. 즉, 메슬로우의 이론과 유사하면서도 다소 다른 주장을 하였는데, 위 사례에 나타난 것처럼 보통사람들은 '생존'과 '관계'와 '성장'이라는 3가지 개념에서 자신의 주관적 행복을 이해하고 있다.

메슬로우는 욕구를 다섯 단계로 정하고 있으며, 아래 항목의 욕구가 충족되어야 그 다음 위단계의 욕구가 충족될 수 있다고 주장하였다. 알더퍼는 욕구의 단계가 미리 정해져 있는 것은 아니라고 주장하면서 다만 인간에게 기본적으로 중요한 것은 생존에 필요한 욕구이며, 생존욕구보다 더 높은 욕구가 충족되지 않는 상황이라면, 생존욕구 단계에서 더 많은 만족을 경험하면서 대체로 그 자리에 머물러서 만족하려고 한다는 것이다.

* 주장하는 학자에 따른 욕구의 정의 차이

<table>
<tr><th>구 분</th><th>Maslow</th><th>Alderfer</th></tr>
<tr><td rowspan="2">생리적 욕구</td><td>생리적 욕구</td><td rowspan="2">존재 욕구</td></tr>
<tr><td>안전의 욕구</td></tr>
<tr><td rowspan="3">정신적 욕구</td><td>사회적 욕구</td><td>관계 욕구</td></tr>
<tr><td>존경의 욕구</td><td rowspan="2">자아실현의 욕구</td></tr>
<tr><td>성장 욕구</td></tr>
</table>

메슬로우는 욕구를 다섯 단계로 정하고 있으며, 아래 항목의 욕구가 충족되어야 그 다음 위단계의 욕구가 충족될 수 있다고 주장하였다. 알더퍼는 욕구의 단계가 미리 정해져 있는 것은 아니라고 주장하면서 다만 인간에게 기본적으로 중요한 것은 생존에 필요한 욕구이며, 생존욕구보다 더 높은 욕구가 충족되지 않는 상황이라면, 생존욕구 단계에서 더 많은 만족을 경험하면서 대체로 그 자리에 머물러서 만족하려고 한다는 것이다. 그러므로 인간에게 가장 중요하고 기본이 되는 욕구는 생존욕구(existence needs)라고 할 수 있다. 왜냐하면, 인간의 욕망은 자신을 보존하고 확장하는 것이 욕망의 본질이기 때문이다. 우선은 살아남아야 하는 것이다.

생존욕구는 육체적으로 살아남으려고 하는 여러 가지 형태의 신체생리적인 욕구들이 충족되는데 필요한 물리적 조건들을 포함한다. 예를 들면, 배가 고프다든지, 목이 마르다든지 하는 것들인데, 여기에는 잠자고 생활하는 거처와 일터의 쾌적함까지 포함된다고 말할 수 있다.

이러한 생존에 필요한 기본적인 욕구가 충족되지 않을 경우 인간은 원초적으로 불안하고 위협을 느끼게 된다. 생물학적 기본조건은 오랜 세월을 거쳐서 유전적으로 뇌에 기억되었기 때문이다. 따라서 불안과 위협은 특히 뇌의 가장 오래된 부분인 오래된 뇌(old brain)로부터 생겨난다. 즉, 오래된 뇌는 숨쉬기, 먹고 소화하기, 땀과 대소변으로 배출하기, 혈액순환 조절하기 등 신체구조를 움직이고 건강하게 유지하도록 하는 과업을 수행한다.

오래된 뇌는 혼자서 이런 모든 일을 하는 게 어려울 때는 새로운 뇌(new brain)의 도움이 필요하다. 예를 들면, 신체 내에 물이 부족하면 의식적인 판단과 행동을 주도적으로 할 수 없는 오래된 뇌는 새로운 뇌에게 목마르다는 신호를 보내면서 갈증을 호소하게 된다. 오래된 뇌는 목마름이 해소(解消)되고 나면 다시 갈증을 느낄 때까지 더 이상 갈증에 대해서는 관심을 갖지 않는다. 실례로 지금 막 태어난 아기는 자신의 생존을 위해 무엇을 어떻게 해야만 하는지를 전혀 모른다. 단지 불쾌하고 불안하고 고통스러우면 허약한 아기로서 할 수 있는 단 한 가지 신호인 울음을 터트리게 된다. 아기의 울음소리가 들리면 양육자가 이를 즉흥적 직감으로 해석하는데, 반드시 아기의 욕구와 일치하는 것은 아니라 해도 아기를 낳은 생모(生母)답게 아기와 한 몸이라는 무의식(無意識)이 발동(發動)하여 아기의 필요를 채워주고 다독거려 준다. 이때 아기는 기분이 좋아지면서 만족감을 느끼게 된다.

이러한 관계가 반복(反復)되면 아기는 양육자를 자신의 욕구를 충족시켜주는 중요한 인물로 기억하고, 마치 사진기처럼 자기 마음속에 양육자의 모습을 저장하고 소중하게 보관한다. 나중에 성인이 되어서도 외로울 때면 언제나 좋은 세계 안에 저장해 둔 어머니나 양육자의 모습을 기억해내고 위로를 받으려 한다.

생존욕구가 충분하게 만족되어야 인간은 다른 사람과의 관계를 유지하려는 관계욕구나 어떤 일이나 분야에서 전문가 수준의 능력을 갖추고 또한 영향력을 발휘하려는 성장욕구를 지향(指向)하게 된다. 반드시 모든 경우에 그런 것은 아니지만 마음에 떠오르는 모든 욕구는 사람마다 매우 주관적이라는 사실이다. 따라서 메슬로우 이론이나 이를 다시 새롭게 이해하려고 했던 알더퍼 이론 모두 주관적이고 지극히 개별적 차원을 가지고 있는 인간의 마음을 완벽하게 객관적으로 묘사할 수 없다는 한계를 느끼게 한다.

극단적인 사례에 해당할 수 있지만 다른 사람들과 깊은 관계도 맺지 않으면서 가난하게 하루하루 사는 노숙자라 할지라도 그를 행복하지 않다고 타인이 단정(斷定)할 이유가 없다. 그들 중에는 사회적 평가와 무관하게 오직 초월적이고 신비로운 마음의 평화만을 최고 가치로 여기면서 행복하게 생활하는 영혼의 부자가 있기 때문이다. 영혼의 부자로 살고자 하는 사람에게는 어느 정도 이상의 경제적 조건이나 원만한 인간관계 네트워크 등 보이는 물질세계에서의 욕구는 오히려 최소화하고 보이지 않는 자신만의 비물질적 영원세계에 집중하고 몰입하는 경향이 발견되기 때문이다.

> **알더퍼 욕구이론 ERG이론 : 메슬로우의 욕구단계 이론의 한계점과 그간의 실증적 연구결과에 근거하여 인간의 핵심적 욕구 3가지로 분류한 동기부여의 욕구이론이다.**
> 존재욕구(E:existence needs), 관계욕구(R:relatedness needs), 성장욕구(G:growth needs)

49
나폴레옹과 녹색

"내 사전에 불가능이란 없다(The word impossible is not in my dictionary)." 이는 나폴레옹(Napoléon, 1769~1821)이 한 유명한 말이다. 색채심리(color psychology)는 색채현상에 숨겨진 인간의 심리를 해명하기 위한 학문으로 생활색의 활용에 중요한 영향을 미치는 것인데, 나폴레옹의 사망 원인이 녹색심리 때문에 죽었다는 일화에 대해 알아보자.

나폴레옹은 168cm의 보통 신장(身長)이었으나 일반인들에게는 아주 작은 몸집의 체구(體軀)라고 알려져 있다. 이는 나폴레옹을 가까이서 호위(護衛)하였던 근위병(近衛兵)의 키가 190cm 이상의 큰 몸집으로 거구(巨軀)였기 때문에 상대적으로 작게 보인 것이라고 한다.

나폴레옹은 대서양 세인트 헬레나(Explore St. Helena) 섬에서 죽었다고 전해지고 있는데, 유럽 전체를 좌지우지(左之右之)했던 천하의 나폴레옹도 죽음만은 어쩔 수 없었던 것이다. 죽음은 숨 쉬는 모든 존재들이 피할 수 없는 것이기 때문이다.

그런데 나폴레옹이 왜, 어떤 사유로 유배지 섬에서 죽게 되었는지에 대하여는 많은 의문들이 있다. 나폴레옹이 죽음에 이르게 된 원인으로 아버지 때부터 유전에 의한 위암 때문이었다는 이야기에서부터 군주제의 유지나 군주에 의한 통치(친정)를 주장하는 정치 당파인 프랑스 왕당파에 의해 살해되었다는 정치적 음모설, 그리고 의료과실이라는 등 여러 가지 떠도는 이야기들이 있다. 또한 유배지 섬에서 포도주를 관리했던 백작이 그의 아내와 나폴레옹 사이에 남모르는 연애(戀愛)와 정사(情事) 때문에 포도주에 독극물을 넣어서 사망시켰다는 이야기도 있다. 그런데 나폴레옹이 녹색을 좋아해서 죽음에 이르게 되었다는 설득력 있는 이야기도 있다. 따라서 녹색과 관련한 나폴레옹의 사망 이유에 대하여 자세히 살펴보자.

2008년 이탈리아 국립핵물리학연구소에서 나폴레옹의 머리카락을 조사한 결과 독성으로 유명한 중금속 원소, 비소중독으로 죽었다는 주장에 설득력을 더하게 되었다. 왜냐하면, 나폴레옹과 현대인의 비소 차이가 100배 이상이었기 때문이다. 평소에 나폴레옹은 녹색을 매우 좋아해서 자신의 방을 모조리 녹색 벽지로 꾸며달라고 요청했다고 한다. 당시 벽지에는 셀레 그린(Scheele's green)이라는 색소가 칠해져 있었는데, 그것의 주성분은 독성이 강한 비소화합물이었다. 나폴레옹이 유배된 섬은 화산(火山)으로 습기가 강했는데, 비소와 습기가 만나면 습기와 함께 공기 중으로 방출(放出)되는 비소는 생명에 치명적인 영향을 미쳤다고 한다. 이 때문에 나폴레옹이 사망했을 것이라는 주장이다. 그리고 유배 당시 그는 타인의 감시가 심했고, 방안에서 보내는 시간이 많았을 것이라는 추측과 함께 자신도 모르게 셀레 그린 색소에 포함된 방안의 비소를 흡입하고 있었다는 것이다.

1775년 스웨덴의 화학자 칼 빌헬름 셸레(Carl Wilhelm Scheele, 1742~1786)는 비소를 연구하다가 우연히 살짝 지저분한 완두콩과 비슷한 녹색을 발견하게 되는데, 그는 보자마자 자신이 발견한 녹색에 상품성이 있다는 것을 깨닫고, 셸레는 즉시 이 색을 상업화했다. 자신의 이름을 따서 셸레 그린이라는 이름을 붙였다. 나폴레옹이 비소 중독으로 죽었다는 주장이 떠돌자, 셸레는 독성 때문에 책임을 추궁 당하지는 않을까 전전긍긍했다는 이야기도 있다.

셀레 그린 녹색이 등장하자마자 사람들은 엄청나게 좋아했다. 벽지, 드레스, 염료, 심지어는 음식의 색소까지도 셀레 그린이 사용되었을 정도였다. 셀레 그린 색깔의 벽지는 왕궁에서 노동자의 조그만 오두막집까지 모든 형태의 주택에서 볼 수 있었다. 호텔, 병원, 그리고 철도역 대기실도 셀레 그린 색으로 변하였다. 그런데 조화(造花) 제조공인 19세 소년이 구역질과 구토, 설사, 두드러기, 무력감에 시달리다 사망했다. 모형 포도에서 녹색 가루를 빨아먹은 어린 아이가 사망하는 사건도 발생했다.

셀레 그린에 엄청난 양의 비소가 들어 있다는 사실이 밝혀졌지만 몇몇 사업가들은 비소 때문에 판매 금지하는 건 정당하지 못한 지나친 처벌이라며 규제와 억압에 반발했다. 그래서 셀레 그린은 오랜 세월 동안 논란이 있었으나 결국 독극물로 분류되어 사용이 제한되었다. 이를 볼 때 경제적 이득을 위해서는 유해한 독극물도 여과 없이 사용하는 기업가의 부도덕함은 지양(止揚)해야 한다.

이탈리아 국립핵물리학연구소는 나폴레옹의 머리카락을 연령대별로 조사했다. 그 결과 비소의 함유량은 일정했다는 게 밝혀졌다. 즉, 나폴레옹은 갑자기 독살된 것이 아니라 셀레 그린의 독성물질인 비소에 오랫동안 노출되어 중독 사망한 것이다.

50
퇴행본능

대상관계이론으로 유명한 해리 건트립(Harry Guntrip, 1901~1975)은 경험이 전혀 없던 자궁(子宮)에 있었던 시기로 물러나려는 태도, 퇴행(退行)의 본능을 강조했다.

자궁(子宮)은 에덴동산과 같은 곳이다. 모든 인간들이 태어난 곳으로 창조의 기원이 되는 장소이다. 에덴이 기쁨을 상징하는 것처럼 자궁도 원초적 기쁨과 평온을 상징한다고 말할 수 있다. 그래서 모든 사람들은 무의식적으로 자궁으로 돌아가려는 '퇴행본능'을 가지고 있다.

모질고, 거칠고, 각박한 세파(世波)의 현실 속에서 넘어져 일어나기 힘들고, 우울하고, 괴롭고, 아플 때 인간은 본능적으로 자궁을 그리워한다. 왜냐하면, 자궁에서는 어떠한 요구도 없고, 아무런 갈등도 없는 가장 평온한 '나의 궁전(宮殿)'이기 때문이다. 자궁에서는 내가 왕이었고, 아무런 부족함이 없었으며, 어떠한 갈등도 없는 하나 됨의 일치 속에 있었다. '자궁속 세계와 나'는 서로 하나가 되어 함께 웃고, 함께 우는 동고동락(同苦同樂)의 동행(同行)생활이었다. 에덴동산과 자궁은 희미한 무의식 속에 거의 기억되지 않는 흔적으로만 남아있으나 그럼에도 불구하고 영원한 동경의 대상이다.

자궁 속에서의 생활은 어떠한 긴장도 없는 가장 편안한 생활이었기에 몸과 마음이 모두 살찌는 때였다. 그때를 그리워하고 동경하는 것은 당연한 것이다. 그래서인지 길거리에서 잠을 자는 노숙자들은 거의 모두 자궁 속 태아의 자세로 웅크리는 자세를 하고 있다. 자궁 밖 세상은 불안한 곳이고 두려운 곳이다. 자궁 바깥세상으로 나가려면 힘과 에너지가 필요한데, 자궁 속에서의 충분한 숨이 필요하기 때문일 것이다. 그에게는 세상의 빛보다 자궁의 어둠이 더 큰 안식이 되기 때문일 것이다.

건트립은 유아기 때 외상(外傷, trauma)을 경험하였으며, 세살 반 시절에 어머니 방에 들어가서 보니 어머니 무릎 위에는 죽어있는 동생이 누워있었고, 죽은 동생을 넋이 나간 모습으로 아무런 초점 없는 시선으로 바라보며 눈물 흘리는 어머니를 보게 되었다. 이러한 트라우마(trauma)상황을 경험한 이후 건트립은 크게 앓았다. 그런 이후 건트립은 지속적으로 보채는 아이가 되었고, 허약한 아이로 자랐다. 그러나 고통스러운 기억은 망각되었다. 그런데 건트립은 자신이 형제처럼 지내는 대상과 이별하려는 순간에 어김없이 마음의 에너지가 더할 수 없을 정도의 극도(極度)로 고갈(枯渴)되는 경험을 한다. 이러한 트라우마 경험은 건트립의 꿈에서도 잘 나타난다. 무릎 위에 죽은 동생을 안고서 움직이지도 않고, 다가갈 수도 없이 얼어붙은 어머니의 모습. 얼굴도 없고, 팔과 가슴도 없는 어머니의 모습에 건트립은 무력하고 냉담하며 완전히 분열증적인 어머니에 대한 꿈을 꾸고 나면 늘 침울하고 기계적이며 생기 없고 무감각함에 빠져들게 되었다.

건트립은 현실세계에서 사람들과 정상적이고 당당한 관계를 하지 못하고, 멀리 떨어져 위축(萎縮)되어 있는 많은 조현증(정신분열증) 환자들을 연구했는데, 이러한 연구는 자신의 어릴 적 외상 경험과 무관하지 않다. 그래서 건트립은 사람들로부터 소외되고 위축된 이들에게 필요한 것은 이들의 자기(self)가 건강하게 성장하고 발달할 수 있는 기회를 제공받는 것이라고 말하였다. 이는 바로 자궁과 같은 평온한 인간관계를 제공하는 것이다. 이들에게는 결코 '통찰하는 빛'이 필요한 것이 아니다. 오히려 먼저 자궁으로 퇴행하려는 자아와 소통하는 편안한 엄마의 자궁경험 제공이 필요한 것이다.

결국 건트립에 따르면 모든 마음의 상처를 입은 환자들 마음속에는 유아기 때 트라우마가 숨어있다고 가정될 수 있다. 허약한 어린 시절 어쩔 수 없는 상태에서 마음의 상처를 입은 수동적(受動的) 피해자라는 관점(觀點)이다. 즉, 모든 정신증의 핵심(基底기저)에는 무력하고 두려웠던 아동기의 경험이 숨어 있다는 것이며, 거부당한 원시적인 공포가 가장 큰 원인이라는 것이다. 그 숨어 있는 공포를 사라지게 만드는 자궁경험이 필요하다.

건트립이 바라본 정신증 환자는 심리적으로 세상 안에 아직 존재하지 않는 사람이다. 그래서 그는 그가 만든 자궁의 환상 속에서 살아갈 수밖에 없다. 그런데 사실은 모든 사람들이 어느 정도는 자신만의 환상 속에서 산다는 것을 생각할 때 모든 사람이 정신증적 잠재성을 가지고 있다고도 볼 수 있다. 이러한 환상 속에서 살려는 무의식적인 퇴행적 본능은 현실 속에서 '대상접촉'을 회피하는 현상으로 나타나고, 이는 '사랑의 좌절경험' 때문이다.

사랑이 좌절되면 → 불안이 증가하고 → 그 결과 대상을 간직하기 위해 그 대상을 먹어서 삼켜버리고 싶어 한다. → 이러한 먹고 싶은 욕망은 동시에 대상상실에 대한 공포를 일으킨다. → 왜냐하면, 대상을 먹어 삼키는 자기 자신이 파괴의 근원으로 느껴지기 때문이다. → 이는 자신의 사랑이 오히려 대상을 파괴할 것이라고 오인(誤認)하게 되는 것이다. → 그래서 결국에는 모든 대상접촉에서 철수하게 된다.

51
대인공포, 광장공포

광장공포(agora phobia)를 흔히 공황장애(panic disorder)라고 부르고, 이와 유사한 증세를 보이는 것은 대인공포 또는 사회공포(social phobia)이다. 대인공포와 광장공포에서 걱정과 생각들이 깊어지고 예민해질수록 더 많은 불안을 일으킨다. 특히 문제시 되는 사항은 예기(豫期)불안 즉, 증상과 발작이 일어날 수 있는 상황에 대하여 앞으로 닥칠 것이라고 미리 예상해서 불안과 공포를 느낀다는 점이다. 그러므로 불안과 공포를 경험한 사람들은 자신에게 스스로 최면(催眠)의식을 조성(助成)할 필요도 있다. 예컨대, '이는 단순 불안일 뿐, 결국 아무 일도 일어나지 않는다. 그냥 지나간다. 이전에도 그랬다.', '불안한 생각이 없어지지 않는다고 너무 걱정할 필요가 없다. 나 자신을 100% 통제할 필요는 없다' 등을 떠올리는 것 자체가 부정적이고, 강박적(强迫的) 사고에 직면(直面)하는 기능이기 때문이다.

어떤 직장 남성은 사람이 많은 지하철 안에서 가슴이 터질듯한 불안감이 밀려와서 심장박동이 빨라지고 어지럽고 다리가 후들거렸다. 그래서 급히 내려 병원 응급실에 가서 피검사와 심전도 검사 등을 받으려고 기다리는 동안 괜찮아졌다. 검사결과 아무런 이상이 없다고 하면서 의사는 정신과 진료를 권하였다.

30대 회사원인 A씨는 언제부터인가 다른 사람들 앞에서 발표를 할 때마다 심장이 심하게 두근거리고, 얼굴이 붉어지면서 손이 떨리는 증상을 느꼈다. 너무 불안해서 견딜 수가 없었다. 발표일 며칠 전부터 잠을 이루지 못하는 등 증상이 심해지자 결국 정신과 외래를 찾게 되었다.

광장공포와 대인공포의 공통점은 심리적인 불안증세와 신체적 이상증세가 서로 비슷하게 나타난다는 것이다. 그러나 다른 사람과의 관계문제로 인하여 다른 사람의 평가나 비판이 두려워서 생겨나는 공포는 대인공포이고, 위험상황으로 여겨지는 곳에서 아무도 도와주거나 함께 하는 사람이 없어서 혼자 버려진 느낌이 강하게 드는 경우에는 광장공포라고 말할 수 있다.

대인공포는 타인의 부정적 평가에 대한 두려움이 핵심이다. 다른 사람들에 의해서 관찰된다는 믿음 때문에 과거에 경험했던 상처, 모욕, 조롱, 멸시, 천대 등이 과도하게 작동(作動)해서 최악의 상황을 상상(想像)한다. 이러한 수치심과 모욕감에 휩싸이면 가슴이 두근거리고 심장이 빨라진다. 심하면 실신, 졸도, 기절, 현기증 등의 신체적 증세들을 경험하게 된다. 자신의 취약점, 연약함, 결점, 단점, 흠 등이 다른 사람들에게 알려지게 되는 것을 거부하는 마음이 매우 강한 것이다. 대인 공포는 학생들 사이 또는 동료들 사이 갈등을 피해서 스스로 도망가는 소외감, 따돌림, 버림받음 등의 왕따, 다른 사람들과 눈을 맞추지 못하고 시선을 두려워하는 시선공포, 다른 사람들로부터 관찰을 당하고 있다는 응시공포, 머리가 빈 공간으로 변해 버리는 시험공포, 발표를 할 때 말을 더듬거리거나 벙어리가 되어버리는 수행공포, 이밖에 공연공포, 무대공포, 대중음식점이나 대중교통 수단 등을 회피하는 공포 등이 있다. 그리고 혼자서 자위행위를 할 때는 문제가 없는데, 함께 하려면 불안해지는 섹스공포도 대인공포에 포함시킬 수 있다.

대인공포는 다른 사람의 평가를 회피하면 아무런 문제가 없으므로 혼자 있으면 괜찮다. 대인공포는 어린이가 부모에 의해서 과도하게 부정적으로 평가를 당하고 있다는 두려움, 공포감을 느끼는 것과 같다. 반면, 광장공포는 어린이가 위험과 재난에 혼자 내버려져 있는 것에 대한 공포감과 두려움이다.

광장공포는 위기 시에 도피, 회피를 할 수 없다는 두려움, 공포가 특징이다. 즉, 혼자 있다가 심장마비를 일으키면 구원해 줄 사람이 없다, 혹은 시장, 쇼핑 몰 등에서 사람들이 붐비는 장소에서 화재 혹은 돌발 사고가 나면 도망갈, 피신을 할 탈출구가 막히거나 도망칠 수 없다는 공포감, 두려움이 광장공포의 특징이다. 광장공포증 환자는 자신을 잘 돌봐주는 사람과 함께 있으면 아무런 문제가 없으므로 안전한 장소라고 느끼면 떠날 생각을 않는다.

그렇다면 이러한 대인공포나 광장공포는 무엇이 문제인지를 생각해보면 이는 결국 헤인즈 코헛(Heinz Kohut)이 말한 자기결함(自己缺陷)이라고 할 수 있다. 이는 대부분 총애(寵愛)경험과 존경(尊敬)경험의 부족에 있다고 여겨진다. 총애경험이란 남달리 귀하게 여겨지고 사랑받는 경험이다. 존경경험은 가치 있고 중요하다고 여기는 사람을 진심으로 사랑하는 경험이다. 총애경험과 존경경험은 사람이라면 누구나 소망하는 근원적(根源的) 정서이다. 총애와 존경경험은 없고 부모 등 중요한 인물로부터의 평가와 비난경험에 지나치게 노출되어 큰 수치심을 경험했을 때 결국 자기구조에 이상(異常)이 생긴다. 구조적 자기결함은 실제 상황에서 비정상적인 반응을 일으키는 원인이 되어 과잉불안과 공포로 이어지는 것이다. 이는 자기결함이 있는 사람이 받아들이기 힘든 충동들이 무의식에 억압되어 의식하지 못하고 있다가 어느 순간 무의식적 내용들이 의식 속으로 터져 나오려 할 때 나타나는 것이다. 또한 어릴 때 부모를 상실하였거나 부모와의 부정적인 경험이 중요한 역할을 한다.

형제자매나 배우자 등 정서적으로 매우 가까웠던 사람이 죽거나 강제로 이별하는 경험을 통해 심각한 스트레스를 겪은 이후에 공황발작을 경험하는 경우도 있다. 결론적으로 깊고도 전인격적(全人格的) 총애경험과 존경경험만이 불안과 공포를 극복하게 할 것이라는 점이다. 불안과 공포는 결국 사랑을 요청하는 내면의 신호에 민감하게 알아차리는 지혜가 필요하다.

밥이 먹고 싶을 때 줘야하는데 배부를 때 밥을 주면 무슨 의미가 있느냐는 것이다. 아기 때 엄마의 충분한 사랑과 지지가 평생을 살아가는데 중요한 토대가 됨을 또 한 번 강조한다.

대인공포, 광장공포 : 대인공포는 남 앞에서 자기표현을 하지 못하고 남을 의식하여 이상하게 생각하지 않을까하는 불안이다.

광장공포는 너무 넓은 장소에서 급히 빠져 나갈 수 없다고 생각하거나 도움을 받기 어려운 장소라고 생각 되어질 때 나타나는 현상이다.

52
가학적 소망

가학적 소망이란 다른 사람이나 동물 등을 학대(虐待)함으로써 마음의 쾌감을 느끼는 태도를 뜻한다. 심한 경우에는 범죄행위에 해당되고, 변태성욕자들이 대개 여기에 포함될 수 있다. 사람을 상대하기 어려운 경우 가학적 소망은 동물들을 잔인하게 괴롭히면서 재미를 느끼는 형태로 나타나기도 한다. 증상의 정도는 다르지만 이러한 행태들은 이상(異狀) 성욕으로 성적목표도착(性的目標倒錯, perversion)에 속한다고 볼 수 있다. 언론에 가끔 보도되는 사례로 만남을 회피한다는 이유로 사귀는 여자나 어린 아이를 유인하여 가학적 소망심리에서 변태성행위를 요구하다가 자신의 손과 도구를 이용해 상대자의 특정 신체부위를 훼손하여 감옥에 가는 경우가 있다. 프랑스 마르키드 사드(Alphonse Francois Sade, 1740~1814)는 악명(惡名) 높은 가학성애자이다. 가장 유명한 사건은 로즈 매질, 초콜릿 최음제 사건이다.

▶ **로즈 매질 사건** : 사드는 로즈라는 여성을 자신의 하녀(下女)로 뽑는다고 하고 다락에 가두었다. 하녀를 힘으로 협박하고 옷을 벗겼다. 그리고 마구 때리고 매질을 하였다. 몸에 상처가 생기고 피가 흐르자 약을 발라 주고 나갔다. 이런 일은 날마다 반복되었다. 어느 날 하녀는 겨우 도망쳐 나왔고, 사드가 경찰에 잡혔으나 약 효과 시험을 위한 행위였다고 거짓말을 하고 풀려났다. 그 당시 사드의 조카는 영향력을 행사할 수 있는 대수도원장이었다.

▶ **초콜릿 최음제 사건** : 사드는 사교무대인 춤을 추는 모임을 열고 디저트로 초콜릿 등을 대접했는데, 그 속에는 성욕을 일으키는 약이 섞여 있었다. 그래서 그것을 먹은 참석자들은 수치심(羞恥心)을 잃고 춤 모임은 삽시간에 상대를 가리지 않고 성행위를 하는 어지러운 파티로 변했다. 어떤 사람은 색욕(色慾)이 지나쳐서 기운이 다 빠져 죽음에 이르게 되었다. 1772년 사드는 사형선고를 받았지만 고위층 도움으로 감형(減刑)되어 무기징역형에 처해졌다. 사드는 교도소에서 나중에 알려진 추악한 행위들을 상상해 소설로 만들었다. 사드의 소설인 '소돔 120일'(1904)은 도착적 성욕을 소제로 한 것이라 한동안 사회적으로 지탄되고, 오랫동안 묵살되었다가 19세기 말엽부터 문학적 가치를 인정받았다. 이는 독일의 초현실주의 문학과 실존주의 경향이 사드를 기존 사회에 반항하는 사람이라고 칭하면서 높이 평가하였기 때문이다.

가학적 소망을 가진 사람들, 가학 성애자(sadist)는 대개 권력을 지향한다. 왜냐하면, 권력이 자신의 아랫사람들을 괴롭히고 업신여길 수 있는 기회를 준다고 생각하기 때문이다. 가학적 소망을 가진 자에게 성적 쾌락보다 사실은 공격적인 욕구 충족이 더 근본적이다. 이는 가끔 이슈화되는 근친 성학대에서 나타난다. 여기에서는 힘과 지배력을 휘두르려는 욕구가 더 직접적이고 기본적인 동기(動機)일 수 있다. 특히 자신의 딸을 상대로 한 근친 성 학대의 경우 심리 테스트 결과 이들의 근친 성학대는 내심(內心)에서 모든 여성에 대한 미움과 증오의 표현이며, 여성 가운데서 자신에게 어떤 보복도 할 수 없으리라 여겨지는 여린 딸을 희생자로 선택한 것이라고 한다. 이러한 경우는 증오가 가학적 성격으로 고착화된 것이라고 보아야 한다.

가학적 성향과 가학적 소망은 약한 형태의 파괴적 증오라고 이해할 수 있다. 이러한 성격이상자는 대상이 고통당하는 것을 무의식적으로나 의식적으로 즐거워하고 또한 그것을 욕망한다. 이들은 때때로 잔인함(cruelty)을 합리적으로 숨기고 가장(假裝)하기도 한다. 훨씬 약한 형태의 증오는 대상을 지배하려는 욕망을 중심으로 대상에 대한 권력행사를 추구하는 모습으로 나타난다. 이러한 권력행사는 가학적인 측면이 포함될 수 있으나 대상을 공격함에 있어서 스스로를 절제하는 성향을 보인다. 즉, 대상이 머리를 숙이고 자신이 자율성이 충분히 확보되었다고 여겨지면 대상에 대한 직접적 공격은 하지 않는다. 사회적 상호작용 가운데 높은 위치를 차지하려는 우월성이나 '텃세'를 부리는 태도 등은 이러한 약한 수준의 증오를 보여준다.

가학적 성향은 어린 시절 주변으로부터 왕따처럼 소외되거나 잔인하고 혹독하게 취급당했다고 생각하는 사람이 그에 대한 심리적인 보상방식으로 약한 사람을 심하게 다루고, 거기서 만족을 얻게 되는 것으로 여겨지기도 한다. 그러므로 가족 내에서 생기는 가학적 성향을 방치하면 이것이 자라나서 가정폭력으로 진화할 수도 있고, 밖을 향했던 가학성향이 방향을 안으로 돌려서 스스로를 자책하거나 자신을 비난하고 공격하는 우울과 자살 등으로 발전할 수 있으므로 조심해야 하며, 주변에 그러한 사람이 있다면 관찰하고 치료를 권고해야 한다.

53
촉진적 환경

심리적 성장을 위한 촉진적 환경에 대하여 예를 들어 살펴보면,

한 중년 여성은 늘 자신의 진짜 모습인 참자기(true self)를 만나고 싶어 했다. 왜냐하면, 여성 사업가로서 나름 사회적 적응에서는 크게 성공하였으나 그녀는 겉으로 나타난 자신에게 만족하지 않았고, 내면적으로 허전한 느낌에 시달렸다.

그녀는 자신에게까지 자신의 참자기가 철저하게 숨겨져 있는 것으로 여겨졌는데, 이로써 우리는 그녀의 참자기는 내면에서 자라지 못하고 숨어 있음을 유추(類推)하게 된다. 그녀의 삶은 자발적 표현으로서의 참자기(true self) 경험들보다 순응적인 생활을 지지하는 거짓자기(false self) 경험들에 의해 구성되어 온 것이라고 분별될 수 있다. 이러한 경험들을 통해 참자기가 내면에 숨어 있게 되거나 거짓자기로 덮여 있는 상태로 조성(造成)되어 온 것이다.

위니캇의 참자기는 유아기 발달에서 특별한 의미를 갖고 있는 개념이다. 참자기는 유아의 심리세계에서 가장 중요한 중심으로 타고나는 잠재력이라고 볼 수 있다. 이러한 참자기의 잠재력은 건강한 환경이 되어주고, 유아의 신체감각 운동에 적절하게 반응해주는 '충분히 좋은 어머니(good enough mother)'에 의해 촉진된다. 이를 '촉진적 환경(the facilitating environment)'이라고 한다.

만약 양육자가 아기의 감각운동이나 몸짓 등 유아의 천성적인 자기에 제대로 반영해주지 못하고 양육자 자신에게만 몰두한 채 양육

자 자신의 느낌을 아기에게 부과하려고 하면 허약한 아기는 심리적 생존을 위하여 거짓자기를 형성시킬 수밖에 없게 된다.

한 살이나 두 살 정도 성장해서는 기억도 하지 못하는 시절 작은 생명이 처음 태어나서 처음 관계를 맺을 때 엄마의 뱃속에 있다가 세상 밖으로 나온 아기가 기본적인 심리적 욕구를 충족하려고 전적으로 의지하게 되는 것이 엄마이다. 아기에게 엄마는 촉진적 환경 그 자체이다. 그러나 인간에게 이 세상은 엄마와 같은 촉진적 환경이 아니다.

아직 아기가 엄마인지 엄마가 아기인지도 구분되지 않는 때, 그러나 정상적인 촉진 환경이 제공된다면 아기는 서서히 엄마는 나와 다른 존재라는 것을 알아차리게 된다. 세상에 충분히 적응하지 못한 사람들일수록 자신과 다른 사람을 심리차원에서 잘 구분하지 못한다. 그래서 무의식적으로 자신의 마음을 외부 대상에게 투사하는 경우가 많다.

아기는 무조건적인 욕구충족을 원한다. 그러나 세상은 욕구충족을 주기만 하는 것이 아니다. 그래서 거짓자기가 생겨나는 것이다. 아주 어릴 때 경험하는 엄마는 촉진적 환경으로서 매우 중요한 이유는 엄마와의 상호작용이 아이가 앞으로 살아가며 느끼게 될 정서에 기본 틀을 만들기 때문이다. 위 사례의 여성은 아마도 유아기 시절 엄마가 아기에게 촉진적 환경이 되어주기 보다는 오히려 아기가 엄마에게 적응했던 경우라고 여겨진다. 그래서 외부 환경에 적응하는 데는 성공하지만 그것이 진짜처럼 여겨지지 않는 것이다.

세상에 대한 탐색은 천천히 이루어져야 한다. 먼저 무조건적 사랑을 경험하게 도와주는 촉진적 환경이 필요한 이유이다. 기고 걷고 건강한 신체탐색과 주변 세상을 탐색하다 다시 엄마에게로 돌아가 심리적 안정을 얻고 또 다시 세상을 탐색하고, 그 과정을 반복하며 서서히 건강한 자아 정체성을 갖게 되며, 현실적으로 주변 세상에 대해 배워나간다.

인간에게는 마음의 고향이 필요하다. 세상에서 지치고 고단할 때 마음의 고향을 찾게 되는데, 어렸을 때 엄마의 촉진적 환경을 충분히 경험하지 못한 경우에는 돌아갈 고향에 대한 이미지가 없게 되므로 허전한 마음을 해소할 방법을 찾지 못하게 된다. 그래서 다양한 중독에 빠지게 되는 것이라고 추정된다. 중독의 대상이 촉진적 환경의 역할을 대신해주는 것으로 무의식적으로 기대하기 때문이다.

촉진적 환경을 경험하지 못하면 세상은 불안한 곳이고, 믿을 수 없는 곳이며, 그래서 오로지 생존과 적응을 위해 거짓자기의 가면적 자아를 팽창시켜야 하는 곳으로 여겨진다. 엄마에게 충분히 받지 못한 사랑, 세상에 대한 불신, 막연한 심리적 불안, 탄탄한 심리적 기반을 갖지 못한 사람들은 언제든지 부정적인 마음으로 세상을 느끼고 그 불안을 다스리기 위해 마음의 에너지를 소모하려 한다. 자기 속 감정으로부터 결코 자유로워지지 못하면서 결코 채워지지 않는 마음의 결핍감을 해소하는 방법도 모르면서 헤매고 있는 자신을 이해하지 못한다.

결론은 자신도 알지 못하는 막연한 불안과 무의식적인 불편함을 심리적 감옥이라고 부를 수 있다면, 그 감옥의 문을 스스로 깨고 나오도록 하는 것이 심리전문가들의 해야 할 일이다. 자기를 되돌아보고, 분석하고, 마음 심층으로부터의 저항을 이겨내고, 두려워도 진실의 세계를 정직하게 마주하게 함으로써 거짓자기의 모습에서 조금씩 빠져나오도록 하는 것이다. 믿을 수 없었던 세상을 이해하고 용서하며 받아들임으로써 더 이상 무의식의 굴레에 갇히지 않고 심리적으로 날아오르는 것이다.

심리전문가는 이들에게 참으로 부족했던 생애 최초의 심층(深層)적 기쁨의 동산, 충분한 사랑과 적당한 촉진적 환경을 제공할 수 있어야 한다. 이것이야말로 심층에 숨어 있는 참자기를 깨워서 성장시키는 것에 큰 의미가 있다.

“ 퇴행본능 : 본능을 억압해서 생겨난 퇴행은 언제나 사람들은 과거로 돌아가려하며 유아적 국면에 머물게 된다.

“ 촉진적 환경 : 이는 어렸을 때 부모의 보호가 지나칠 경우에 아기의 공격성이 억압되거나, 아기가 대상과 직면하지 못하고 대상을 외면할 경우에도 생긴다. ”

“ 이유없는 불안은 없다 : 부모의 지나친 제지나 강압적인 행동으로 인한 상처가 무의식에 남아 눈치를 보거나 본인이 제어하지 못하는 상황까지 오는데서 스트레스를 받으며 힘들어 한다. ”

“ 불안은 욕망의 하녀 : 인간은 더 잘하고 싶은 욕망으로 인해 불안이 찾아온다. ”

부정적 의사소통 방식과 효과적 의사소통 방식

부정적 의사소통 방식	효과적 의사소통 방식
• 상대방을 비난하는 방식 • 내 잘못을 방어하는 방식 • 중간에 말 가로막기 • 설교하거나 훈계하기 • 조소하는 투로 말하기 • 눈을 맞추지 않고 말하기 • 말할 때 찡그리거나 부산하게 말하기 • 상대방 마음을 다 읽을 수 있는 것처럼 말하기 • 주제에서 벗어나기 • 지시하고 명령하거나 위협하기 • 과거의 일 들추기, 대화 독점하기 • 현학적으로 말하기 • 언어적 표현과 비언어적 표현의 불일치 • 반응 없이 가만히 있기 • You-Message	• 상대방의 입장을 이해하는 방식 • 내 잘못을 인정하는 방식 • 상대의 말을 끝까지 들어주기 • 내 입장을 설명하는 방식으로 말하기 • 진실함을 가지고 말하기 • 눈을 맞추고 천천히 말하기 • 차분한 태도로 온화하게 말하기 • 상대의 입장을 이해하려는 자세 보이기 • 주제에서 벗어나지 않고 이야기하기 • 지시나 명령어는 사용하지 않기 • 현재의 일에만 제한해서 말하기 • 상대가 말할 수 있는 시간 충분히 주기 • 주제에 대해 쉽게 이야기하기 • 언어적 표현과 비언어적 표현의 일치 • 상대의 말에 대해 반응해 주기 • I-Message, For You-Message, 비폭력 대화

출처 : 김진한 외(2018).

9장

욕망 깨우치기

54
이기적인 열등감

이 글에서는 거세불안(去勢不安)의 개념에 대하여 설명하려고 한다.

거세에 대한 사전적인 뜻을 살펴보면,

첫째, 동물의 생식 기능을 상실시키는 것이고,

둘째, 저항이나 반대를 하지 못하도록 어떤 세력이나 대상 따위를 제거하는 것을 뜻한다.

따라서 거세불안이란 직접적으로는 남성 성기의 상실, 공포를 뜻하고, 확장된 의미로는 조직에서 제거되거나 삶의 전투에서 경쟁자에게 굴복하게 되는 것까지 포함된다고 말할 수 있겠다.

거세불안에 관하여는 프로이트의 「꼬마 한스 이야기(The case of little Hans, 1909)」가 가장 유명하다.

「한스(Hans)는 5세였다. 꼬마 한스는 말(horse)에 대한 공포(phobia)를 가지고 있었다. 즉, 밖에 나가면 말이 자기 성기(性器)를 물어서 없애버릴 것 같은 불안감을 크게 느꼈다. 한스 아버지는 프로이트에게 상담을 요청했다. 꼬마 한스의 불안은 여동생을 낳는 문제에서 시작되었다. 한스 아버지는 한스가 여동생을 원하는지 물었다.

한스 : 예, 제가 내년에는 아기를 낳으려고요.

아빠 : 아기를 엄마가 낳으면 안 될까?

한스 : 나는 변화하기 위해 아기를 낳고 싶어요.

아빠 : 오직 여자만이 아기를 낳는데!

한스 : 어, 왜 아빠는 아기를 낳지 않지요?

아빠 : 음. 한스의 기발한 생각이 웃음거리가 되지 않게 해야지.

한스는 자기 성기와 아빠 성기에 큰 관심을 갖게 되었다. 그런데 당시에는 자위(自慰)행위를 엄격히 꺼려 피하는 것으로 금기(禁忌)시 되고 있었다.

아빠 : 너 의사 선생님이 네 거시기를 잘라버리면 오줌은 어떻게 누을 거니?

한스 : 항문으로요.

꼬마 한스는 계속해서 호기심을 가지고 집에서 기르는 말에게 다가갔다.

한스 : (horse에게) 너도 나처럼 거세(去勢)를 당하면 어디로 오줌을.

한스 : (horse에게) 너는 큰 말이니까 이렇게 큰 성기를 가졌구나!

프로이트 : 한스가 아빠의 거세공포를 말에다 옮겨놓았군요.

아빠 : 왜 한스가 나를 두려워합니까?

프로이트 : 아빠의 성기는 한스 것에 비해 훨씬 더 큽니다.

어머니에 대한 근친상간(近親相姦)의 욕망을 가지고 있는 한스는 아빠로부터 거세위협을 받았습니다.

아빠 : 매우 이상하군요.

포로이트 : 유아기에 일어나는 아주 정상적인 현상입니다.

아빠 : 그럼 내가 어떻게 해야 하나요?

프로이트 : 한스에게 말하세요. '언젠가는 한스의 성기도 당신 것만큼 커질 거라고요.'

한스는 그 후 아주 정상적인 성인으로 성장하였다.」

위 내용은 거세당할 것에 대한 불안(不安)에 대한 프로이트 정신분석 이론에서 나오는 이야기이다. 인간의 심리적인 성장이 성(性)

에너지로 집중되는 부위(部位)를 중심으로 단계별로 이루어진다는 심리성적(心理性的) 발달이론(psychosexual development)에서 남근기(男根期)에 발생하는 것이다. 이는 꼬마 한스 이야기(The case of little Hans)에서 확인되는 것처럼 어린이 자신의 생식기(生殖器), 성기(性器)에 대하여 느끼는 불안이다.

남자 어린이는 자신의 아버지가 자기 성기를 제거할 것이라는 불안감을 느끼면서 무의식적으로 아버지를 열등감으로 미워하고, 어머니의 사랑을 획득하려는 이기적인 사랑을 한다. 그러나 결국 나중에는 아버지를 닮아가게 된다.

반면, 여자 어린이는 자신에게는 남성 생식기(성기)가 없다는 것을 알고, 아버지의 생식기(성기)를 부러워하는 열등의 감정을 경험하면서 아버지의 관심을 끌려고 어머니와의 심리적 이기심으로 경쟁하게 된다. 그러나 결국 나중에는 자신이 어머니를 대신할 수 없다는 것을 깨닫고 어머니의 행동을 닮아가게 된다.

이렇게 자신이 다른 사람에 비하여 뒤떨어졌거나 능력이 없다고 생각하는 감정과 의식에서 오는 거세불안 과정을 오이디프스 컴플렉스(oedipus complex-남아), 일렉트라 컴플렉스(electra complex-여아)라고 한다.

55
이유 없는 불안은 없다

많은 사람들이 알고 있고, 애플(Apple) 휴대폰으로 유명한 지금은 고인(故人)이 된 스티브 잡스(Steve Jobs, 1955-2011)는 평상시 즐겨 입었던 옷으로 단추가 없는 옷만을 고집하였다고 한다. 스티브 잡스가 입고 있는 옷이나 손에 들고 있는 아이폰에도 단추가 전혀 없다. 그래서 수많은 사람들은 스티브 잡스가 단추 공포증이 있을 것이라는 추측을 하게 되었다. 단추에 대한 불안을 창의적인 아이디어로 승화(昇華)시킨 대표적인 사례라고 할 수 있다. 그러나 더 정확한 표현은 공포나 두려움(fear)이라기보다는 꺼리는 증세, 혐오하는 마음, 역겨움(gross, disgusting, yucky)이라는 표현이 더 어울린다고 생각한다.

단추 공포증을 느끼는 사람들의 증세는 일반적으로 단추가 있는 옷은 입지 않으려는 경향이 강하다. 또한 단추를 보는 자체를 싫어한다. 플라스틱 단추를 더 싫어한다. 구멍이 많은 단추는 아주 싫어한다. 그래서 단추를 손으로 만지고 나면 필요 이상으로 손을 자주 씻게 된다. 일종의 강박적 불안증세를 보이는 것이다. 단추가 달린 옷을 입은 사람들 가운데 들어가는 것도 싫어한다. 심한 경우에는 메스꺼움이나 구토 증세를 보이는 경우까지 있다. 오한, 발열, 경련, 어지러움 등이 동반되기도 한다. 또한 사람의 예로 건장하고 멋지게 생긴 김 씨는 칼을 못 다룬다고 한다. 어릴 때 칼로 베인 적이 있는데, 그 충격이 너무나 커서 칼을 보기만 해도 온몸이 오싹거리며 소름이 돋아 눈을 감고 피하게 된다는 것이다.

이처럼 공포증이란 말 그대로 어떤 특정 대상물에 대해 큰 두려움을 느껴 불쾌감에 시달리는 것이다. 그래서 피하려고만 한다. 그러나 불안 자체가 나쁜 것은 아니다. 불안을 감지하지 못하면 약육강식의 세계에서 생존하기 어려울 것이다. 적이 나타났을 때 잽싸게 도망하든지, 전투태세를 갖추어야 하기 때문이다. 사람도 마찬가지이다. 그런데 심각한 불안증에 대한 근본적인 대책이 없다는 것이 지금까지의 일반적인 생각이었다. 다만 정신분석 분야에서 병리적인 공포나 불안의 이유는 어릴 때 트라우마(trauma)를 겪은 경험이 근본적인 원인이 되어 무서운 공포증에 대한 정신적 이물질이 무의식적 기억에 남아있으면서 그것이 악영향을 미치는 것인데 뇌 과학적 관점에서 공포를 일으키는 부위는 편도체이다. 그렇다면 편도체 메커니즘(작동원리나 구조, mechanism)으로 불안 이유를 밝혀낼 수 있다는 주장이 있다. 왜냐하면, 뇌 과학의 관점에서 불안이나 공포는 편도체가 과잉 자극된 것이라고 말할 수 있기 때문이다.

쥐 등 동물을 대상으로 한 실험결과 편도체 부위를 자극하면 용감해지거나 호흡이 느려지는 등 불안 반응을 보였다고 한다. 그러나 아직까지는 사람을 대상으로 한 실험은 없는 것으로 여겨진다. 분명한 것은 뇌를 통해 불안이 조절된다고 하는 것이다. 불안에 관하여 그동안 정신분석에서 발견한 정보와 뇌 과학에서 발견한 정보들이 서로 융합(融合)되어 시너지(종합효과, synergy)를 이룩하는 때가 곧 올 것이라는 기대가 있다.

결론적으로 이유 없는 불안은 없다는 것이다. 다만 그 이유를 모르고 있었을 뿐인데, 신경학적 정신분석 등 융합적 접근을 통해 해소시켜야 하며 확실히 밝혀질 날이 멀지 않았다고 생각한다.

56
불안심리와 전생증후군

마음이 불안하고 하는 일이 마음먹은 대로 되지 않은 사람들 가운데 전생에 죄를 많이 지어서 그런 것 같다고 말하는 사람이 적지 않다. 그런데 1980년대 이후 미국에서 발달한 전생요법(前生療法)이라는 것이 있다고 한다. 이는 일종의 최면치료법으로 최면치료자가 환자를 최면에 걸리게 하면 환자는 최면 상태에서 떠올리는 내용들 가운데 이전 생애에 관한 이야기를 한다는 것이다. 그리고 이러한 전생(前生, former life)의 이야기를 인정하고 치료작업을 하게 되면 의외로 치료효과가 높았다고 한다. 그래서 전생치료의 가능성이 크게 부각(浮刻)되기 시작하였다.

전생은 이 세상에 태어나기 이전의 세상을 말한다. 전생이란 불교(佛敎)에서 말하고 있는 세 가지 생애(生涯) 중 하나다. 즉, 삼생(三生)은 이 세상에 태어나기 이전의 일생(前生－전생)과 이 세상에서의 일생(今生－금생) 그리고 죽은 후 다시 태어나서의 일생(後生－후생)을 말한다.

이는 중국 당나라 때에 성립된 불교의 한 종파인 화엄종(華嚴宗)의 가르침과 밀접한 관련이 있다. 화엄종에서는 화엄경(華嚴經)을 기본 경전으로 하는데, 성불에 이르는 세 단계와 삼생을 연결하고 있다. 즉, 화엄종의 가르침에서 부처의 경지, 성불(成佛)에 이르는 세 단계는 견문생(見聞生), 해행생(解行生), 증입생(證入生)으로 구분하고 있다. 견문생은 전생(前生)에 부처를 만나 가르침을 듣고 성불할 바탕을 닦는 단계이고, 해행생은 금생(今生)에 화엄경을 완전히 이해하고 수행하는 단계이며, 증입생은 내세(來世)에 깨달음을 이루어 부처의 경지에 들어가는 단계를 뜻한다.

종종 '내가 전생에 무슨 죄를 지었다고?' 하는 투로 말하는 경우가 있는데, 이는 바람직하지 못한 습관이다. 그리고 최면치료사라고 해서 전생을 모두 인정하는 것도 아니다. 그렇지만 현상학적 차원에서는 전생치료의 방법을 통하여 전생을 알고, 또 치료적 효과를 얻는 사람들이 적지 않다는 것도 부인(否認)하기 어렵다. 그 중에 대표적인 것으로 미국의 버지니아 의과대학 교수인 이안 스티븐슨(Ian Stevenson)의 「20가지 환생 사례」(1974)가 유명하다. 천문학자이자 작가인 칼 세이건(Carl Sagan)이 달라이 라마 14세(텐진 가초)를 만나 이야기를 나눈 일화가 있다.

칼 세이건(Carl Sagan)은 "만약 환생이 과학에 의해 부정된다면 어떻게 하시겠습니까?"라고 달라이 라마(Dalai Lama)에게 물었다. 이에 달라이 라마는 "우리 종교의 신조를 바꿔야겠죠. 그러나 현대과학으로는 환생을 부정할 결정적인 증거를 내놓을 수 없을 것입니다"라고 답했다고 한다. 달라이 라마의 말처럼 환생을 과학으로 입증하거나 부정하기는 어려운 일이다. 그러나 정신의학박사 이안 스티븐슨은 과학적 연구방법으로 환생을 증명하려고 했다. 그는 환생 또는 윤회 연구에 관해 독보적인 존재다. 스티븐슨의 연구를 소개하고 비판적으로 분석해 소개한 책 「인간은 분명 환생 한다. 최준식 · 주류성 저」 이 있다.

스티븐슨의 저서 중 대표작이라 할 수 있는 「Twenty Cases Suggestive of Reincarnation(환생을 암시하는 20가지 사례)」와 「Reincarnation and Biology(환생과 생물학)」에서 대표적인 사례를 요약해 소개와 그 사례에 대해 생기는 의문점이나 비판을 함께

책에 담았다. 이 책을 통해 환생에 대해 다시 한 번 고찰하고 삶과 죽음에 대해 새로운 시각을 가질 수 있을 것이다.

그런데 불안심리와 관련해서 전생증후군은 대개 주체성이 부족하고 줏대가 없는 사람들에게 나타나는 현상이라고 알고 있지만 그 사람들 가운데에는 전생에 특히 공주나 귀족이었던 사람들이 많다고 한다. 전생요법은 과학적이지 않아 최면요법을 사용할 뿐이다. 세상에는 한 맺힌 사람들이 많다. 모순과 갈등을 정직하게 직면하기보다는 도피의 길을 찾는 사람들 중에 전생요법을 통해 치료되는 경우가 많이 있다고 한다.

미운 사람과 화해하고 마음속의 분노와 불안을 처리하면 되겠지만 그것이 용이하지 않은 사람들은 대개 회피전략을 사용하는데, 그 중 하나로 포함될 수 있는 것이 전생요법이라는 주장이다. 여기서 주장하는 것은 전생에 공주였다는 자기도취 방식이 일시적으로는 심리적 치료효과가 있다는 것이다. 그러나 실제 문제는 더욱 더 꼬이게 된다. 그러다가 치료 기회를 놓친다면 전문적 정신과 의사를 찾는 경우가 적지 않다고 한다.

결론적으로 막연한 불안에 대하여 막연한 방식으로 접근하지 말아야 한다. 나타나는 현상이 모두 바람직한 것은 아니기 때문이다. 불안할수록 전생보다는 이생에서 해답을 찾아야 할 것이다. 물론 예외는 있겠지만 전생에 대하여 말이 지나친 사람들은 멀리하는 게 현명하다. 현실에서 귀한 가르침을 남길 가능성이 희박하기 때문이다. 친분은 맺을지언정 인생을 함께하거나 멘토로는 바람직하지 않다고 할 수 있다.

57
불안은 욕망의 하녀

사회적 불안과 개인 심리적응에 관하여 프랑스의 철학자 알랭 드 보통(Alain de Botton, 1969~)의 견해를 중심으로 사회적 불안에 대한 개념을 정리하고, 심리적응에 대해 알아보자.

불안은 일반적으로 위험과 위협에 대한 심리반응(心理反應)으로 설명되거나 무엇인가 확실하지 않지만 어떤 큰 위험이 닥칠 것이라는 생각에 압도되어 마음의 혼비백산(魂飛魄散)으로 어찌할 바를 모르는 상태로 가슴이 울렁거리며, 호흡장애, 식은땀 등 자율신경(自律神經) 반응 증상을 동반하는 경우로 설명된다.

일상의 철학자로 알려진 프랑스의 알랭 드 보통은 불안은 욕망의 하녀(下女)라고 말하였다. 이는 일상적인 인간은 욕망하는 존재이고, 욕망하는 동안 불안은 필연적(必然的)이라는 뜻이라고 하겠다.

알랭 드 보통은 불안에 대하여 사회적 차원에서 접근하였다. 그는 불안이란 '사회가 정해놓은 성공에 이르지 못할 위험에 처했으며, 그 결과 존중받지 못할지도 모른다는 걱정'이라고 정의(定義)한다. 그래서 그는 인간의 삶은 한 가지 불안을 떨쳐내고, 새로운 불안을 맞아들이는 과정이 반복되는 것이라고 말한다. 그의 불안에 대한 핵심적인 견해들은 한마디로 사회적 지위(地位, status)와 밀접한 관련이 있는 것으로 여겨진다. 예컨대, 자본주의 사회에서는 대개 돈을 얼마나 많이 벌었느냐에 따라 지위가 결정되기도 한다. 여기서는 자기 스스로를 어떻게 보느냐는 별로 중요하지 않다. 이는 세상이 나를 어떻게 보는지 세상의 눈으로부터 벗어나지 못하는 것이 불안의 가장 큰 영향을 미친다는 것이다.

이러한 차원에서 바라볼 때 알랭 드 보통에 따르면 불안이 발생하는 근본적인 원인에는 다섯 가지가 있다. 그것은 사랑결핍, 속물근성, 기대, 능력주의, 불확실성 등이다. 이와 관련하여 왜 불안한가에 대한 이유를 조금만 깊이 생각해보면 자신의 지금 모습에 만족하지 못하는 느낌과 생각 때문이라는 것을 금방 알 수 있을 것이다.

현대의 자본주의 사회는 과거 그 어느 때보다도 물질적으로 풍요로운 시대라고 말할 수 있다. 그럼에도 불구하고 불안이 사라지기는커녕 더 높아진 것으로 생각하는 사람들이 많다. 세계적으로 퍼진 코로나19 사태로 말미암아 세계의 글로벌리즘(globalism)이 오히려 새로운 불안과 위협의 원인이 될 수 있다는 사실을 경험하고 있다. 따라서 연결과 공유가 모두 바람직한 것이 아닐 수 있다는 것을 알게 된 것이다. 즉, 인간들에게 위협이 되는 악성(惡性) 연결이 될 수도 있는 것이다. 그러므로 세계화의 욕망에는 세계적 불안이 뒤따르는 것 역시 필연적이라는 것이다.

물질적 궁핍으로부터 해방되려는 노력들이 역설적으로 궁핍감에 대한 공포의 원인이 되고 있다. 이러한 불안한 풍조(風潮)의 밑바탕 근저(根柢)에는 '사랑'이 자리 잡고 있다. 이는 사랑받고 싶은 욕망, 인정욕망이 불안의 뿌리에 해당한다는 말이다. 다른 사람으로부터 사랑받고 인정받으려는 생각 때문에 인정수단을 소유하려고 노력하게 된다. 그런데 이러한 모든 노력들이 모두 완전하게 성취에 도달하는 것은 아니다. 또한 도달하기까지 마음의 불안 역시 겪지 않을 수 없다.

인정수단에는 돈과 명예와 권력 등 사회적 이미지를 높여준다고 여겨지는 것들이 있는데, 이것들을 사랑하는 동안 반드시 그에 동반하는 불안을 감당해야 한다는 것이다. 여기에 사회적 지위의 성취는 '운'이라는 불확실한 상황까지 가세한다는 사실이 맞물리면서 현대인의 불안감은 증폭되고 있다.

불안은 어떻게 극복될 수 있을까에 대한 답변으로 알랭 드 바통은 인생은 하나의 불안을 다른 불안으로, 하나의 욕망을 다른 욕망으로 대체하는 과정이라는 믿음으로 극복될 수 있다고 말한다. 이는 궁극적으로 올바른 욕망의 대상을 찾아가는 과정을 받아들이라는 뜻이다. 즉, 영원한 사랑의 대상을 발견하게 되면 더 이상 대상을 교체할 필요를 느끼지 못할 것이고, 그런 상태에서는 불안이 사라질 것이라는 의미이다. 이러한 가능성을 알랭 드 바통은 예술에서 찾는다.

드넓은 자연 혹은 황폐한 풍경화는 인간존재의 미약(微弱)함을 깨닫게 하면서 지위로 인한 불안을 끝나게 해주고, 풍자(諷刺)와 익살(humor)은 자기보다 높은 지위에 있는 사람들에게 심리적으로 대응하는 유용한 도구가 되어 불안을 조절하는데 도움을 준다. 따라서 소설, 시, 그림, 희곡, 만화 등 예술작품은 이렇듯 인간의 불안과 긴밀한 관계를 유지한다. 즉, 인간은 살면서 숙명적으로 안고 가는 불안을 해소하고, 그 불안의 원인을 비판하기 위해 예술을 창작하고, 공유(共有)하는 것이다. 그래서 인간이 존재하는 한 예술이 사라지지 않는 이유다.

지금이 불안의 시대다. 사람들은 그만큼 힘들고 지쳐서 위로와 위안을 필요로 하고 있다. 그러나 값싼 위로보다는 불안의 원인을 파악하고 온전한 해법을 구하는 것이 바람직한 태도라고 말할 수 있다. 아픔과 불안에 공감하는 수준에서 멈추지 말고 실질적인 치유와 통찰의 수준까지 나아가기 위해 능력을 키워야 할 것이다.

58
불안의 양면성

불안을 근본적으로 극복하기 위해서는 불안에 대한 근원적, 철학적 이해를 습득하여야 한다. 이는 결국 불안에 대한 긍정(肯定)이 될 것이다. 왜냐하면, 불안을 부정적으로 이해할 때는 불안은 제거 대상이지만 긍정적으로 이해할 때는 성숙(成熟)의 디딤돌로 삼을 수 있기 때문이다.

불안 개념에 대하여 철학적으로 접근한 최초의 인물은 아마도 덴마크의 종교철학자인 키에르케고르(S ø renAabyeKierkegaard, 1813~1855)일 것이다. 먼저 철학적 차원에서 불안은 일종의 존재적으로 근원적인 기분(氣分)의 일부분이다. 즉, 철학적 파악에 의하면 인간은 자신의 존재를 문제 삼는 존재이며, 이러한 인간의 본질을 가장 명확하게 드러내는 기분이 바로 불안이다. 따라서 인간이라면 불안하기 마련이고, 그래서 불안은 인간의 실존적 조건이라고 말할 수 있다.

인간이 불안한 존재라는 점을 강조한 철학자 키에르케고르 이외에 또 다른 실존주의 철학자로 독일의 마틴 하이데거(Martin Heidegger, 1889~1976)를 들 수 있다. 그런데 키에르케고르와 하이데거는 공통점과 차이점을 보인다. 즉, 시대적으로 키에르케고르가 앞선 철학자로서 하이데거는 키에르케고르의 영향을 받았지만 키에르케고르는 기독교의 종교적 차원에서의 죄(sin)와 관련한 불안 개념에 집중한 데 비하여, 하이데거는 현 존재는 불안을 통해 닫

혀있던 세계 내 존재(인간의 본질적인 존재구조로 세계에 대하여 항상 내적인 연관과 관심을 두는 현 존재)의 자각에 대한 불안 개념을 말하고 있다는 점에서 차이를 보인다.

먼저 키에르케고르의 불안 개념을 살펴보면, 키에르케고르의 불안 개념은 원죄(原罪)로서의 불안, 점진적 원죄로서의 불안, 죄의 결과(結果)로서의 불안으로 나누어 파악될 수 있다. 원죄(原罪)로서의 불안은 인간을 죄에 빠뜨리는 타죄(墮罪죄에 빠짐. 또는 죄인이 됨)로 보았으며, 인간을 건져내는 구제(救濟)로 인도하기도 한다. 이는 불안의 변증법(辨證法)이다. 그는 불안을 설명함에 있어 이 타죄와 구제 사이에 인간의 역사가 성립한다는 불안의 역사성(歷史性)을 설명했다.

부연하여 설명하면, 불안이 인생의 걸림돌이 될 수도 있지만 불안이 생명의 디딤돌도 될 수 있다는 것이다. 인간의 역사 역시 이러한 타죄와 구제의 모순을 부정하면서도 따르는 변증법적 모습을 보여주고 있다는 것이 키에르케고르의 견해(見解)이다. 키에르케고르는 '점진적 원죄로서의 불안'과 관련하여 대부분의 사람들은 태어날 때 이미 객관적인 죄의 상황 속에 던져진다는 것이다. 죄 속에 던져지면 죄의 세력을 이기고 장악할 힘이 개인에게 기대하기 어렵다는 것이다. 이는 인간의 원죄적 상황은 선악과 사건이후 지속적으로 악화되었다는 뜻이다. 이것이 모든 사람들이 원천적으로 죄인이 되었다는 논리이다.

그러나 여기서 우리가 주의를 기울여야 할 점은 죄의 전이(轉移)가 세대적, 역사적으로 아무리 강력하게 작용한다 할지라도 그것이 인간의 실존적, 주관적 결단을 가진 개체(個體)로 인간을 타락(墮落)하게 만드는 절대적인 근거(根據)라고 말해서는 곤란하다. 왜냐하면, 키에르케고르는 언제나 개체의 자유를 전제(前提)로 하고 있으므로 그렇게 되면 인간의 독립적 존재로서의 개체가 파괴될 뿐만 아니라 키에르케고르 본인 스스로가 강조하는 가능성에서 현실성에로의 비약이 붕괴되어 버리기 때문이다. 키에르케고르는 죄의 결과(結果)로서의 불안은 영원한 것에 대한 불안을 뜻한다. 따라서 그가 주장하는 선(善)과 관계를 갖게 됨은 자신의 죄를 파기하고, 그 죄로 말미암아 얻을 수 있었던 기쁨과 만족감을 버리기를 요구하는 것이며, 영원한 존재(하나님)와 관계를 맺는 결단을 요구하는 것이다.

키에르케고르의 실존적(實存的) 인간의 모습은 본질적으로 우울하고 불안하다. 이러한 우울과 불안은 단순히 두려워하는 대상을 향한 공포심이 아니다. 불안에는 대상이 없다는 것이 정설(定說)이다. 그렇다면 이는 무(無)에 대한 불안이요, 인간 실존은 무의 심연에 직면(直面)하여 자유의 현기증을 느끼는 것이라고 말할 수 있겠다. 즉, 인간은 자유를 의식하는 순간에 불안을 느낀다는 것이다. 그런데 자유는 그렇게 될 수밖에 없는 필연(必然)을 동반(同伴)한다. 자유와 필연은 반비례 관계에 있다고 해야 할 것이다. 자유로운 것 같지만 살다보면 필연의 부분이 더 크게 느껴진다. 즉, 지나고 보면 필연적으로 더 크게 와 닿는다. 그러므로 가능성으로서의 자유는 필연적인 실존을 피할 수 없다. 결국 인간에게 완전한 자유도 완전한 필연도 없다는 것이다.

키에르케고르의 불안의 극복에 대하여는 이어지는 다음 글에서 좀 더 자세하게 다루어보려고 하는데, 결론적으로 인간은 불안하다. 그런데 이러한 불안은 세계 내에서는 해결될 수 없다는 것이 키에르케고르의 주장이다. 이것이 하이데거와의 차이점이다.

하이데거는 불안은 사람에게 드러난 구조들 중에 근본적인 존재로 가는 길을 열어주며 영혼으로 통하는 문(門)이라고 하며, 진정한 존재의 가능성과 대면 할 수 있는 방법론적으로 중요성을 강조했다.

즉, 불안은 인식적 존재가 아닌 자기 스스로 자연스럽게 감돌고 있는 불안 그 자체로 실존적 현상이고, 존재 자체는 "자기 마음대로 방침을 정한다."며, "존재를 사유하는 것"은 "자신의 참된 집에 이르는 것이다."라고 존재와 사유의 의미를 부여하였다. 존재는 두려움의 어두운 측면만 있는 것이 아니라 빛과 어두움이 어우러져 있기 때문이다.

인간에게는 존재의 본성이 없으며, 자신의 본성 · 본질을 스스로 만들어 감을 알 수 있다. 인간은 자신의 실존 속에서 방황하며 어디에서도 편안함을 느끼지 못한다.

불안의 양면성 : 불안을 긍정적으로 생각하면 불안하기 때문에 더욱더 노력하는 부지런함과 이기려는 승부욕으로 인해 생기는 것이므로 에너지의 원동력이 될 수 있다. 반면 불안이 없는 것은 안일함과 태만을 부를 수 있다는 불안의 양면성을 볼 수 있다.

59
불안 더하기는 절망

「김 선교사는 교수가 되려는 꿈을 실현하기 위해 서울 명문의대를 졸업 했는데, 기도 중에 약한 자들을 도우라는 소명을 느끼고 선교사가 된 인물이다. 그래서 여러 병원에서 제안하는 좋은 조건들에도 불구하고 아프리카로 향하는 것이 하나님의 뜻임을 알고 아프리카로 향했다. 그런데 아프리카 현장에서 어느 날 밤에 이상한 통증이 느껴져 검사한 결과 '파킨슨병'에 걸렸음을 알게 되었다. 이때 자신과 아내, 세 명의 아이들의 생활이 너무나 걱정되었고, 이겨낼 힘이 나질 않아 크게 절망하는 가운데 하나님께 매달릴 수밖에 없었다. 막다른 곳에 서있는 그에게 하나님께서 음성을 들려주셨다.

하나님의 그릇으로 귀하게 사용되기를 원했지만 자신이 깨진 그릇처럼 사용할 수 없는 그릇으로 느껴져 절망과 좌절이 왔을 때 "네가 깨어졌기 때문에 사용하는 것"이라는 하나님의 응답을 받았다. "깨어지면 쓸모없어지는 것이 아니냐?"는 김 선교사의 질문에 하나님께서는 "너의 깨어짐 때문에 십자가(실천하는 마음)에 달렸다."고 말씀하시면서 "너의 마음을 받았다."는 하나님 음성에 그는 눈물로 감사할 수밖에 없었다. 다만 하나님이 원하시는 길을 걸을 수 있음에 감사해야 함을 깨달았다. 파킨슨병으로 몸이 굳어가는 상황에서도 보수도 없이 스스로의 비용으로 하나님의 사역에 임하지만 하루하루를 은혜 안에서 살아간다는 김 선교사는 오늘도 환한 얼굴로 현지인 의사들과 피부를 맞대고 의료교육을 감당하고 있다.」

상기 사례에서 김 선교사는 절망적인 상황에서 넘어지거나 좌절하지 않고, 오히려 불안과 절망을 도약의 발판으로 삼게 된 것은 절대자와의 연결이라고 믿고 있었기 때문이다.

철학자이면서 신앙인이었던 키에르케고르는 불안과 절망의 극복에 대하여 자신의 경험을 바탕으로 불안과 절망의 이중성에 대하여 철학적으로 설명하였다. 키에르케고르의 저서 「불안의 개념」 마지막 장에서 인간이라면 불안을 소유해야 하며, 또한 불안을 올바르게 갖는 법을 알아야 한다고 강조한다. 이는 우선 자신의 불안을 의식하지 못하는 것은 문제가 있는 것이라는 뜻이다. 사람다운 사람이라면 먼저 불안을 깨달아야 한다는 것이다. 여기서 키에르케고르가 강조하는 불안은 가능성으로서의 불안이라고 할 수 있다. 가능성의 불안을 거친 사람만이 단단한 정신을 갖게 되기 때문이다.

「불안을 갖는다는 이 사실은 누구든지 해내지 않으면 안 되는 모험이다. 만약 그렇지 않다면 아무 불안도 가져보지 못한다는 사실 때문에 몰락하든지 혹은 불안 속에 빠짐으로써 몰락하든지 해서 멸망하고 말기 때문이다. 이와 반대로 불안을 바르게 갖는 법을 배운 사람은 최고의 사실을 배운 것이다.」

앞에서도 언급하였듯이 불안은 원죄(原罪)의 전제(내세움)일 뿐 아니라 또 구제(救濟)의 매개(중간의 양편관계 맺음)도 된다. 즉 불안을 디딤돌로 삼아 죄로부터 벗어나게 된다는 것인데, 불안 극복과 관련하여 키에르케고르는 먼저 불안과 절망의 이중적 성격 또는 변증법(모순구조 존재)적 성격에 대하여 주장하였다. 키에르케고르의 불안극복은 결국 신앙을 통한 구원이다. 그러나 그보다 먼저 반드시 선행(先行)되어야 하는 단계가 있는데, 그것은 불안과 함께 절망하는 단계이다. 이 단계는 구제의 과정에서 건너뛸 수 없는 단계이다.

불안은 근본적으로 무(無)에서 비롯된다. 또한 무는 불안 그 자체이며 무는 무한한 선택의 가능성이기 때문이다. 무한한 가능성으로서의 무는 불안을 반복하기 때문에 절망에 이르게 된다. 인간이 노력하는 결과가 결국 무에 이르는 것이라는 사실을 인간이 알게 되면 절망할 수밖에 없다. 그러므로 인간은 원초적으로 불안을 품고 살고 있으며, 무의 불안에서 절망이 파생(派生)되었음을 알 수 있다. 그런데 키에르케고르는 절망을 디딤돌로 삼아서 높이 뛰어오르는 절망의 비약(飛躍)에 대하여 언급한다. 이를 절망의 역설(逆說)이라고 표현하며, 절망의 변증법, 절망의 이중성이라고도 말할 수 있을 것이다.

키에르케고르는 절망의 역설 과정에서 인간은 자기 자신의 정성된 마음의 뜻과 힘을 다하는 온전(穩全, 조금도 부족함이 없고 흠이 없으며, 완벽하고 완성된 상태)한 존재적인 정열과 고난의 과정을 거쳐야 함을 강조한다. 이러한 전(全) 존재적인 절망의 과정에는 자신을 상실(喪失)하는 위험이 도사리고 있다. 여기에서 오직 인간으로 나타난 절대자에게 자기의 전 존재를 거는 열정을 지닌 자는 예상을 뛰어넘어 절대자에 의해 절망에서 벗어나고 비(非) 진리에 갇혀있는 자기 자신으로부터 벗어나게 된다는 것이다.

키에르케고르는 무엇보다도 인간의 폐쇄성은 자기 자신에게서 벗어나지 못한다는 존재라는 깨달음을 다른 사람에게도 올바르게 가르치려고 하였다. 그에 따르면 인간은 한계가 있으면서도 무한(無限)을 지향하고, 무한한 가능성의 존재 같으면서도 그렇게 될 수밖에 없는 필연적(必然的) 존재라는 것이다. 키에르케고르는 한 방향으로 치우친 것, 즉 유한성의 결핍 또는 무한성의 결핍을 절망의 상태로 본다. 환언하면, 절대자 앞으로 나아가지 못해서 자기 자신으로만 있으려는 것도 절망이고, 절망해서 자기 자신으로 있으려 하지 않는 것도 절망이라는 것이다. 어떤 사람은 자기 자신이 불안과 절망 속에 있다는 것도 모두 부정한다. 그렇다고 해서 그에게 불안과 절망이 없는 것이 아니라 그의 내면에 있는 불안을 스스로 인식하지 못하고 있을 뿐이다.

또한 그는 자신의 불안과 절망을 의식하지 못하고 있기에 그는 구원 받을 수 있는 자리로부터 더 멀리 떨어져 있는 것이다. 따라서 불안과 절망을 의식치 못한 자가 구원을 얻기 위해서는 먼저 불안과 절망을 의식해야 한다는 것이다. 이렇게 볼 때 불안과 절망은 인간을 파멸로 몰아넣는 무서운 병이고, 다른 한편으로 보면 구원에의 첫걸음이라고도 할 수 있다.

키에르케고르에게 있어 절망의 개념은 현실 속 인간이 극도(極度)의 절망상태로 떨어질 때 자기 자신의 한계성 속에서 주저앉아 안주하게 되고, 다른 한편으로는 절대자를 의지하며 믿음으로 나아간다는 이중적 의미를 가지고 있기에 절망은 불안과 마찬가지로 더 이상 절망이 아니라 구원의 전제가 되는 역할을 하기도 한다.

60
대인관계 불안

사람들 앞에 서는 것이 두려운 대인관계 불안에 대하여 구체적으로 알아보자.

사례 1 : 마음이 평온하지 않고, 긴장이 심해서 일대일로 대화할 때에도 목소리가 떨릴 정도로 목소리 떨림이 심했습니다. 그전에는 편하게 지냈던 친구들과도 일대일 대화할 때에도 나의 목소리 떨림이 느껴졌습니다. 그래서 모든 만남을 피하려고 했습니다. 심해지니까 가족과의 일상생활에서도 목소리 떨림이 있어서 너무 힘들었습니다.

사례 2 : 안녕하세요? 여고생입니다. 너무 불안해서 어딘가에 털어놔야 할 것 같아서요. 나 요즘 진짜 극도로 소심해져서 학교 갔다 오면 그 자리에 앉아서 나 오늘 애들한테 뭐 실수한 거 없나 생각하고 진짜 사소한 거 그런 걸로 애들이 나 안 싫어할 거 알면서도 그걸로 싫어할까봐 혼자 한두 시간 고민하고 무서워합니다. 지금도 두려움에 오늘 실수나 안 했는지. 사람들이 날 싫어할까봐. 그리고 어떤 애가 나한테 조금이라도 차갑게 대하는 날이면 내가 그 애한테 뭘 잘 못했나 몇 시간을 생각해요. 근데 답이 안 나오면 혼자 울고 무서워해요. 난 진짜 이 증상이 너무 심해져서 주말동안 이것만 생각하느라 공부 거의 못했어요. 한 시간 동안 수학 한두 문제 겨우 풀고…

해리 스택 설리반(Harry Stack Sullivan, 1892~1949)에 따르면

인정받으려는 욕구가 인간관계에서 불안감의 원인이라고 한다. 한편, 에리히 프롬(Erich Fromm, 1900~1980)은 불안의 원인은 친밀한 사귐 및 인정과 독립 등 내적 욕구들 사이의 갈등이라고 말하였다.

어린이의 경우 불안하면 개인적 장점이 희생될 수 있다고 한다. 예를 들면, 중류 생활에 안주하는 부모는 자신의 자녀가 전문직으로 진출하기를 원하지만, 이런 부모의 요구와 예술적 재능을 보이는 자녀 사이에서 불안감이 조성되고, 이 자녀의 불안은 파괴적 방향으로 발전될 수도 있다. 그리고 어린이의 창조성이나 예술성이 상실(喪失)되고 억압(抑壓)될 수 있다.

카렌 호나이(Karen Horney, 1985~1952)는 어린이가 좌절의 상황이라고 느끼게 되면 이는 적대감으로 발전할 수 있고, 이것이 다시 절망감을 증가시키는 악순환(惡循環) 고리를 형성할 수 있다고 말한다. 신경증적 방어는 또 다른 방법으로 불안을 증가시킬 수 있으며, 방어들 간에도 상호 갈등이 생길 수 있다. 최근 실험연구에 의하면 인간관계에서 안정감을 느끼지 못할수록 자신의 소유물에 대해서는 더 안정감을 느끼고 가치를 높게 평가한다고 한다.

「미국 예일대 Margaret Clarke 교수는 대인관계가 물질적인 가치를 매기는데 미치는 영향을 알아보기 위해 실험을 했다. 이 실험에서 연구진은 평균 21세의 남녀 98명을 세 그룹으로 나눠 각각 서로 다른 종류의 단어를 해독하게 했다.

첫 번째 그룹은 '사랑', '포옹', '친밀함'과 같이 안정감과 관련된 단어를, 두 번째 그룹은 '행복', '기쁨', '승리'와 같이 긍정적인 단어를, 마지막 그룹은 '책', '신발', '보트'와 같이 감정을 배제하고 물건만 지칭하는 단어에 대하여 뜻을 알아내도록 하였다. 그리고 세 그룹 모두 자신이 쓰고 있는 펜의 가치를 평가하게 했다.

그 결과 안정감과 연관된 단어를 풀이한 그룹은 평균 3.23달러, 긍정적인 단어를 알아낸 그룹은 평균 4.11달러, 감정이 담겨있지 않은 단어를 파악한 그룹은 평균 4.18달러로 각각 펜의 가격을 매겼다.」

이 연구로부터 도출되는 심리적 전략은 가게에서 지나치게 물건을 많이 사들이는 사람들의 충동성을 막을 수 있는 전략으로 만약 가정이나 사회에서 안정적인 느낌을 받는다면 물건에 대한 지나친 애착에서 벗어날 수 있다.

결론적으로 대인관계 불안이 있는 사람은 대인관계 지능(interpersonal intelligence)을 향상시킬 필요가 있다. 대인관계 지능은 사회적 지능(social intelligence)이나 정서적 지능(emotional intelligence)과 유사한 개념으로 다루어지는데, 타인(他人)을 이해하는 능력이다.

대인관계 지능은 자신의 강점과 약점을 파악하여 자신의 마음을 이해하는 능력인 자기이해 지능(intrapersonal intelligence)과 대비되는 개념으로 다른 사람의 표정, 목소리, 몸짓 등에 나타나는 감정이나 동기 등을 인식하는 능력이다.

61
변증법적 대화법

변증법적 대화란 서로 갈등하고 대립하는 두 사람이 대화를 통하여 나중에 하나 됨에 이르게 되는 묻고 답하는 방식의 대화방식이라고 말할 수 있다. 이를 구체적으로 이해하기 위한 사례로 열자(列子) 황제 편에 나오는 송(宋)나라 강왕(康王)이 혜앙(惠盎)에게 설득당하는 이야기인데, 송나라 강왕이 혜앙을 비웃으며, 헛기침을 하면서 소리쳐 말했다.

강왕 : 내가 좋아하는 것은 용감하고 힘이 있는 것입니다. 인의를 주장하는 사람은 좋아하지 않습니다. 손님은 무엇으로 나를 가르치려 하십니까?

혜앙 : 저에게 좋은 방법이 한 가지 있습니다. 한 사람을 용기가 있게 하되 그를 찔러도 칼이 들어가지 않고, 힘이 있게 하되 쳐도 맞지 않게 합니다. 임금님께서는 이런 것을 원하고 계시지 않습니까?"

강왕 : 그것 참 좋습니다. 그것이 내가 원하는 것입니다.

혜앙 : 대체로 찔러도 들어가지 않고, 쳐도 맞지 않는다는 것은 그렇게 좋은 것이 못됩니다. 그 보다 더 좋은 방법이 있습니다. 한 사람을 용기가 있게 하되 다른 사람이 감히 찌르지도 못하게 하고, 힘이 있게 하되 다른 사람이 감히 치지 못하게 합니다. 왜냐하면, 다른 사람이 감히 찌르거나 치려고 하는 생각부터 가지지 못하게 하기 때문입니다. 제게는 또 다른 방법도 있습니다. 그것은 다른 사람

이 본래 나에 대하여 찌르거나 치려고 하는 생각을 가지지 않게 하는 것입니다. 왜냐하면, 그런 생각조차 없기 때문입니다. 그것은 내게 처음부터 이익을 좋아하는 마음이 없기 때문입니다. 제게 또 하나의 방법이 있습니다. 그것은 온천하의 모든 사나이와 여자들로 하여금 모두 이익을 좋아하는 욕망을 충족하게 하는 것입니다. 이것은 용감하고 힘이 있는 것보다 훨씬 나은 것입니다. 이런 사람들은 경대부와 선비와 백성의 네 계급 위에 있는 것입니다. 임금님께서는 홀로 그런 것을 원하고 계시지 않습니까?

강왕 : 그것이 내가 해보려던 것입니다.

혜앙 : 공자와 묵자 같은 사람들이 그런 사람입니다. 공자와 묵자는 땅이 없으면서도 임금의 임금노릇을 하였고, 벼슬이 없으면서도 높은 위치에 있었습니다. 그리하여 천하의 모든 남자와 여자들이 목을 늘이고 발뒤꿈치를 들고서 그들을 편안케 하고 이롭게 하기를 원했습니다. 그런데 지금 임금님께서는 한 나라의 임금이십니다. 정말로 그들처럼 될 생각이 있으시면 사면 국경 안에 있는 백성들이 모두 그 이익을 얻을 것입니다. 그렇게 되면 공자나 묵자보다 훨씬 나을 것입니다.

강왕은 아무 대답도 하지 못하였고, 혜앙은 빨리 자리를 떠나 버렸다. 강왕이 좌우 신하를 둘러보며 말했다.

강왕 : 그 사람은 과연 변론가이다. 공자와 묵자를 싫어하는 나를 설복시키고 말았다.

변증법은 하나의 설득하는 대화법으로서 발전된 것이다. 변증(辨證)이란 직관 또는 경험에 의지하는 방식이라기보다는 어떤 사물에 대한 일반적인 지식을 논리적으로 분석하여 대상을 연구하는 방식을 의미한다. 즉, 혜앙과 송나라 강왕의 사례에서 나타난 것처럼 사리를 밝히고, 옳고 그름을 따지는 변론으로서 증명(證明)하는 것이다. 묻고 답하는 대화를 하다보면 최종적으로 서로 의견이 일치되는 합의에 이르기까지 오랜 시간이 걸리는 경우가 많다. 변증법(dialectic)은 본래 그리스어의 동사 '대화하다' 혹은 '강연하다'를 뜻하는 말에서 처음 유래하였다. 서양에서 변증법의 역사는 처음에 소크라테스(Socrates, BC 470~399)로부터 플라톤(Plato, BC 427~347)을 거쳐 헤겔(Georg Wilhelm Friedrich Hegel, 1770~1831)과 마르크스(Marx, Karl. 1818~1883)로 이어지는데, 서로 양보하지 않고 대립하는 갈등(葛藤)과 말이나 행동이 서로 맞지 않는 모순(矛盾)을 오히려 더 발전적 기회로 여기면서 더 높은 생산성의 기회로 활용할 수 있다는 믿음은 변증법을 주장하는 사람들의 가장 큰 공통점이라고 말할 수 있다.

간단히 설명하면 변증법은 서로가 상대의 모순(矛盾)을 지적하고 서로 논쟁하는 과정을 통해 결국 나중에는 발전적인 하나로 통합(統合)에 이르게 되는 장점이 있다.

62
안심은 필수

불안(anxiety)이란 근심걱정이 없는 안심(安心)과 상반(相反)되는 개념으로 정신적 무질서의 주요 증상 중 하나이다. 불안은 어떤 특정한 대상에 대하여 두려움을 느끼는 공포와 다른 개념이다. 즉, 불안은 특정 대상이 없는 상태에서 막연하게 빨려 들어가듯 느끼는 강력한 감정인 정동(情動)을 말한다. 예컨대, 어떤 사람이 나비가 가까이 오는 것을 두려워한다면 그 사람은 나비 공포증을 가지고 있는 것이지 나비 불안증이라고는 말하지 않는다. 확실하거나 구체적이지 않으면서도 좋지 않은 일이 벌어질 것 같은 생각이 들거나 위험이 다가오는 것처럼 느껴진다면 이는 불안 증세에 해당한다. 물론 그러한 불안 증세가 지속되는 기간과 불안의 강도는 다양하게 나타날 수 있다.

불안은 단순히 감정 차원이 아니라 신체적 반응이 동반되는 경우가 있다. 예를 들면, 호흡이 빨라지거나, 땀이 나거나, 소화가 잘되지 않거나, 변비나 설사를 일으키는 등 신체에 이상(異狀)현상이 나타나는 경우를 말한다. 이는 심리적으로는 모호한 위험이 느껴지면서 무력해지고, 다른 것에 대한 관심이 크게 축소되면서 오직 자기 자신에게만 몰두하게 된다. 요컨대, 불안은 무의식(無意識)적인 위험에 관련된 것이나 공포는 의식적으로 알 수 있다.

불안에 대하여 잘 이해하는 것은 건강한 일상생활을 영위하기 위해서도 매우 중요한 사항으로 정신분석학에서도 중심적인 자리를 차지하고 있다. 프로이트는 처음에는 불안 경험을 방어하려는 차원에서 신경증 증상이 발생한다고 생각했다. 만약 어떤 사람에게 불합리한 생각이 머리에서 떠나지 않고, 그 생각을 떨쳐버리려고 할수록 더욱 초조해지는 강박증(强迫症) 경험이 있고, 동시에 불안이 급격히 일어나면서 강력한 감정(정동)으로 경험된다면 이는 강박신경증이 불안을 완전히 대체하거나 온전히 통제하지 못했기에 신경증과 불안이 동시에 경험되는 것이라고 보아야 한다.

프로이트는 나중(1926)에 자아에게 다가오는 위험에 대한 느낌이라고 말했다. 이는 자아(自我, ego)의 관점에서 접근하는 것이다. 즉, 개인(나 자신)이 어떠한 위협에 대하여 느끼는 감정이라는 말이다. 그런데 여기서 말하는 위협은 외부적 위협이라기보다 내부에서 일어나는 위협이다. 다시 말하면, 현실적이고 외부적인 위험에 대한 불안은 공포라고 하고, 내부적 불안은 신경증적 불안(neurotic anxiety)이라고 한다.

가장 최초의 불안은 출생 불안이다. 아기는 너무 연약해서 자신이 감당할 수 없는 큰 자극에 대하여 위험과 불안을 경험하게 된다. 이러한 불안은 유아적 시기 등 심리적으로 약한 상태일수록 더욱 더 많이 경험한다. 이는 과도(過度)한 자극에 대하여 대처능력이 근본적으로 부족하기 때문이다. 이를 자동적 불안(automatic anxiety)이라고 한다.

그런데 심리적 구조가 모두 이루어진 다음에 느껴지는 내적 불안은 위험에 대한 결과로 생기는 것이 아니라 위험에 대한 예상 때문에 생긴다. 이러한 불안은 자동불안과 구별하여 신호불안(signal anxiety)이라고 부른다. 신호불안이 발생하면 나 자신(자아)이 알아차려서 위험에 대한 방어적 대비를 하게 된다. 신호불안은 객관적으로 위험한 상황에서는 건강한 생활을 위해 반드시 필요한 과정이라고 볼 수 있다. 그러나 갈등 상황에서는 갈등 자체를 직면해서 극복하려고 하기보다는 도피하려는 방향으로 행동하게 할 수도 있다.

불안 경험의 강도가 너무 커서 통제할 수 없게 되면, 그것은 그 사람에게 정신적인 혼란을 가져다 줄 수 있는데, 이를 공황(panic) 또는 외상적(traumatic) 상태라고 부른다.

이밖에 크게 애착을 느꼈고 의존했던 애정대상이 멀어지거나 상실했을 때 발생하는 분리불안이 있다. 예를 들면, 생후 6개월 정도에 이른 아기는 자신의 양육자를 알아보고 양육자에게서 마음의 안정을 찾는다. 그래서 다른 행동을 하다가도 곧 양육자를 다시 찾는다. 이는 양육자와 멀어지는 것에 대해 분리불안을 느끼기 때문이다.

아기가 출생하고 난 뒤 외부적 실제와의 첫 접촉의 불안을 해소시켜주어야 하는 것 또한 주 양육자인 엄마이다. 불안해소의 좋은 엄마는 아기의 요구와 필요한 환경을 제공하여 충분한 만족을 위해 유아의 안녕을 유지할 수 있도록 최선의 노력을 다해야 한다. 이 시기 아기는 부모로부터 충분한 케어로 만족을 느끼는 것이 자신의 힘(전능감)이라고 생각하는 안정된 생활과 충분한 교감으로 사랑을 받은 건강한 아기는 자신의 독립성인 진정한 자기를 찾아가게 된다. 반대로 충분한 사랑을 받지 못하거나 무관심으로 키워진 아기는 자라면서 자신의 독립성인 진정한 자기를 찾지 못해 불안을 초래하기도 한다.

위니캇(Donald W. Winnicott, 1896~1971)의 대상관계이론을 통해 보듯이 아기들이 엄마와 잠시라도 떨어져 있으면 울음으로 불안을 호소하는 것을 흔히 볼 수 있다. 실험을 통해 알 수 있었던 것으로 세 명의 세 살 정도 유아의 다른 현상을 볼 수 있었다.

첫 번째 아기는 엄마와 헤어질 때 엄청 떼를 쓰며 떨어지는 것에 못견뎌하며 울음을 터뜨렸고, 엄마가 올 때까지 불안해하며 울음을 그치지 않았다. 두 번째 아기는 엄마가 사라지자 당연하다는 듯이 멀뚱히 쳐다보더니 놀다가 엄마가 다시와도 본체만체하며 무관심한 표정을 지었다. 세 번째 아기는 엄마가 사라지자 처음엔 당황하며 인사를 나누고는 바로 적응하며 잘 놀았고, 엄마가 나타나자 아주 반갑게 대하는 모습을 보았다.

이를 통해 첫 번째 아기는 엄마와의 밀착관계에서 독립하지 못한 채 지나친 의존에서 벗어나지 못하는 분리불안을 심하게 느끼는 경우이다. 모든 일상을 엄마가 다해주어 의존하게 만들었으며, 잘못된 절제되지 못한 사랑과 교감의 갈망으로 미성숙한 상태의 아기로 마음의 성장이 멈춘 것이다. 두 번째 아기는 엄마의 사랑을 받지 못했고, 무관심한 상태로 자라면서 엄마의 자리가 없어졌으며, 기대하지도 않고 체념한 무감각한 상태로 되어 버려 아무런 반응을 보이지 않았다. 세 번째 아기는 충분히 좋은 엄마의 돌봄을 받은 긍정적 기억이 많은 아이로 성숙 및 홀로 있을 수 있는 우호적 능력을 갖고 있다. 이를 통해 아기의 불안은 엄마의 역할이 얼마나 중요한지 알 수 있고, 자라는 환경과 관계측면에서 불안이 야기됨을 알 수 있다.

우리와 가까이 지내는 동물인 반려견의 사례에서도 분리불안을 볼 수 있다. 주인이 집을 비우는 동안 반려견이 분리불안을 느껴 크게 짖기도 하고, 때로는 아무 곳에나 배변하는 경우도 있다. 이를 반려견 분리불안이라고 한다. 반려견의 분리불안은 특히 짖는 소리로 인해 이웃 간 갈등이 발생되기도 한다. 결국 반려견과 이별하고 관계를 끊게 되는 파양(罷養)으로 이어지는 경우도 발생한다. 이러한 반려견의 분리불안은 유기견 트라우마, 분양 시 어미와의 이별, 가족 구성원의 해체 등 다양한 충격의 원인으로 불안을 겪는데, 이를 해결하기 위해 행동 교정법을 주로 사용하여 치료하기도 한다. 이렇듯 불안은 원인이 있으며, 주변 환경이 어루만짐으로 치료를 위해 노력해야 한다.

63
행복한 공주병

전화로 상담을 요청한 한 어린 소녀(초등학교 6학년)의 이야기이다.

"저는 평소 내성적인 성격을 가지고 있으며, 친한 사람들과 있을 때는 완전 수다쟁이에다 활발하고 취미는 그림이에요.

방학이라 방콕으로 집에서 거울을 마주칠 때가 많은데, 화장실에 들어갈 때마다 제가 이뻐 보이고 머리스타일도 평소 애들이랑 사람들한테 쌍꺼풀 있고 눈 크고 이쁘다는 소리를 많이 들어서 제가 이상한 걸까요? 몇 명의 친구 애들처럼 '나 이쁘지 않아? 나 너무 이쁜 거 같아.' 이렇게는 안하지만 저도 공주병 걸린 건가요?"

누구나 특히 어린 소녀시기에는 공주병 경험을 한다. 그러나 위와 같은 사례들이 모든 공주병이라고 할 수는 없다. 다만 아름답기 때문에 특별한 대우를 받아야 한다고 여긴다든지 "나는 너희들과 다른 신분이고 귀족이야."라든지. 그래서 다른 사람들이 부러워하는 대상이고 감히 어쩔 수 없는 자리에 있다고 생각한다면 이는 공주병을 의심해 보아야 한다. 이런 심리적 현상을 신데렐라 신드롬이라고 말하며, '자기애적 성격장애'라고 한다. 나는 아름다우니까 왕자와 사는 것만도 감사해야 한다. 드러내놓고 말하지는 않아도 내면의 마음이 그런 마음이라면 이는 자기애적 성격이 강한 것이라고 보아야 할 것이다.

자기애적 성격장애(narcissistic personality disorder)는 대개 한

도 끝도 없는 환상적인 성공으로 마음이 가득 차 있다. 주변 이웃들로부터 늘 찬사와 존경과 관심을 받으려고 한다. 이러한 사람들은 대개 대인관계에서 상호 주고받는 관계보다는 일방적으로 심리적 착취를 즐기고, 다른 사람에게 심리적 공감을 발휘하지 못하며, 사기성 발언을 많이 한다고 알려져 있다. 전문적인 학문이나 예술가 또는 운동 특기 선수들에게서 많이 발견된다고 하는데, 정확한 통계자료는 없는 상태다. 이러한 공주병인 자기애적 성격의 소유자들은 좋은 자리에 있으면서도 전혀 만족을 모른다는 데 그 문제의 심각성이 있다. 이들의 기본적인 심리상태는 공허감과 허무감으로 항상 빈 마음 때문에 힘들어 한다.

「1954년 야구선수 조 디마지오와 세기(世紀)의 결혼식을 올린 월드스타 마릴린 먼로(Marilyn Monroe, 미국 영화배우, 1926~1962)는 고아에서 스타가 된 특별한 인물인데, 1962년 6월 1일은 마릴린 먼로가 연예사와 마지막으로 일을 마친 날이자 사실상 그녀의 최후의 날이었다. 왜냐하면, 그 이후로 공개석상에 나타나지 않았기 때문이다. 극심한 조울증 증세 때문이었다. 1962년 8월 5일 이른 아침 그녀는 집에서 시체로 발견되었던 것이다. 수면제를 너무 많이 먹었다. 더 이상 채워지지 않는 마음의 공허감이 극복되지 않은 게 큰 문제였다. 겉으로는 모든 것을 소유하였으나 마릴린 먼로의 마음은 텅 빈 시체였던 것이다.

마릴린 먼로는 스타배우로서는 가장 크게 성공한 것처럼 보였으나 그녀의 화려함 뒤에는 파멸의 어둠에 대한 불안과 외로움이 함께 있었던 것이다. 1956년 한 유대인 극작가와 혼인하지만 5년 만에 깨진 거울처럼 파경(破鏡)을 경험한다. 그녀는 과학자 아인슈타인, 존 F. 케네디와의 연애와 정사(情事)에 대한 소문이 따라다니기도 했다.

비평가들은 이렇게 말한다. "마릴린 먼로의 섹시한 이미지는 어쩌면 남성들의 환상이 만들어낸 것인지도 모른다. 그것이 마릴린 먼로를 유명하게도 했으나 그것이 또한 그녀를 파멸하도록 했는지도 모른다."」

들녘에 곡식이 익으면 고개를 숙이듯 유명인이 스스로 자신을 낮추는 겸손한 마음과 다른 사람을 존중하는 마음을 갖는다면 아름다움 그 자체일 것이다. 이렇게 겸손과 존중을 중요하게 생각하는 사회에서는 자기애적 성격인 공주병은 수치요 웃음거리가 될 것이다.

물론 현대사회는 자기 홍보를 많이 하는 시대라고 한다. 그래서 자기를 크게 나타내는 과대(過大)와 과시(誇示)가 정당화되기도 한다. 다행스러운 것이라고 여겨지는 것은 아직도 우리 한국 사회에서는 공주병을 좋지 않게 여기고 있다는 것이다.

심리적으로 공주병의 근본적인 원인은 자신에 대한 왜곡된 이해이다. 마릴린 먼로도 자신을 바로 이해하지 못했기에 마지막 불행을 피할 수 없었을 것이다.

64
코로나19, 심리적 위험 방어

2021년 11월 24일 코로나 바이러스 감염증 19(코로나19, COVID-19) 환자 발생현황에 대한 정부브리핑 자료에 의하면, 국내 확진자 429,002명, 사망자 3,401명, 격리 해제 381,851명이라고 발표하였다. 상황이 이러함에도 정부 당국은 「위드(With) 코로나」를 실시한 바, 점진적인 확진자 증가추이를 보이더니 급기야 11월 24일은 3천 명 대를 넘어 처음으로 4천 명대를 넘겨 무려 4,115명이 감염되었다고 발표하였다. 이에 불안감을 갖지 않을 수 없다.

사람에게 감염되는 코로나 바이러스는 현재까지 6종류가 알려져 있는데, 감기를 일으키는 바이러스가 4종류이고, 중증 폐렴을 발생시키는 바이러스는 SARS-CoV, MERS-CoV 등 2종류라고 알려져 있다. 불안 개념을 정의(定義)하는 데는 여러 가지 관점이 있을 수 있으나 프랑스 정신분석학자 자크 라캉(Jacques Lacan, 1901~1981)에 따르면 불안은 욕망의 주체로서 성숙을 촉구한다. 즉, 불안의 느낌이 있다면 이는 색다른 욕망을 통한 성숙한 인격을 요청하는 신호라는 의미이다. 그렇다면 코로나19 사태로 조성된 사회적 불안은 우리에게 근본적으로 어떠한 성숙에의 요청을 하고 있는지를 생각해보아야 할 것이다.

국내에서 최초 코로나19 확진 환자 발생은 2020년 1월 20일 확인되었다. 매년 음력 1월 1일을 중심으로 치르는 중국 문화권의 새해맞이 명절인 춘절(春節, Chinese New year)을 맞이하여 여행 차

우리나라를 방문한 35세 중국 여성이다. 입국 하루 전인 1월 18일 발병해 발열과 오한, 근육통 등의 증상을 호소해 같은 날 중국 우한 병원에서 진료를 받고 감기 처방을 받은 것으로 전해졌다. 첫 환자 발생 이후 급속하게 코로나 환자가 퍼졌다. 급기야 2020년 2월 23일 코로나19 위기경보는 '심각단계'로 상향(上向)되었다.

현행 감염병 위기 경보는 관심 → 주의 → 경계 → 심각 등 네 단계로 구분된다. 해외 신종 감염병이 발생하거나 유행(관심), 국내에 유입(주의), 국내 유입된 뒤 제한적으로 전파(경계), 지역사회로 전파 또는 전국적으로 확산(심각) 등으로 각각 한 단계씩 올려 대응한다. 지난해 3월말 코로나19의 심각 단계에서 마스크가 부족하여 배급제를 실시하였고, 각종 학교는 개학시기를 연기하였으며, 대학교 등에서는 사이버 수업으로 대체하였다. 심각한 것은 자영업자와 비정규직 근로자들은 수입이 줄어들고, 고용이 불안정해져 매우 심각한 불안과 스트레스를 느끼고 있는 실정이다. 이러한 부담은 마음의 부담으로 그치지 않고, 카드 및 대출이자, 그리고 임대료 연체 등 경제적 부담에 대한 걱정은 물론 경제적 생존 위협으로까지 확장되고 있다.

불안이 증가하면 합리적인 언행(言行)을 기대하기 어렵게 된다. 특히 인간관계에서 믿음과 신뢰를 바탕으로 하는 관계맺음에 금이 가기 시작한다. 생존의 위협이 크게 다가오게 되면 '오직 살아남아야 한다.'는 무의식적 자기보존 본능의 방어기제가 자동적으로 작동하게 된다는 것이다. 이런 움직임이 확산되면 모든 인간관계는 믿음과 상호신뢰에 기초하는 관계에서 멀어지고, 경제적 거래관계로 전락하게 된다. 요즘은 대중이 모이는 장소에서 재채기나 가벼운 기침이라도 하게 되면, 따가운 시선들로 집중 공격을 당하는 건 고사하고 피해버린다. 그러므로 이런 때일수록 긍정적인 반응이 더욱 더 요구된다.

부정적인 방어기제보다 긍정적인 방어기제를 발휘할 수 있도록 깨어 있는 의식적 노력이 필요하다. 무엇보다도 무의식적 감정적 반응을 자각하고, 이를 긍정적 방향으로 돌릴 수 있는 마음가짐이 필요하다.

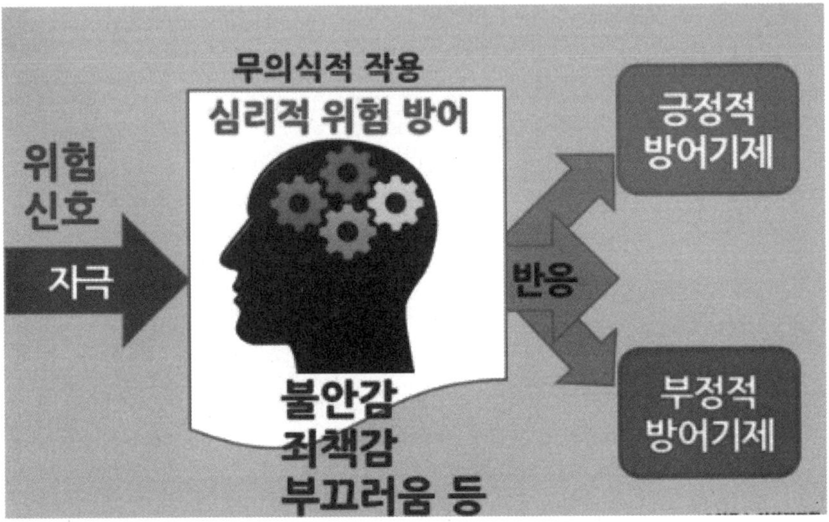

긍정적 방어에 대한 구체적인 방식에 대해 설명하면,

첫째, 불안하고 스트레스 상황 속에서 우선 할 수 있는 사항은 심호흡을 하는 것이다.

둘째, 떠오르는 모든 불안한 생각을 멈추고, 관찰자 입장이 되어 보는 것이다.

셋째, 객관적인 사실을 검토하는 데, 기대 수준과 현실의 차이를 분석해 본다.

끝으로 묵상(默想)이나 명상(冥想)을 통한 반성(反省)과 성찰(省察)의 기회를 지속한다. 이러한 과정을 통해 심리적으로 긍정적 반응을 할 수 있는 새로운 돌파구와 성숙의 길이 발견될 것이다. 불안은 긍정적 반응과 방어기제를 통한 인격성숙의 계기로 만드는 지혜가 필요하다.

65
전염병과 심리방역

요즈음 코로나19 바이러스 사태로 사회적, 심리적 공포분위기가 계속되고 있다. 인류가 당했던 전염병의 불안과 공포에 대한 역사적 사례는 과거에도 여러 차례 있었다. 이렇듯 전염병의 장기화에 따른 심리적 방역의 필요성이 대두되고 있으므로 심리적인 방역 방법에 대하여 고찰하지 않을 수 없다.

지금 온 나라, 온 세계가 불안과 공포에 휩싸이고 있다. 신종 코로나19 바이러스(COVID-19)의 공격 때문이다. 그런데 이러한 전염병에 대한 불안과 공포는 인류 역사 속에서 항상 있어왔다. 흑사병(黑死病, plague)은 쥐에 기생하는 벼룩에 의해 페스트균(Yersinia pestis)이 옮겨져 발생하는 급성 열성 감염병인데, 14~17세기까지 세계의 여러 곳을 무자비하게 강타했다. 국내에서는 아직까지 흑사병이 발병했다는 이야기는 듣지 못했으나 1346~1353년 사이에만 유럽 인구의 3분의 1 이상의 목숨을 빼앗아 갔다. 흑사병이 가져온 유럽인들의 공포와 사고의 변환을 잘 보여주는 문학작품이 있다. 바로 보카치오의 「데카메론」이다. '열흘간의 이야기'란 뜻의 이 작품에는 흑사병을 피해 시골의 한적한 별장에 몸을 숨긴 청년 셋과 처녀 일곱 명이 열흘간에 걸쳐 차례로 이야기한 기록으로 100편의 이야기가 담겨져 있다.

15~16세기 유럽의 정복자들은 남미와 북미의 원주민들에게 홍역과 천연두를 선사해서 항체가 전혀 없었던 원주민 인구를 10분의

1, 심지어 100분의 1 수준으로 초토화하고, 그 대신 얻은 매독은 16~17세기 유럽 상류사회의 피할 수 없는 동반자였다. 의학의 발달은 인류를 결핵이나 홍역, 나병, 콜레라 등 공포의 질병으로부터 구해냈으나 20세기에도 에이즈 에볼라 등 공포의 괴질이 인류의 의료적인 자만(自慢)을 비웃었다고 할 수 있다. 21세기에 들어서도 중증호흡기 증후군으로 SARS와 중동호흡기증후군인 MERS의 기습으로 인류를 허둥거리게 만들었는데, 번번이 호되게 당하면서도 한국과 중국 등은 국가적인 전염병 대처에 대한 적절한 시스템을 갖추지 못했다고 여겨진다.

항공여행이 자유로운 글로벌 시대에 감염 공포는 늘 임박한 위험이라고 할 수 있다. 중세 흑사병이 북유럽 끝에 닿기까지 4~5년이 걸렸다면 코로나 바이러스는 한 달 안에 지구 전체를 휩쓸고 있다. 사람들은 피해 환자가 전파자로 되는 감염공포의 이중성을 겪고 있다. 감염공포는 생명의 위협과 격리의 두려움에 맞닿아 있다. 감염 그 자체보다도 감염공포가 사회를 격리시키고 있다.

한편, 신종 코로나 바이러스 사태가 장기화되면서 감염 스트레스로 인한 우울감을 호소하고 있는 사람이 증가하고 있으므로 이에 대한 심리적 방역의 중요성이 강조되고 있다. 코로나 우울증을 의미하는 '코로나 블루'라는 신조어까지 생겨날 정도로 심리적 고통 속에 있는 사람들을 위해서 적절한 심리방역까지도 필요한 것이다.

신체적 · 정신적 충격으로 인한 스트레스 반응은 증상이 일시적으로 나타났다가 충격의 원인이 없어지면 사라지는 것이 정상이다. 그러나 이번 코로나19 사태처럼 장기적인 스트레스는 후발적인 정서불안을 나타낼 수 있으므로 각별한 심리적 대비가 필요하다고 여겨진다.

대부분 사람은 기억하고 예측하는 버릇이 있다. 따라서 이미 경험한 스트레스 상황을 기억하고 있다가 다시 발생될 것으로 추정되는 충격에 대한 두려움, 위험에 처해 있다는 막연한 불안감 등을 더욱더 강하게 느낀다는 것이다.

우선 코로나 예방을 위해서 자신의 감염확률을 최소화하기 위한 노력(적극적인 손 씻기, 코와 입에 손대지 않기, 사회적 거리두기 등)을 지속적으로 실천해야 한다고 강조했다. 중요한 것은 생활리듬으로 감염의 공포를 잊기 위해 일어나는 시간을 일정하게 조정해서 수면과 일상의 리듬을 유지하는 것이 좋다. 불안감을 해소하기 위해 신체운동을 많이 하는 것도 좋다, 그런데 실내보다는 넓은 공원 같은 곳에서 산책이나 야외 운동을 하면서 기분을 바꾸어보는 것이 더욱더 바람직하다. 사람들과의 거리두기에 신경 써야 한다. 또한 미술, 독서, 영화감상, 좋은 사람들과의 통화나 소통 등 사람마다 하고 싶은 방향에 맞추어서 기분이 상쾌해 질 수 있는 활동을 하는 것이 좋다. 즐거운 마음을 갖는 것도 노력이 필요하다.

최근 크게 문제시 되고 있는 가짜 뉴스에 노출되는 것도 주의하는 것이 좋다. 왜냐하면, 신종 코로나 바이러스 감염 확산에 따른 공포감을 이용, 유튜브 조회 수를 올리기 위해 자극적인 가짜 연출과 뉴스가 늘어나고 있기 때문이다. 또한 아이들에게는 인내심을 가지고 대하는 것이 바람직하다. 아이들에게 짜증 섞인 반응을 보이면 말을 하지 않고 폐쇄적인 행동을 나타낼 수 있기 때문이다.

> **“ 코로나19, 전염병과 심리방역 : 사회적으로 전염병이 돌면서 불안하고 걱정, 근심이 많아 여러 신체적, 정신적으로 오는 질환증상이 면역력을 저하시킨다. 예방을 생활화하며 대처한다. ”**

❝ 냉혈인간 : 성품에서 인정과 배려가 없는 냉정한 사람은 꼼꼼하고 계획적으로 행동하기 때문에 딱딱한 이미지를 줄 수 있다. 이런 성품을 지닌 사람들은 조금 더 포근하고 부드러운 이미지를 위해 노력해야 다른 사람들과의 수월한 교류가 이루어진다. ❞

❝ 왜곡된 욕망의 응집 : 욕망의 뿌리에서 갈라져 나온 가지들은 꿈, 소망, 의지, 바람, 욕심, 목표 등이다. 왜곡의 예) 에니어그램 유형별 욕망과 욕망의 왜곡을 보면,

① 완전하고자 하는 욕망 → 비판적인 완벽주의로 왜곡

② 사랑받고자 하는 욕망 → 필요한 사람이 되고자 하는 욕구로 왜곡

③ 가치 있게 여겨지고자 하는 욕망 → 가치가 없든 있든 성공만을 좇는 것으로 왜곡

④ 자기정체성을 찾고자 하는 욕망 → 자기 몰입만으로 왜곡

⑤ 유능해지고자 하는 욕망 → 쓸모가 없든 있든 한 분야의 전문화로 왜곡

⑥ 안전하고자 하는 욕망 → 한쪽으로 치우친 확신에 대한 집착으로 왜곡

⑦ 행복하고자 하는 욕망 → 광적인 도피로 왜곡

⑧ 자신을 보호하고자 하는 욕망 → 끊임없는 싸움과 분쟁으로 왜곡

⑨ 평화에 대한 욕망 → 고집스러운 태만으로 왜곡 ❞

10장

일탈에는 원인이

66
악마의 행동

무감동 냉혈인간, 인정받고 싶은 영웅심(英雄心) n번방! 우리 사회에 경각을 주고 화나게 한 성(性) 착취(搾取) 사건의 속칭이다. n번방의 진상(眞相)과 이를 운영했던 조주빈의 심리적 세계를 알아봄으로써 반면교사(反面教師, 다른 사람이나 사물(事物)의 부정적인 측면에서 가르침을 얻음을 이르는 말)와 타산지석(他山之石)의 기회로 삼고자 한다.

속칭 'n번방'이란 2018년 하반기부터 텔레그램 n번방과 박사방에서 자행된 비정상적이고 괴이한 엽기(獵奇)적 성(性) 착취(搾取) 사건을 말한다. 즉, n번방과 박사방을 운영한 가해자(加害者)가 미성년자 등 여성들을 협박하여 다양한 성(性) 영상(映像)을 촬영하고, 그 영상을 텔레그램 비밀 대화방에서 팔아먹는 매우 기획(企劃)된 사건이었다. 지금까지 알려진 이용자가 26만 명에 이르고, 피해자는 74명으로 이중 미성년자가 16명이다.

이 사건을 일으킨 장본인 조주빈은 한마디로 정상에서 벗어나 있는 이상심리(異狀心理) 소유자라고 말할 수 있다. 그리고 이 사건은 돈(錢)을 신(神)으로 떠받드는 물질만능 풍조와 사회의 금지(禁止)를 넘어선 병들고 왜곡된 기쁨, 향락(享樂)을 추구하는 사회에 경종(警鐘)을 울리는 사건이라고 말할 수 있다.

현대 자본주의 사회에서 돈이 없으면 인정받을 수 없는 가치관(價値觀)으로 물들어 있으므로 걸리지만 않는다면 어떻게 해서든 돈을 벌어야 한다는 생각을 했던 것이다. 또한 그는 돈을 쉽게 벌기 위해서 사람들의 욕망(慾望)을 최대한 이용하려고 했다. 여기까지는 그래도 이해될 수도 있으나 문제는 그 다음이다. 즉, 그러한 생각을 실제적 계획과 행동으로 옮기면서 스스로 감당할 수 없는 짜릿한 향락을 맛보았다는 것이다. 기획한 사업이 잘 굴러간다는 성취감과 함께 물질적 자유를 선사하는 돈 역시 굴러들어오는 기쁨에 취했던 것이다. 이러한 왜곡된 욕망과 빗나간 욕망의 사업은 외부로부터의 강제력이 아니면 스스로 자율적으로는 결코 끝내지지 않는다. 그래서 조주빈은 체포된 후 소감을 묻는 기자들의 질문에 천연덕스럽게 "악마의 행동을 끝내줘서 고맙다."라고 대답했다.

조주빈은 비록 풍요롭지 않은 집안에서 태어났으나 사회에 올바르게 적응할 수 있는 충분한 능력을 가지고 있었다. 문제는 비뚤어진 욕망이었다. 즉, 이 사건의 근본적 뿌리는 돈에 대한 지나친 집착과 변태(變態)성욕의 만남이라고 해야 할 것이다. 그리고 이러한 행태를 비밀리에 대중적으로 상품화할 수 있었던 것은 인터넷 기술의 고도화(高度化)이다.

조주빈은 고등학교를 졸업할 때까지 인천에서 살았다. 2014년 전문대 정보통신과에 입학해 2018년 2월 졸업할 때까지 평균 92.6점(4.17점/4.5점)을 받았으며, 학보사 기자와 편집국장 활동도 했다. 2014년 11월 학보에는 '실수를 기회로'라는 그의 칼럼도 발견할 수 있다. 이를 통해서 실수하지 않는 인생을 살려는 그의 주도면밀(周到綿密)한 태도를 엿볼 수 있다.

또한 그는 2017년 10월부터 6개월 동안 인천의 한 봉사단체에서 자원봉사자로 성실하게 활동하였다. 장애인지원팀장 경력도 있다고 한다. 그런데 그의 성격은 '이상 심리'에 해당한다고 말할 수 있다. 그는 낮에는 봉사단체에서 활동하고, 밤에는 성 착취 텔레그램 방을 운영하였다. 이러한 행태가 가능했던 것은 무엇보다 그는 타인의 고통에 무감동(無感動)한 냉혈인간(apathy)이라고 생각된다. 봉사활동은 성 착취 악행에 대한 동기를 감추고 표면적인 자기합리화에서 나온 가식적(假飾的) 행동으로 볼 수 있다. 그는 교묘한 자기합리화의 달인(達人)이었다. 왜냐하면, 나중에 재판을 받게 될 경우 형량(刑量)을 줄이기 위하여 봉사활동을 이어갔었던 것으로 여겨진다. 그만큼 그의 행동은 교묘(巧妙)한 사기행각(詐欺行脚)에 해당하는 것이다. 그의 목적은 오로지 사람들의 심리적 허약함과 왜곡된 욕망을 이용하여 돈을 버는 것이었다. 문제는 그러한 행태가 낳은 파괴성이다.

역겨운 영상을 돈을 내고 즐겼던 텔레그램 박사방 유료회원 1만여명 역시 변태 성욕자에 해당한다고 볼 수 있다. 조주빈은 한 마디로 자신의 개인적인 욕망을 위해 타인을 잔인하게 공격하는 무감동 냉혈인간이라고 할 수 있다. 자본주의 사회에서 크게 인정받고 싶은 영웅심(英雄心)도 크게 작용했다. 그 결과 익명의 대중들의 성적 놀이를 상품화하는 데 착안하여 임도 보고 뽕도 따는, 꿩 먹고 알도 먹는 기상천외(奇想天外)의 사이버 비밀사업을 꿈꾸었던 것이다. 이를 뿌리 뽑기 위해서는 강력한 대처가 필요하며, 성숙한 인간존중의 조기교육이 앞서야 할 것이다.

67
냉혈인간

인정이 없고 차가운 사람 즉, 피도 눈물도 없는 사람을 냉혈인간(冷血人間)이라고 일컫는다. 일상생활 속에서 따뜻한 온도를 가진 인간이 차가운 냉혈인간으로 변해 가는 모습을 알아보자.

「대개 회사를 다니는 사람들은 아침햇살이 떠오르게 되는 시간부터 새로운 하루를 시작하게 된다. 이들에게 아침을 여는 소리는 각(角)이 있는 건물, 무생물에 부딪히면서 시작된다. 헉헉거리면서 숨을 쉬는 회색 건물 사이로 사람들의 스쳐가는 발소리가 요란하다. 회색 건물로 들어가는 사람, 나오는 사람 일정하게 나올 때가 있고 드문드문 들어가기도 하고, 한꺼번에 어깨를 밀며 쏟아져 들어가거나 나오기도 한다. 이런 모습이 계속 이어진다. 일정한 온도를 가진 생명체가 차가운 무생물에 들어가면 냉혈인간이 된다.

들어갈 때는 그래도 얼굴에 미소가 지은 듯 보였지만 나올 때는 미소보다는 굳은 얼굴로 축 처져 지쳐있는 사람이 많다. 가끔 팥죽이 된 사람이 보이고 곧 터질듯 한 울상의 표정도 있다. 인간의 따스함을 뺏기는 것인지 차갑게 해야만 살기 때문인지 서로의 눈빛과 말투까지 칼날이 된다.

먹고 사는 가장 기본적인 것에 매일 전쟁을 치르듯 긴장과 스트레스 그리고 서로 보이지 않는 물고 할퀴는 역겨운 피비린내에 감정은 사라지고 뜨거운 붉은 피도 말라 간다. 사람 사이에서 냉랭하고 허망한 바람만 빠져나온다. 높은 빌딩 사이에 향방을 찾지 못하는 바람처럼 갈 길을 알지 못해서 길 찾는 나그네 되어 헤맨다. 매 마른 바람과 더러운 공기에 건조해진 나뭇잎과 뿌연 연기 속에서 상처 난 가슴을 하늘에서 생존의 힘을 충전하려고 작은 가슴에 햇볕의 뜨거움을 보충해가며 점점 가까이 먹이가 되어간다. 그러다가 아무런 형태도 없으면서도 크게 다가오는 날이 있다. 때때로 부서지는 파도의 파편들처럼 아주 긴 하루를 보낸 것 같은 느낌들이 찾아온다. 정확하지는 않지만 능력을 초과하여 받아주어야 하는 것이 많았고, 의미를 생각해야 하는 것도 적지 않았고, 그래서 기억하고 신경을 써야할 것이 많았다고 느껴지는 하루인지 모른다. 비슷하게 보낸 하루인데 유난히 기억이 선명한 날이 있는 것을 보면서 나의 태도가 언제나 중요해 보이는 마음이다. 편의점에서 산 맥주를 한꺼번에 마시고 왜 내가 이렇게 차가워져 가는지를 떨면서 하늘을 본다. 차가워진 나를 잊고 뜨거운 심장을 찾기 위해 따스한 온기를 그리워하는데 바람에 나뒹구는 낙엽은 처절하게 휩쓸려 사라져 버린다.

더 이상도 아니고 이하도 아닌 내 몸 하나 유지할 만큼의 돈을 벌게 만드는 세상에서 그 누구의 밥이 된 시간들이었지만 그래도 나는 마지막 힘을 짜내야 한다. 금요일 지칠 대로 지쳐 마지막 힘을 짜내야 한다. 휴식의 의미를 맥주 한 잔의 가치가 가장 빛을 낼 수 있는 시간으로 심호흡을 해본다.」

n번방 조주빈은 미성년자들의 성 착취 행동을 실행할 정도의 냉혈인간이다. 그렇지만 그도 세상에 태어난 처음부터 냉혈인간은 아니었을 것이다. 온도가 있는 따뜻한 인간이었을 것이다. 그런데 냉혈동물(冷血動物, Cold-blooded animal)은 외부 온도 변화에 따라 체온이 변화된 동물이다. 인간도 냉혈동물이다. 조주빈은 자신의 생존과 번영을 위해 외부환경의 차가운 냉혈온도에 너무 빠르게 너무 앞서서 적응(適應)하였던 사례라고 분별된다. 그에게 구금(拘禁)의 날들은 자연의 숨이 필요한 시간이 될 것이다.

68
왜곡된 영웅심리

영웅심리(英雄心理)란 비범(非凡)한 재주와 뛰어난 용기로 남들 앞에서 영웅이 되고자 하는 심리를 말한다.

최근 n번방 박사방으로 세상에 알려진 조주빈의 영웅심이 문제가 되고 있다. 이와 같은 영웅심은 사회적 존경의 대상에 될 수 있는 정상적인 영웅심과는 전혀 상관이 없는 열등감에서 비롯된 왜곡된 영웅심이라고 말할 수 있다. 정상적인 영웅심은 자신이 스스로 영웅이 되려는 것보다는 일반인들로부터 영웅적인 존경을 불러일으키는 행동에서 비롯되는 경우를 뜻한다.

1909년 10월 26일 일본인으로 가장, 하얼빈 역에 잠입하여 러시아군의 군례(軍禮)를 받는 이토 히로부미(伊藤博文)를 사살하고 현장에서 체포당한 의사(義士) 안중근(安重根) 같은 경우가 대표적인 영웅적 행동으로 인식될 수 있으며, 이런 경우 안중근 의사의 영웅심은 자신의 민족을 위하는 마음에서 했기에 위대한 것이다.

그런데 성 착취라는 극도의 악행을 벌인 조주빈의 영웅심은 병리적인 경우에 해당한다. 공범들을 직원으로 부르면서 돈과 협박으로 조종하고 조직적인 끔찍한 범죄를 저질렀기 때문이다. 게다가 '대화방'에서 군주(君主)처럼 위세(威勢)를 떨어보려고 유명인과 친하다는 친분을 주장하면서 영웅심의 본색(本色)을 드러냈다. 이러한 영웅심은 열등감에서 비롯된 왜곡된 영웅심이다. 공범(조직원)들은 조주빈에게 잘 보여야 위치가 올라가고, 더 많은 보상(더 자극적인 영상)을 받을 수 있으며, 또한 향후에는 조주빈과 같은 총괄 운영자가 될 수 있다고 생각하였기에 조주빈의 영웅심리를 더욱 자극하였다.

온갖 성 착취 행위를 조종(操縱)한 조주빈은 각종 유명 인사의 정보를 끊임없이 떠벌리며 자신을 과시했다. 언론인과 정치인, 연예인과의 친분을 주장했는데, 특히 손석희 JTBC 사장과 형, 동생 하는 사이라며 '통화녹음도 들려줄 수 있다고 했다. 또한 배우 주진모의 휴대전화를 해킹한 것도 자신이다.'라고 과신하는 식의 영웅심을 나타냈다. 이는 모두 허풍(虛風)이고, 자신을 제왕(帝王)처럼 포장해 군림(君臨)하려는 심리로 볼 수 있다. 이러한 행동은 일종의 팽창된 자의식이며, 심한 열등감에서 비롯됨을 알 수 있다.

경찰 조사에서까지 조주빈은 회원 수가 수만 명에 달한 박사방의 성행각(性行各)을 자랑스럽게 말하기도 했다고 한다. 국민 앞에서 처음 입을 열었을 때 자신에게 속아 넘어간 인사들의 실명을 언급한 것도 같은 맥락으로 볼 수 있다. 검찰에 넘어가면서도 자신의 영향력을 과시하려는 일그러진 영웅심리의 단면을 보여주고 있다. 자신의 잘못을 뒤로 감추고 축소시켜 관심을 돌리려는 주도면밀함도 숨어있다.

영웅심리를 잠재우지 못한 정의감의 한 사례자의 예이다.

"어제 퇴근하고 집에 오다가 괜한 영웅심리가 발동하여 저만 피곤한 일을 겪었습니다. 주로 정상적인 퇴근을 할 때는 버스를 주로 이용했으나 외근을 나가서 일을 하면 지하철을 타고 퇴근을 합니다. 그런데 어제는 외근을 하고 퇴근을 하는데, 이상하게 지하철이 타기 싫어서 버스를 타게 되었습니다. 집에 다와 갈 때쯤 갑자기 버스기사 있는데서 굉장히 시끄러워 지더군요. 어느 술 취한 아저씨가 버스기사한테 운전 똑바로 안 한다고 시비를 걸며 고래고래 고함을 지르고 혀 꼬부라진 목소리로 욕설을 퍼붓더군요. 그런데 1절만 하면 그냥 넘어 가겠는데 자꾸 말이 늘어지더군요. 기사는 죄송하다고 하는데도 술에 취했으니 그런 말이 들어올 리가 있겠습니까. 참다못한 어느 한 아주머니가 위험하니 자리에 앉아서 가라고 앞쪽 자리를 비켜 주더군요. 그랬더니 또 그 아주머니한테 시비를 겁디다. 참다못한 아주머니는 뒤로 피신을 오더군요. 그랬더니 다시 그 술 취한 아저씨가 일어서서 버스기사한테 또 고래고래 고함을 치면서 시비를 걸더군요. 그때 제가 더 이상 참지 못하고 폭발했습니다. 뭐. 그냥 참고 가도 되는데. 그랬더니 인제는 저한테 시비를 걸며 악을 쓰더군요. 니가 뭔데 라는 식으로.

갑자기 열이 확 받치더군요. 꾹꾹 참고 조용히 가자고 말했더니 그 아저씨도 열이 받는지 나보고 내리자고 하더군요. 그래서 둘이 내렸습니다. 전 아직 3코스나 더 가야 하는데. 내리고 보니 별로 그 아저씨도 나한테 할 말을 못하더군요. 그가 하는 말이, 술 취한 사람 주저리는 투로 니 나이 몇 살이냐? 나한테 왜 이러느냐? 등 별 쓰잘데기 없는 말로 말이 늘어지길래 그냥 앞으로 이런 일로 다른 사람 피해주지 말고 곱게 집에 들어가시라고 하고 집을 향해 걸었습니다. 뭐 버스에서 내려서 좀 험한 말과 험한 행동도 제가 좀 했으나 그렇게 하지 않음 안 될 것 같아서요. 그렇게 일을 치르고 집을 향해 걷고 있는데 비가 오더군요. 우산도 없는데….

비를 맞으며 집에 가는데 문득 내가 왜 그랬을까 하는 생각이 들더군요. 사람들에게 피해주고 있는 술 취한 폭탄을 제거한답시고 한 행동이었는데. 이미 버스에서 내려 버렸으니 버스에 있던 사람이 날 기억해주는 일도 아닌데. 흥분한 나머지 내려야할 곳보다 3코스나 전에 내려서 이렇게 비를 맞고 집에 가고 있는 내 모습이 비맞은 생쥐 꼴이었지요. 그래도 여러 사람이 피해 입은 것 보다는 낫다고 생각하니 그렇게 기분은 나쁘지 않았답니다."

사례자의 경우 조금은 위험한 상황일 수도 있었다. 술 취해 막무가내이기에 다칠 수도 있는 상황인데도 불구하고 여러 사람을 위해서 그런 행동을 한 것은 칭찬할만하다. 그러나 위험한 상황에서는 경찰의 도움을 받아야 함을 알려주었다. 사례자의 영웅심리는 결국 인정(認定)받고 싶은 욕망에서 비롯되는 것이라고 할 수 있다. 인정 욕망은 누구에게나 있다. 다만, 이것이 왜곡된 방식의 지나친 과시와 포장으로 표현되는 것은 모두 경계해야 할 것이다.

앞에서 거론된 범죄자의 왜곡된 영웅심리는 자신이 무엇 때문에 수갑을 차고 기자들이 몰려왔는지 모르는 게 아닌데도 얼굴을 번쩍 들고 보란 듯이 당당하다. 사건의 본질을 흐리는 유명인의 거론으로 자신의 위치를 동급으로 부각시킴으로써 열등의식을 애써 감추고 있으며, 자신이 저지른 죄질의 관심에서 멀어지게 돌리려는 아주 영악한 범죄자이다. 이렇게 주도면밀한 머리를 사회의 이로운 일로 기여하는 곳에 썼다면 진정한 영웅으로 대접을 받았을 텐데 잘못된 생각의 전환으로 범죄인이 된 것이다.

우리의 주변에도 항상 일어날 수 있는 일이니 만큼 사회적으로 우리 스스로가 밝은 사회 만들기에 앞장서야 할 것이다.

69
왜곡된 욕망의 응집

인간에게는 늘 간절히 바라는 욕망(欲望)이 있다. 무엇인가를 바라는 욕망 자체는 결코 나쁜 것이 아니다. 그러나 문제는 욕망의 왜곡(歪曲)이다. 욕망이 왜곡된다는 말은 욕망하는 대상과 밀접한 관계가 있다. 이는 인간은 본질적으로 향자적(向自的) 존재이므로 향하는 대상이 문제라는 뜻이다.

인간 욕망의 기본적 성격은 자기를 유지하고 확장하려는 것이다. 여기서 문제는 자기(自己, self)의 개념이다. 또한 인간은 향자적 존재이므로 자기대상(自己對象, selfobject)이 중요하게 된다. 자기는 반드시 자기대상과의 관련 속에 존재하기 때문이다. 즉, 자기대상과 관련 없는 자기는 없다는 말이다. 여기서 욕망의 왜곡과 자기대상의 문제를 발견할 수 있다. 무엇(누구)을 욕망의 대상으로 삼느냐와 누구(무엇)와 자기대상 관계를 형성하고 있느냐는 서로 밀접한 관련이 있다는 말이다.

누구든지 가장 사랑하고 가장 큰 기쁨과 욕망의 대상을 가지고 있다. 그것이 그 사람의 인격형성에 매우 지대한 영향을 주게 된다. 이러한 관점에서 볼 때 최근 언론에서 악명 높은 것으로 회자되고 있는 성 착취(性搾取) 범죄자 조주빈 역시 욕망의 대상을 잘못 선택하였던 것이 인생파탄의 심리내적 원인이라고 보아야 할 것이다.

n번방의 주범인 조주빈은 스위스의 심리학자 융(Carl Gustav Jung, 1875~1961)이 말한 것처럼 어린 시절과 청소년기에 형성된

전형적인 페르소나(본성을 감춘)로 가면을 쓴 겉과 속이 다른 이중적인 성격인 반사회적 인격 장애이다. 비양심적인 방법으로 대중의 약한 호기심을 자극하는 수법으로 유혹하여 많은 회원을 동원해 돈(money)도 벌고 성 욕구도 챙기는 등 영웅심으로 군림하며, 협박과 착취를 일삼는 것에 수단과 방법을 가리지 않았다. 그의 심층 깊은 속에서 가장 사랑하는 대상은 성공하는 것이다. 평소 외모 콤플렉스와 학력의 자격지심을 돈이라는 수단으로 모으는 데 집중하여 사회에서 자신의 위치를 높여주고 인정받는 인물로 만들게 한다고 믿고 있었다. 그런데 조주빈처럼 이상적인 자기 스스로를 욕망의 대상으로 삼는 경우 정신분석학적 용어로 자기애(自己愛)의 응집 형성이 문제라고 할 수 있다.

조주빈처럼 자기애가 강한 사람은 자신의 유익을 위하여 타인을 공격까지도 마다하지 않게 된다. 이렇게 타인을 공격함으로써 즐거움을 찾는 사람을 가학적(加虐的) 성격자라고 부른다. 그런 의미에서 조주빈도 가학적 성격자라고 할 수 있다. 물론 유아기처럼 어린 상태에서 자기 자신을 사랑하는 자기애는 당연지사(當然之事)라고 볼 수 있다. 문제는 조주빈처럼 성인이 되어서도 여전히 자기애적 욕망의 수준에 머무는 것이다.

정신분석에 따르면 유아기에는 욕망의 에너지가 자기 자신에게 쏠려 있다. 그래서 프로이트는 이 상태를 1차적 나르시시즘(narcissism, 자기 자신에게 애착하는 일)이라고 하였다. 나중에 자라면서 욕망에너지는 자기 자신으로부터 떠나 외부의 대상을 향해야 하는데, 어떠한 심리적 문제로 외부대상을 사랑할 수 없게 될 때 유아기에서처럼 자기 자신을 사랑하는 상태에 머물게 된다. 조현병(調絃病, schizophrenia)이나 편집증(偏執病)은 자기애적 성향이 극단적으로 나타나는 사례이다. 조주빈 역시 강한 자기애적 성격자라고 할 수 있다. 그것도 교묘하고 영리하지만 왜곡된 자기애적 성격 소유자라고 할 수 있다.

욕망의 왜곡 원인은 욕망의 대상이 문제이고 자기대상 문제이다. n번방 사건에서 가해자로 여겨지는 사람들의 병리적 성욕 표현도 자기와 자기대상 경험 안에서 개념화할 수 있다. 성 도착적 행위들은 성적 수단을 통해 자기를 자극하고 활성화시키고자 하는 연약한 자기의 표현으로 간주된다. 성적 욕망의 왜곡 역시 자기의 문제인 것이다.

성적 욕동은 그 자체로서 일차적 심리 구성물이 아니다. 성적 욕동의 출현은 오직 자기 대상 환경이 제공하는 공감이 외상(外傷)적이거나 실패했을 때 나타난다. 성추행은 단순 조절력 부족인 경우도 있으나 대개는 성적 왜곡이 많다.

대개의 성추행 범들은 성적 배고픔 때문에 하는 것이 아니다. 그들의 목적은 섹스행위 자체가 아니라 자기의 성을 무기로 여성에게 복수하려는 무의식적 심리에서 일을 저지르게 된다. 이들의 심리 안에는 대부분 어릴 적 성장기에 어머니나 누이 또는 결혼 후에는 아내에게 머리를 들지 못하고, 때때로 구타와 괴롭힘을 당하거나 위축되어 있는 사례가 많다. 한마디로 여성에 대한 피해의식이나 두려움이 심리 속에 있는 것이다. 이러한 열등감이나 콤플렉스가 심해지면 여성 자체를 혐오하게 된다. 그러나 남성과시 욕구는 남아 있으므로 여성을 공격하여 정복함으로써 남성으로서의 자기를 확인하려고 한다.

물론 이는 의식적으로는 부정하는 무의식에 남아있는 병리적 현상이다. 그런 뒤 우울증 상태로부터 벗어나기 위하여 강렬한 경험을 얻을 수 있는 입, 항문, 남근에 대한 자극으로 향한다. 이와 같이 욕동이 고도로 집중되는 경험은 성인기의 성적인 정신병리 형태를 결정하는 지점이 된다. 이러한 병리는 본질상 자기의 질병이다.

성추행이나 성폭행을 하는 남자는 예쁜 여자를 선택하는 것이 아니라 거의 무차별적이다. 오히려 약해 보이는 여성이나 힘이 없다고 여겨지는 여성에게 접근하는 경우가 태반이다. 그래서 연약한 어린이나 청소년의 성추행 · 성폭력이 성행한다. 한두 번이 아닌 습관성으로 드러나 결국 미투(me too) 사건 등에 걸려드는 것이다. 그러므로 자기심리학 관점에서 치료의 목표는 왜곡된 자기애적 구조의 결함을 제거하고, 응집적 자기 즉, 삶을 즐길 수 있고 성취할 수 있으며 창조적인 방식으로 기능하는 자기를 형성해준다.

조주빈 및 n번방 사건 가해자들 역시 욕망의 왜곡으로부터 벗어나 창조적 방향으로 회복할 수 있도록 건강한 자기대상 경험이 필요하다고 말할 수 있다.

> **“ 용의주도와 주도면밀 : 일에 있어서 치밀하고 꼼꼼한 전략가로 어떠한 실수도 하지 않는 좋은 장점을 가졌으나 그 좋은 장점들을 범죄에 적용하는 어리석음에 안타깝다. 좋은 인성과 장점을 살려 가치 있는 일에 몰두하기를 바란다. ”**

70
용의주도와 주도면밀

어떤 일을 빈틈없이 처리하는 것을 주도면밀(周到綿密)이라고 하며, 주도면밀과 같은 뜻으로 쓰이고 있는 용어로 용의주도(用意周到)란 말이 있다. 어떠한 어려운 상황에서도 심기일전(心機一轉)하고 용의주도(用意周到)한 사람들은 나날이 발전하게 된다.

n번방과 박사방을 주도한 주범들은 용의주도하고 주도면밀한 성격이라고 한다. 그러나 결국 체포된 것을 보면 끝까지 주도면밀했던 것은 아니라고 말할 수 있다.

현대인들은 지나친 업무량 소화로 인한 과로(過勞)로 피곤함과 스트레스가 당연시(當然視)되는 사회에 살아왔고, 지금의 일상생활 역시 스트레스 속에 있다고 말할 수 있다. 요즘에는 코로나19로 인하여 더욱 더 힘든 생활을 하고 있다. 과로와 스트레스가 인간생활과 생명에 미치는 영향은 결코 대충 지나치거나 간과(看過)하지 말아야 한다. 스트레스가 쌓이면 그동안 문제없었던 위장병도 생기고, 기타 고혈압이나 심장병도 생길 수 있다. 스트레스를 정확하게 수치로 나타내기는 쉽지 않지만 사람이 마음으로 느끼는 스트레스 강도는 임상적으로는 확인이 가능하다.

노동관계법이 크게 강화되었음에도 불구하고 우리 주변에는 여전히 과로로 인한 스트레스에 시달리는 사람들이 적지 않다. 건강은 초과 근무로 인한 시간외 수당이나 지위 상승보다 훨씬 더 중요하다는 것을 알면서도 이를 피하지 않고 있다. 무리해서 일하는 사람들 중에는 대개 능력 있는 사람들이 많다. 능력이 있는 만큼 인정받고 있다는 말이고, 사업을 하는 사람이라면 인기가 있기에 찾아오는 사람이 많은 것이라고 말할 수 있다. 그래서 이들은 쉼이 필요함에도 불구하고 찾아오는 사람을 '외면할 수 없어서' 라는 이유를 말하고 있다. 책임감을 가지고 일하고 고객의 복지를 위해 능력을 발휘하는 것은 바람직한 것이다. 그러나 정기적으로 건강을 점검하는 것은 더욱 중요하기에 주도면밀한 자세가 이럴 때 필요한 것이다.

역사적으로 주도면밀한 인물은 여러 사람들의 사례를 들 수 있으나 건강과 관련된 삼국지 제갈량 이야기의 실례를 찾아볼 수 있는데, 여기서 주도면밀한 인물과 그렇지 못한 인물을 대비해서 소개해보면, 제갈공명과 사마의(司馬懿)의 예를 들 수 있다. 사마의는 자(字)와 함께 사용하여 사마중달(司馬仲達)이라고도 한다. 제갈량은 그의 숱한 전쟁의 공(功), 전훈(戰勳)과 마치 귀신처럼 자유자재로 활약하는 신출귀몰(神出鬼沒)의 전술가(戰術家)임에도 불구하고 읍참마속(泣斬馬謖)과 칠종칠금(七縱七擒)에서 보여준 그의 실패 때문에 그는 스트레스를 이기지 못하고 54세에 죽게 된다. 그런데 제갈량의 적이었던 사마중달은 제갈량이 죽고 난 후 중국을 통일하게 된다. 그는 어려운 정치적 상황에서 70이 넘은 나이임에도 쿠데타에 성공하였다. 그래서 역사가들은 끝까지 용의주도(用意周到)하고 주도면밀(周到綿密)한 인물은 최후 승자 사마중달(司馬仲達)이라고 평가하고 있다.

용의주도함과 주도면밀함은 현재를 사는 사람들에게도 꼭 필요한 장점이지만 중국에서는 거짓말을 잘하는 사람을 사마의라고 비하하고 있으며, 그 말을 들은 사람은 매우 불쾌하게 여긴다고 한다.

71
영혼사육

다음은 조동범의 시(詩) 「양어장」이다.

죽음을 맞으며 생선은 비로소 바다를 보았다.
은빛 오후를 만들어내는 양어장의 평화로운 순간
생선은 탄력적으로 죽음을 퉁겨내며
잔잔하게 빛나는 바다를 바라보고 있다.
바다를 둘러싼 그물이
넘실대는 생선의 죽음을 지켜보고 있다.
먼 바다를 꿈꾸지도 못하고
양어장을 맴돌던 생선
생선은 평생을 맴돌았던 바다를 뚝뚝 흘리며
마지막 숨을 몰아쉬고 있다.
비늘 깊이 박히는 그물의
촘촘한 공포가 지나간다.
양어장 너머의 들판이 고요하게 나부낀다.
들판을 바라보는 생선은
아득한 울렁임을 경험한다.
들판이 나부낄 때마다
생선의 비늘 깊숙이 담긴 바다가 일렁인다.
비늘 속으로 일렁이며
아득히 사라진다.

물고기의 처소(處所)는 바다이다. 바다에서 태어나 바다에서 살다가 바다에서 죽는 것이 원칙(原則)이다. 그런데 인간이 그물을 쳐서 양어장을 만들었다. 멀리서 보면 그저 평화로운 양어장이지만 생선의 입장에서 본다면 끔찍한 감옥(監獄)이 아닐 수 없다. 이것이 사육장(飼育場)이다.

그런데 미성년자 성 착취(性搾取) 사건으로 알려진 n번방의 주범 조주빈 및 그와 함께 한 사람들(직원)은 마치 양어장에서 물고기를 사육하는 것과도 같이 어린 여성들을 강제로 유인하여 자신들의 성적 만족을 위해 착취하였다. 이러한 성 착취 사건은 심각한 영혼사육(靈魂飼育)에 해당함에도 불구하고 우리 사회에서 근절(根絕)되지 않고 숨어서 반복된다는 데 그 심각성이 있다.

정x영 사건 때도, 버닝썬 사건 때도 정신의학 전문가들은 분명히 말하였다. 단죄하지 않는다면 이런 일은 또 분명히 다시 생길 것이라고 말이다. 무슨 짓을 하고도 돈만 있으면, 권력만 있으면 용서된다는 면죄부를 주었기에 이런 일이 반복된다고 생각한다.

실제 불법 촬영으로 인한 고통은 흔히들 말하는 외상 후 스트레스 증후군(PTSD, post-traumatic stress disorder, 큰 정신적 충격 때문에 겪게 되는 의학적 증상)보다 훨씬 더 심각하다. PTSD 환자들 역시 두려움 속에서 재 경험(再 經驗), 과각성(過覺醒, 자극에 대해 정상보다 과민하게 반응하는 상태), 예기(豫期) 불안의 고통을 겪지만 매일 반복해서 겪지는 않는다. 하지만 불법 촬영의 피해자들은 가족, 친구, 직장, 모든 인간관계와 일상이 파괴되고 짓밟힌다. 그 어디에도 마음 편히 갈 수 없다. 모두에게 벗겨진 상태가 노출된 것 같고, 모두가 손가락질하면서 수군거리는 것만 같아서 집에서까지 편하게 쉴 수 없다. 혹시 자신의 영상이 올라와 있을까봐 인터넷도 열어볼 수 없다. SNS도 마찬가지며, 전화벨만 울려도 긴장하게 된다. 피해자가 범죄자가 되는 기막힌 상황이다.

반면, 피해자들의 숨어 사는 파괴된 삶에 비해 가해자들은 뻔뻔하게 잘 살고 있다. 피해자에게 불면증과 우울증, 공황장애까지 같이 올 수 있고, 심한 경우 자살까지 이어질 수 있다. 최소 1년에서 2년 정도의 상담과 약물 치료를 병행해야 일상으로 복귀할 수 있을 것이라고 한다. 심리적 후유증은 평생 반복될 수도 있다.

결론적으로 생활방식(life style)이 바뀌어야 한다. 피해자가 누군지 궁금해 하지 말아야 한다. 철저한 처벌을 통해 사회 전체에 경종을 울릴 수 있어야 한다. 모두 공범자라는 생각으로 타인의 영혼을 사육하면서 자신의 욕망만을 추구하는 생활방식을 근본적으로 청산하여야 한다.

코로나19 사태 역시 자연의 영혼을 사육하는 생활방식을 혁신하라는 가르침이라고 여겨진다. 영혼까지도 착취할 수 있는 왜곡된 생활방식에 대하여 깊이 살펴볼 필요성이 강조되고 있는 시기이다.

72
무감동(無感動, apathy)

무감동(無感動) 현상은 우울증 또는 치매환자에게서 많이 나타나는 현상이지만 생존에 허덕이는 보통사람들에게 강요(强要)되는 현상이기도 하다.

〈무감동 시대〉 지은이 우보 임인규

카멜레온은 환경에 따라
보호색을 바뀐다.
특수부대의 생존여건은
위장술이 얼마나 완벽한가에 달려 있다.
변화무쌍한 사회, 자고나면 달라지는 혼돈
적응하지 못하면 매머드도 사라지고
티라노사우루스도 자취를 감춘다.
치고 박고 듣고 세뇌 당하고
매일매일 쏟아지는 광고 홍수
부모도 없고 새끼도 없고
그게 그것인 세상
표피가 두껍게 형성되고
감각은 무디어만 간다.
… … (중간 생략)
산에는 메아리가 사라지고

강에는 물이 메말라 간다.
울고 싶다. 온몸이 흠뻑 적시도록
웃고 싶다. 정신이 혼미해질 때까지

〈치매환자의 무감각 사례〉

마치 외계에 살고 있는 것처럼 불러도 대답 없는 무감동의 치매환자, 하루 종일 말도 하지 않고, 불러도 대답이 없으며, 무엇을 하려는 의욕이 없고, 움직이려 하지 않으며, 감정 반응이 없고, 주변에 대해 관심이 없다. 무감동은 흔히 우울증으로 오해되기도 하는데, 그래서 확실하게 분별해야 한다. 우울증과 달리 죄책감이나 불쾌감 또는 자살 경향은 보이지 않는다. 무감동의 주요 원인은 도파민 기능의 문제이다. 심해지면 무동무언증(無動無言症)에 이르게 된다.

그런데 무감동 현상은 반드시 치매환자에게서만 발견되는 것이 아니다. 보통 사람들 가운데에서도 자신의 생각에만 몰두(沒頭)해 있을 경우 현실과의 단절이 초래되는 경우가 있기 때문이다. 한편, 스토아 윤리학에서는 불필요한 관심으로부터 벗어나려는 정신적인 자유를 의미하기도 한다. 즉, 무감동이 병리적인 것만 의미하지 않을 수도 있다는 것이다. 외부의 그 어떤 것들 쾌락이나 고통, 두려움과 욕구 등 겪음(pathos)들을 겪지 않는 마음의 상태이다. 이는 '지혜로운 자'가 지녀야 하는 하나의 덕목일 수 있다. '겪음(pathos)들로부터의 자유'를 의미한다.

일반적으로 무감동은 무관심(indifference)의 상태에 대한 심리학적 용어이다. 이는 한 개인이 감정적, 사회적 혹은 신체적 생활국면(局面)에 둔감(鈍感)하거나 '무관심한' 경우를 일컫는다. 병리적인 무감동이라고 여겨지는 중도 수준은 우울(depression)로 생각될 수 있고, 고도 수준은 해리장애(dissociative disorder)로 진단될 수 있을 것이다. 신체적 악화(deterioration), 근육 감소(muscle loss)와 에너지 부족과 연합된 무감동에 대한 신체적 국면은 기면(嗜眠, lethargy)으로 불린다.

무감동은 세뇌당하는 상황에서 반복적인 교육에 의해 '학습된 무력감(learned helplessness)'으로 강도가 높아지는 스트레스(stress)를 받게 되면 흔히 나타날 수 있는 반응이다. 우울(depression)과 연합(聯合)되어 있다.

인간은 향자(向自)적 존재로 관계 지향적이다. 그러므로 무감각이 향하고 몰입하는 대상이 누구(무엇)이냐에 따라 부정적인 무감각이 될 수도 있고, 긍정적인 무감각이 될 수도 있다. 무감동시대는 무감각을 강요할수록 사람들은 참되고 진실하게 울고 싶고, 웃고 싶어지는 감동을 그리워한다.

73
연극성 인격장애

연극성 인격장애(演劇性 人格障礙, histrionic personality disorder)는 여성들에게 비교적 많이 나타나는 현상이다.

「내담자는 23세 여성이다. 그녀는 사람들의 이목(耳目)을 끄는 화려하면서도 스마트한 옷차림으로 유명하다. 어느 장소에서든지 다른 사람들의 주의와 관심을 받는다. 그녀 역시 언제든지 타인의 이목을 끌려고 애쓴다. 다른 사람들이 자신에게 냉담한 것으로 느껴지면 마음이 편하지 않으며, 반면 처음 보는 사람과도 금방 친해지지만 관계는 오래 가지 않는다. 왜냐하면, 그녀의 감정 표현은 마치 연극배우처럼 지나치게 극적인 경우가 많기 때문이다. 마치 여주인공인 것처럼 행동하는 그의 감정표현에 깊은 맛이 동반되지 않기 때문이다. 그녀를 깊이 아는 사람의 말을 빌리면, SNS에서 여러 사람들과 이야기하면서 시간을 보내는 그녀는 진실하지 못하다고 말한다. 자신의 개인생활을 잘 꾸며대기를 좋아하며 자신이 행복하다는 것을 알리려는 속셈이 있지만 진실은 자주 불행하고 대인관계에서 어려움을 겪고 있다.」

인격(人格, personality) 또는 성격(性格, character)은 어떤 개인의 일상생활 전반(全般)에 걸쳐서 나타나는 감정이나 행동상의 특징을 말한다. 성격장애는 어떤 사람의 인격이 보통 사람에게서 볼 수 있는 일반적인 범위에서 벗어나고 융통성 또한 떨어져서 대인관계, 직업, 적응 등에서 문제를 일으키는 것을 말한다. 연극성 성격장애의 특징은 한마디로 감정표현이 정상인보다 지나치게 부풀려져 과장(誇張)된 표현으로 주변의 관심을 받으려는 욕구가 강하기 때문이다. 이를 억제하는 능력이 부족하므로 발생하는 생활상의 기능(機能)저하와 고통(苦痛)이 수반된다.

일반적으로 전체 인구의 약 2% 정도가 연극성 장애라고 알려져 있으며, 남성보다는 여성에게 더 흔하게 나타나고, 남성인 경우에는 반사회성(反社會性) 성격장애(性格障礙, antisocial personality disorder) 행동이 수반되는 경우가 많다고 한다. 이 경우 반사회성 행동을 통해 타인의 이목을 집중시키려는 무의식적 의도(意圖)가 있다고 보아야 한다.

연극성 장애에 대하여 프로이트의 정신분석에서는 유아기(구강기)에 어머니로부터 충분한 사랑을 받지 못했기에 이 사랑을 충족하려고 연극성 성격장애로 발전하게 된 것이라고 이해하고 있다. 특히 여성의 경우에는 어머니로부터의 마땅히 받아야할 사랑이 부족했을 때 이를 아버지를 통해 보상받으려고 애쓰게 된다는 것이다. 이 과정에서 아버지의 관심을 끌려고 자신의 감정을 과장되게 부풀리는 현상이다. 그러나 성장배경이나 양육환경만으로 모든 원인을 돌리지는 않는다. 성격은 자라 온 환경과 타고난 기질도 무시할 수 없으며, 욕망은 대부분 타자에게 인정받으려는 욕망 등 기타 욕망의 주체화된 과정에서의 변화요인으로 다양한 이유들이 제시되고 있다.

증상을 치료하기 위해서는 무엇보다 정신치료적인 접근이 우선되어야 할 것이다. 환자 자신 스스로가 정확한 감정과 치료동기를 알고 핵심적 접근이 중요하다. 수개월의 기간이 걸리더라도 장기적인 계획과 규칙적인 관찰이 요구되며, 우울증이나 불안증세가 있다면 항 우울, 항 불안 등 약물치료까지 보조적으로 사용한다.

74
자존감과 자기애의 차이

흔히 착각할 수 있는 자존감(自尊感, self-esteem)과 자기애(自己愛, narcissism)의 차이는 무엇일까?

"내가 남자를 사귀어보니까 자존감 높은 사람이 최고더라. 이 말만 그대로 믿고 자존감 높은 사람을 찾아다니던 제 친구. 그러다가 '이 사람이다!' 싶어 연애를 시작했는데 웬걸, 고생만 하다 마침내 끝내고 헤어지더라고요. 나중에 얘기를 들어보니 친구가 사귄 사람은 그냥 자기애(narcissism)만 강한 성격장애 수준이었어요."

자존감과 자기애를 어떻게 구별할 수 있는지 살펴보면,

첫째, 자기애자는 자신에 대하여 과대자기, 과장된 자기의식을 가지고 있다. 즉, 부풀어지고 팽창(膨脹)된 자아의식을 가지고 있다는 것이다. 자기애 성격은 자신을 대단한 존재로 생각한다. 자기애자와 자존감이 높은 사람들 사이의 주요한 차이점 중 하나는 바로 그들의 자아상이다. 자기애자들은 과대 포장되고 비뚤어진 자신을 매우 중요하게 생각한다.

그러나 자존감이 높은 사람들은 자기팽창이 없음에도 불구하고 내면적(內面的) 만족감을 느낀다. 자기애자는 자기팽창 이미지를 통해 마음의 안전만을 추구하며, 실질적으로 거짓자기에 불과한 것을 부인하고, 숨기려 한 내면은 늘 텅 빈 진공(眞空)상태로 허기를 느낀다. 반면, 자존감이 높은 사람은 그냥 그대로 만족스러운 관계를 즐기며, 자기 이미지에 지나친 중요성을 부여하지 않는다.

진정한 자신감과 자존감이란,

첫째, 다른 사람 앞에서 성공을 과장하거나 드러낼 필요가 없기 때문이다.

둘째, 적극성이다. 높은 자존감을 가진 사람은 삶에 대한 적극성을 나타낸다. 그들은 자기 말만하고 듣지 않는 사람이 아니라 경청(傾聽)하는 법과 말하는 법을 통한 소통(疏通)의 능력을 발휘한다. 그들은 대화의 가치를 소중하게 생각한다. 그들은 감정(感情)지수와 사회적 친교(親交)지수가 높다. 또한 인내심(忍耐心)이 있어 말할 때는 자신의 지식을 활용하여 적절하게 표현할 줄 안다.

그러나 자기애자들은 주의집중(注意集中)이 필요한 사람들이라 많은 모임을 가지며, 주목(注目)을 받으려는 욕구가 크기 때문에 늘 파티의 중심에 서서 모든 사람들에게 자신의 존재를 과시(誇示)하려고 한다. 그래서 '나 여기 있다.'는 신호를 끊임없이 보낸다. 한마디로 자기애자는 다른 사람들로부터 숭배(崇拜)받는 것을 원하며 즐긴다.

셋째, 감정 이입(移入, 옮기어 들임)이다. 감정 이입이란 타인(他人)이나 자연물(自然物) 또는 예술 작품 등에 자신의 감정이나 정신을 이입시켜 자신과 그 대상물과의 융화를 꾀하는 정신작용을 의미한다.

건강한 자존감을 가진 사람은 적극적인 경청과 필수적인 공감으로 인내하며, 상호이해를 통해 지속적으로 관계가 발전된다. 반면, 자기애자는 자신의 감정과 자기 이미지만을 생각하여 분위기에 어울리지 않는 튀는 이색적인 복장도 마다하지 않는다.

넷째, 이기심과 협력이다. 자존감이 높은 사람은 언제 어떤 관대함을 표현해야 하는지를 알고 협조적 태도를 보이지만 나르시시스트(narcissist, 자기 도취자)는 자신에게만 빠져 있어서 타인을 이해 할 수 없으며, 이익이 되지 않으면 절대 노력할 이유를 찾지 못한다.

다섯째, 거만함이다. 자기애자들은 자신의 오만함과 다른 사람에 대한 부러움의 표시로 압력을 행사하며, 때때로 생각대로 이루어지지 않을 시엔 공격성을 보이기도 한다.

자존감이 높은 사람은 자신만의 고유한 가치관을 가지고 있다. 다른 사람들을 사랑하고 도우며, 협력하는 생활에 대해 감사한다.

나르시시스트와 자존감은 언뜻 보기에 매우 비슷하게 보일 수 있으나 깊이 있게 들여다보면 자존감과 자기애의 차이는 너무나 다름을 알 수 있으며, 내면적 인격의 차이라고 할 수 있다.

75
방어수단 합리화

범죄자들의 공통적인 특징 가운데 합리화 심리가 있다. 범죄자들에게 왜 범죄를 저질렀느냐고 물으면 대개 자신의 잘못을 탓하기 보다는 가정형편, 환경 탓 등의 핑계를 대는 경우가 대부분이라고 한다.

사람들은 대부분 자신이 실수한 행동이나 모자라는 결점(缺點), 약점(弱點)에 대해서 변명(辨明)이나 핑계와 원망하는 경향이 있다. 지각을 하든지, 집들이 행사에 늦게 온 사람들은 대개 교통이 막혔다든지, 길을 찾기 어려웠다든지 등 사회적으로 용납될 수 있는 이유를 대면서 자신의 자존감이 훼손되는 것을 방지하려고 시도한다.

이러한 방어(防禦)적인 행동은 스스로 거짓이나 과장이 들어간 행동인 줄 아는 경우에도 다른 사람이 반박하기 힘든 장황(裝潢)한 설명을 늘어놓기도 한다. 특히 범죄자들의 경우 자신이 받는 처벌(處罰) 수위(水位)가 너무 높다고 주장한다. 자신은 본래 악한 범죄자가 아니라고 하면서 환경이 어렵고, 친구의 꾐에 빠진 것이 잘못이라고 말하기도 한다.

언론 보도에 따르면 n번방 사건의 핵심 인물 조주빈은 2018년 12월부터 아르바이트 등을 미끼로 피해자들을 유인해 얼굴이 나오는 나체사진을 받아낸 뒤 이를 빌미로 성 착취물을 찍도록 협박하고 박사방에 유포한 혐의로 재판에 넘겨졌다. 그는 동시에 보육원에 2년 5개월 동안 인천 지역 보육원 2곳을 비롯해 재활원, 장애인종합복

지관, 장애인주간보호센터 등 5곳에서 모두 55차례(231시간)나 봉사활동을 했다고 한다. 조주빈의 낮과 밤이 다른 이중적 생활을 의아해 하는 사람들이 많고, 범죄대상을 찾기 위해서 봉사한 것이 아닌지 의심된다. 그런데 봉사활동 심리는 자기 스스로의 이미지를 양호하게 유지시키려는 합리화 심리가 작용한 것으로 보아야 한다. 전문가들도 조주빈의 봉사활동은 자신의 악랄한 범행으로 인한 죄책감을 덜고자 합리화하는 과정으로 본다고 주장했다.

“일반적인 사람들 입장에서는 잘 이해가 안 되겠지만 조 씨처럼 치밀하게 범행을 계획하는 범죄자들에게서 흔히 볼 수 있는 자연적인 모습”이라며, “가면을 써서 악랄한 자신의 모습을 감추려는 것”이라고 순천향대 오윤성 교수는 분석했다.

“악행을 하면서도 죄책감이나 비난 가능성을 희석하기 위해 봉사활동을 한 것”이라며, “스스로 합리화하는 과정을 통해 계속 범행을 이어간 것으로 봐야 한다.”고 건국대 이웅혁 교수도 설명했다.

대부분 사람들은 일생을 통해서 쾌(快)와 불쾌(不快)의 균형을 적절하게 유지하려고 한다. 이러한 마음의 균형을 자존감이라고 한다. 자존감이 만족되면 사람들은 자기 자신의 가치능력에 대하여 확신을 갖는다.

반대로 자존감이 충족되지 못한 경우 자신에 대한 불신임, 무가치, 무능감을 피해갈 수 없다. 그래서 자존감은 신체의 뇌와 척추에 비교 된다. 뇌와 척추에 문제가 생기면 모든 신체 기능이 마비된다. 마찬가지로 자존감이 훼손되면 모든 정신적 기능이 마비되는 것이다. 따라서 어떤 방식이든지 자존감을 유지하려고 하는 것이다.

자존감만 있다면 세상의 어떠한 어려움을 헤쳐 나갈 수 있으며, 자존감이 붕괴되면 심리적으로 큰 고통으로 견딜 수 없게 된다. 그런데 범죄자들은 자존감을 지키고 또한 유지하는 것이 쉽지 않다.

그래서 그들은 자존감을 지키기 위해 간편하고 손쉬운 편법(便法)을 사용하는데, 이것이 합리화이다.

합리화란 정당하지 못한 방법으로 자신을 방어하는 심리적 기제이다. 범죄자들은 온당하지 않은 방법인 합리화를 통해서라도 자존감을 유지하려고 하는 이유는 이렇게라도 자존감을 유지하지 못한다면 마침내 그들은 정신적으로 망가지는 사람이 될 것이기 때문이다. 특히 교도소에서 사람들은 합리화의 달인이 된다. 이는 본질적으로 그런 사람들이라기보다 정신적으로 생존하기 위한 방어수단으로 합리화 기제를 사용하는 것이다.

범죄자들 특히 교도소에 수감된 자들은 자존감 차원에서 하나의 특성을 보이는데, 이들은 자존감에 위협을 받고 있으므로 자신을 지키기 위한 수단으로 합리화를 공통적으로 나타내고 있다.

76
외모 콤플렉스

외모(外貌)는 겉으로 드러난 모습이다. 사람들이 겉으로 드러나는 외모에 민감한 이유는 근본적으로 사람은 향자적(向自的) 속성을 가지고 있기 때문이다. 즉, 다른 사람이나 대상과의 관계를 지향한다는 뜻이다. 게다가 다른 사람으로부터 인정받고 싶은 욕망이 있기 때문이다. 특히 감수성이 아주 예민한 청소년들은 겉으로 드러나는 외모에 큰 애착을 갖게 되기 마련이다. 그래서 키가 작다든지, 뚱뚱하다든지, 얼굴 생김새가 마음에 들지 않는다든지 등 유난히 외모에 대한 청소년들의 고민이 깊어지는 세태를 확인할 수 있으며, 이에 따라 성형수술이 유행하기도 한다.

그런데 이러한 외모 콤플렉스(complex) 현상은 외모 지상주의 루키즘(lookism, 외모를 가장 중요한 가치로 보는 관점)과 밀접한 관련이 있다. 왕의 남자로 인기스타의 대열에 오른 이준기는 청소년들이 열광했던 사람 가운데 하나이다. 청소년들이 열광했던 이유는 단순히 그의 연기력보다 청소년들이 동일시(同一視)되고 싶은 외모와 몸매로 여겨지기 때문이다. 자신들도 그와 같이 되고 싶다는 열망 때문이라고 말할 수 있다.

그러나 문제는 결코 같아질 수 없는 외모까지 같아지려는 욕망이다. 청소년기는 변화가 빠른 시기로 외모에 집착하게 되면서 작은 차이에도 우울해지고 위축될 수 있으며, 정서적으로 흔들릴 수도 있다. 이러한 우울감에 대한 탈출구로 청소년들은 가상현실 속으로 빠져들기도 한다. 가상현실 속에서 내가 원하는 외모를 가진 아바타를 만들고, 옷을 구입하여 입히며 꾸미는 등의 행위를 통하여 만족감을 얻을 수 있기 때문이다.

네이버에서 운영하는 제페토라는 가상현실 플랫폼에는 아바타의 의류를 제작하여 판매하는 사람 가운데 한 달 수입이 1,500만원에 이르는 사람이 있을 정도이다. 청소년들은 인터넷상에서 돈을 들여 가상의 캐릭터를 정성껏 꾸미며 이를 자신과 동일시하는 경우가 늘고 있다. 요즘은 화장이 자연스러움을 추구하고 있는데, 일부는 지나치게 화장을 짙게 하는 사람들은 대개 외모 콤플렉스가 있다고 여겨진다. 이는 내면의 우울함과 일그러짐을 외모로 감추려는 마음이라고 볼 수 있다. 이러한 외모 열등감에 빠지게 되면 대인관계에서도 회피하거나 부정적 또는 냉소적 태도를 보일 수 있다.

사람들은 대부분 인정욕망을 가지고 있다. 그런데 특별히 인정받으려는 대상이 공부라면 외모에는 크게 신경 쓰지 않을 것이다. 그러나 연예인이 되려는 사람은 외모에 신경 쓰는 것이 당연하다. 한동안 '얼짱 · 몸짱'이라는 용어가 유행했다. 청소년들에게 얼굴과 몸매에 관한 관심도를 조사한 결과 최근에는 얼굴에 대한 관심보다는 상대적으로 몸에 대한 관심이 늘어나고 있는 경향을 보였다.

몸에 대한 관심도는 60년대까지는 국민소득이 낮아 마른 사람이 흔했기 때문에 배나온 남자를 선호했지만 현대에 와서는 남녀를 불문하고 살 빼기에 주력하고 있는 양상이다. 이는 시대의 흐름에 따라 다르고 사람마다 다르기 마련이며 사회적 관심도나 가치에 따라 변화해 가기도 한다. 하지만 분명 이는 외모지상주의로 이어져 가고 있으며, 성형수술을 부추기는 병폐를 초래했다.

성형수술의 장점이라면 외모주의 사회에서 적당한 자신감을 획득할 수 있다고 생각한다. 문제는 '나는 누구인가?'에 대한 자기 정체성(正體性)을 수정해야 하고, 수술 이후 상황에 적응하지 못하는 경우에는 큰 후유증을 남기게 되어 인생이 더 어려워질 수 있다. 그러므로 남보다 앞서고 싶은 심리는 현대사회에서 더욱 가속화되므로 외모 콤플렉스에 대한 각별한 관심이 필요하다. 요즘 사회적으로 외모 지상주의가 만연한 것은 사실이다. 하지만 성형수술로 간단히 해결하려는 태도는 곤란하다. 성형수술은 꼭 필요한 것이 아니라면 하지 않는 것이 좋으며, 외모 지상주의, 외모 콤플렉스에서 벗어나는 길을 발견하는 것이 바람직하다.

외모지상주의를 극복하려면 자신의 내면적 가치를 중시하고, 자신만의 개성을 발견하며, 획일적인 것은 쉽게 싫증난다는 점을 인식하면서 자신의 개성(個性)을 향(向)하며 나만의 고유한 취향을 찾아내는 것도 좋을 것이다.

> **열등감은 누구에게나 있는 것이다.**
> **자신의 열등감을 극복하기 위해 좌절하지 않고**
> **가꾸어 나가는 것이 중요하다.**

> 삼국지 인물들의 각기 다른 성향을 보면서 겸손함, 포용력, 경청의 지혜로움을 배웠고, 어려운 역경을 헤쳐나가는 모습과 치밀한 전략을 통해 두려움을 용기로 바꾼 장수들의 용맹함을 체득하기를 바란다.

11장

마음을 낚는 유비

77. 도원결의(桃園結義)의 적극성 유비
78. 유능한 상담가 유비
79. 마음을 낚는 매력
80. 수용성의 유비
81. 공감능력자 유비
82. 겸손의 유비
83. 경청의 유비
84. 우한은 삼국지의 형주(이릉대전)

77
도원결의(桃園結義)의 적극성 유비

유비의 적극성에 대하여 살펴보면 그의 적극적인 행동은 관우, 장비와 함께 의형제를 맺는 장면에서 발견된다. 다음은 본(本)삼국지에 나오는 도원결의(桃園結義)와 관련된 내용이다.

「이튿날 복숭아 뜰에서 흰말과 검정소를 잡아 제물을 차린 세 사람은 향을 피우고 정중히 두 번 절한 후 맹세했다.

"유비, 관우, 장비는 비록 성이 다르지만 형제로 맺어졌으니 마음을 함께 하고 힘을 합쳐 어려운 자를 구하고, 위급한 이를 도우며, 위로는 나라에 보답하고, 아래로는 만민을 편안히 하겠습니다. 같은 해, 같은 달, 같은 날에 태어난 것은 바라지 않으나 같은 해, 같은 달, 같은 날에 죽기를 바랄 뿐입니다. 황천과 후토께서는 실로 이 마음을 살펴보시고, 만약 누구라도 의리를 등지고 은혜를 잊으면 하늘과 사람이 함께 죽여주십시오!"」

도원결의(桃園結義)는 도원에서 의형제를 맺었다는 말인데, 큰일을 앞두고 함께 힘을 모을 것을 다짐하는 것이다. 즉, 유비(劉備), 관우(關羽), 장비(張飛)가 도원(桃園)에서 의형제를 맺었다는 이야기에서 비롯된 말이다.

도원결의의 속뜻은 서로 마음이 통하는 사람끼리 어떠한 하나의 목적을 성취하기 위하여 행동을 같이 할 것을 결의(決意)한다는 의미이다. 중국 원(元)과 명(明)의 교체기 때의 사람인 나관중(羅貫中)이 지은 「삼국지연의(三國志演義)」에서 시작되었다.

삼국지연의는 장편소설이라고 볼 수 있는데, 진수(陳壽)의 「삼국지(三國志)」에 사건이나 생각 등을 차례에 따라 말하고 있는 위(魏) · 촉(蜀) · 오(吳) 세 나라 역사를 바탕으로 전승되어 온 이야기들을 나관중이 소설형식으로 다시 편집 구성한 것이라고 할 수 있다.

나관중은 유비를 중심으로 세 나라가 각각 갈라져서 싸우는 역사 이야기를 기술(記述)하면서 도원결의 이야기를 맨 처음에 쓰고 있다. 이러한 이야기는 없는 내용이지만 나관중이 이야기 전승(傳乘) 과정에서 사실상 허구적인 창작물의 이야기로 나관중이 머리말로 삼은 이유가 있다. 국가와 민족의 정통성이 훼손되는 현실을 극복하면서 사람으로서 마땅히 행하여야 하는 큰 뜻인 대의(大義)를 강조하기 위한 것이다.

「후한(後漢) 말 세상이 어지럽게 되자 인심이 흉흉해지고 도적(盜賊)들이 많이 일어났다. 한(漢) 경제(景帝)의 후손인 유비는 일찍 아버지를 여의고 가난한 모친을 섬겼다. 유언이 군사를 모집할 때 유비는 28세였다. 유비가 여러 사람에게 알리기 위해 공개적으로 길거리에 써 붙인 방문(榜文)을 보고 한숨을 쉬고 있었다. 이때 장비가 나타나서 어찌 한숨만 쉬고 있느냐고 야단치듯 말하였다. 도적을 없애려는 마음은 간절하지만 힘이 없다고 하면서 큰 한숨을 쉬며 탄식하였다. 이때 장비는 자신이 가지고 있던 재산을 처분하여 군사들을 모아 큰일을 하자고 제안하였다. 유비는 크게 환영하였다. 그리고 주막에서 한 잔하는데 관우가 들어왔다.

유비가 관우를 불러서 자신의 마음을 이야기 하니 관우도 크게 기뻐하면서 그 이야기에 동조하면서 세 사람은 장비의 집으로 갔다. 장비가 자기 집 뜰 복숭아 동산에 꽃이 한창이니 내일 이 동산에서 하늘과 땅을 향해 제사를 드리고, 셋이 의형제를 맺어 한마음으로 협력하자고 하였다. 다음날 도원에 흑소(黑牛), 백말(白馬), 종이돈(紙錢), 제사음식을 차려놓고 굳게 약속하는 의식을 거행했다.

제사와 맹세를 마치고 첫째는 유비, 둘째는 관우, 장비는 막내가 되었다. 제사를 끝내고 소를 잡고 술과 함께 군사들을 불러 모았다.

이 날 3백여 명이 도원에서 취하도록 술을 마시며 우의를 다졌다.」

이런 사연의 도원결의는 의형제를 맺거나 뜻이 맞는 사람들이 개인적인 욕심을 버리고, 공동체의 큰 뜻을 이루기 위해 서로 협력할 것을 결의하는 의식을 자주 쓰이게 되며, 정말 뜻이 맞는 사람의 만남이야 말로 나라를 세우는데 몇 명만 뭉친다면 못 이룰 것이 없는 축복이 될 것이다.

유비의 가계도

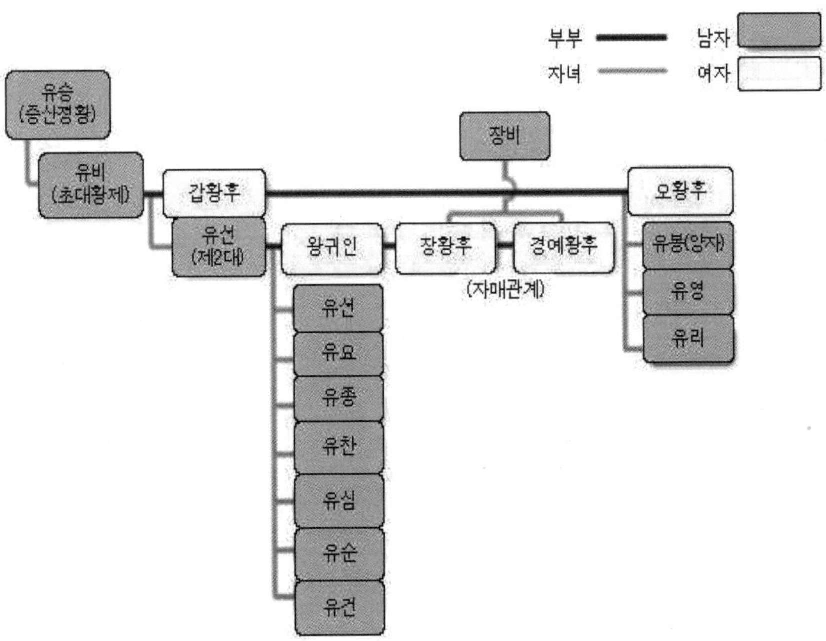

78
유능한 상담가 유비

유비(劉備, 161~223)는 삼국시대 촉한(蜀漢)의 제1대 황제로 관우 및 장비와 의형제를 맺었고, 인재를 맞이하기 위해 고심하며 참을성 있게 노력하는 삼고초려(三顧草廬)로 제갈량을 맞아들였다.

유비는 원래 모친과 함께 돗자리를 엮어 팔던 장사꾼이었다. 그런데 그가 촉나라 황제의 자리에 올랐다. 이러한 특이한 삶의 흔적(痕迹)은 무엇보다 유비는 다른 사람과의 성공적인 관계맺음에 천부적(天賦的)인 재능이 있었다는 것을 알게 된다.

삼국지에 나오는 유비의 언행사례를 분석하여 배치(grouping)하게 되면 몇 가지 대인관계 특성으로 범주화될 수 있음을 발견하게 된다. 그것은 진정성, 수용력, 공감력, 경청능력, 겸양, 적극성 등이다. 이러한 사람을 낚는 유비의 인성적 특이성에 대하여 삼국지에 나오는 에피소드를 발견할 수 있다. 다음 이야기는 유비가 아들 유선에게 유언처럼 남긴 이야기로 유비의 인간성에 대한 종합적인 모습을 보여주는 한 사례이다.

"짐이 처음에 병이 났을 때는 이질일 따름이었는데, 후에 다른 병으로 옮겨가니 나아질 성싶지 않다. 사람의 나이 쉰이면 요절했다고 할 수 없는데, 내 나이가 예순이 넘었으니 이제 무슨 한이 있고 애통해할 것이 무엇 있겠는가. 다만, 경의 형제가 염려될 뿐이다. 사군이 와서 말하기를 "승상이 경을 평하여 총명하고 품은 뜻이 크며, 자기 수신에 힘쓰는 것이 사람들이 바라는 바를 초월한다고 하니 진실로 그러하다면 내가 무슨 근심이 있겠는가! 분발하고 분발해라! 악한 일은 작더라도 하지 말며, 선한 일은 작더라도 해라. 오로지 어질고 덕이 있어야 남을 감복시킬 수 있다. 네 아비는 덕이 없으니 본받지 마라. '한서'와 '예기'를 읽고, 한가할 때에 제자백가와 '육도', '상군서'를 읽어서 지혜와 생각을 키워라. 듣자 하니 승상이 너를 위해 신자, 한비자, 관자, 육도를 모아 하나로 베꼈으나 미처 보내지 못한 사이에 없어졌다고 하므로 네 스스로 통달할 것을 구해라."(장쭤야오, p.400, 2015.)

이 유언을 분석해보면 유비에게는 사람의 마음을 획득하는 마인드 컨설팅의 특성을 보여주고 있다. 마인드 컨설팅은 일종의 마음의 궁금증이나 심리적 고통을 해소하려는 영성심리 상담에 해당하는 자문 전문가라고 할 수 있다.

유비는 아들 유선의 바람직한 변화를 돕는 상담가로서 분발하라는 유언을 남기고 있는데, 유선은 다른 황태자와 비교할 때 지성적 능력이 다소 떨어지므로 무엇이든 배우고 익히는데 있어서 속도가 빠르지 않았기 때문이다. 그래서 유비는 아들 유선의 문제점을 돕고자 했던 것이다. 그리고 유비는 아들 유선이 군주(君主)로서 백성들의 마음을 깊이 감동하게 하여 신하들과 백성들이 스스로 따르게 하려면 무엇보다도 어질고 덕이 있어야 한다는 가르침을 주었다. 또한 아들 유선 주위에 실력이 있으면서 어질고도 덕행으로 얻어진 명성 있는 신하들을 배치하여 유선을 돕게 하였다.

79
마음을 낚는 매력

유비에 대한 평가는 독자와 학자에 따라 반론도 없지 않겠으나 일반적으로 인물 됨됨이의 특징에 대해서는 사람을 낚는 특이성이 있다고 알려져 있다.

「평소 말수가 적고 아랫사람들에게 잘 대해주며, 기쁨이나 노여움을 얼굴에 나타내지 않았다. 의로운 사람들과 사귀기를 좋아하므로 젊은이들은 다투어 그를 가까이 했다.」

유비는 무엇보다도 자기보다 신분이 아래인 사람들에게도 잘 대해주었다. 즉, 자신에게 미치지 못하는 영향력을 가진 사람들과도 잘 어울리고 원만하게 소통을 했다. 또한 얼굴표정 관리를 잘 했다고 한다. 지나치게 오르락내리락하지 않았고, 심리적 변화를 드러내지 않았으며, 늘 따뜻하고 부드럽게 사람을 대했다. 이러한 태도로 인하여 사람들 특히 젊은이들이 유비를 좋아하고 따르게 되었던 것이다.

연의소설에서는 유비의 가장 큰 강점으로 사람을 자석처럼 끌어당기는 매력을 부각시켰다. 실제 정통적인 역사기록에서도 누구든지 유비를 가까이서 경험한 사람들은 한결같이 유비의 인간성에 매료되었다고 한다. 예외적인 사례는 유파이다. 유파는 다른 사람들이 보면 이상할 정도로 유비를 회피하였다. 그래서 이리저리 도망다니다가 익주평정 이후 어쩔 수 없이 유비의 부하가 되었는데, 그 이후로도 유비에게 반대를 일삼은 경우가 많았다. 그럼에도 유비는 계속 그의 재능을 중요시하여 그를 중요한 직위에 임용하였다.

유비는 어려서부터 다른 사람의 마음을 낚는 매력이 뛰어났다. 그래서 유원기는 유비의 친척도 아닌 것으로 여겨지는데도 불구하고 단지 유비의 인간적 매력 하나만 보고 그에게 학비와 생활비 모두를 지원하였다. 더구나 유비는 세상 사람들이 우러러보며 따르는 덕망이 대단하였다. 정처 없이 떠도는 생활을 할 때나 밥을 구걸해 먹는 위치에 있을 때도 그는 사람들이 우러러보며 따르게 하는 덕망을 잃지 않았다. 그래서 어려울 때도 끝까지 따라다닌 관우나 장비, 미축, 미방, 손건 등은 촉한 건국에 크게 기여하였다.

흩어졌던 군사들이 다시 모이는 것으로도 유비의 인간적 매력을 알 수 있다. 유비가 있는 곳이면 어디든지 찾아가는 군사들을 볼 때 그들의 유비에 대한 충성과 믿음은 매우 높다는 것을 알 수 있다. 역사에서 패배한 군주를 자원해서 찾아가는 개인이 부리는 사병(私兵)조직은 거의 없다. 놀라운 것은 유비가 조조의 대장기(大將旗)를 보고 두려워서 부하들을 버리고 달아난 뒤에도 유비를 찾아 돌아온 사병들이 있었다는 것이다.

정통 역사에서 말하고 있는 유비의 매력을 보여주는 흥미로운 몇 가지 이야기들은 다음과 같다.

▶ 청소년 시절 노식 문하에서 수학할 때부터 개나 말, 음악, 아름다운 의복 등을 좋아했으며, 호걸들과 결의를 맺기 좋아해 젊은이들이 다투어 스스로 와서 엎드렸다고 한다.

▶ 대상인 장세평과 소쌍 등은 재산이 천금에 달했는데, 말 장사하러 탁군을 돌아다니다 유비를 보고 범상치 않은 외모에 대화를 나누게 되었는데, 그의 성품과 인격, 생각을 듣고 유비를 남다르게 여겨 많은 돈과 재물을 주었다. 유비는 이 재물로 많은 무리를 모을 수 있었다.

▶ 유비가 평원상(평원국의 국상, 태수급)을 지냈을 때에 평소 유비를 깔보고 불쾌해 하던 군민 유평(劉平)이 유비를 죽이기 위해 자객을 보냈다. 하지만 그 자객은 유비를 만나봤는데, 유비가 심히 후대하자 유비를 찌를 수 없어 실토하고 달아난 적이 있었다고 한다.

▶ 위서(魏書)에는 이 시기의 유비에 대해 '인민들이 굶주리자 떼지어 모여 노략질하고 사납게 굴었다. 유비는 밖으로 도둑질을 막고 안으로 재물을 풍성하게 베풀었다. 사(士) 중의 아랫사람이라도 필히 자리를 같이하고, 같은 그릇으로 함께 먹으며 가리거나 고르는 일이 없으니 많은 사람들이 그에게 스스로 와서 엎드렸다.' 라고 적었다. 중국 역사서인 위서가 아니라 조 씨 미화를 목적으로 지어진 왕침의 위서다.

▶ 유비가 원소 밑에 있을 적에 조운 밑에 유비를 따르는 일단의 군사들이 있었는데, 원소 밑에서도 대놓고 스스로를 '유좌장군의 군사' 라 칭하면서 유비를 끝까지 따랐다.

80
수용성의 유비

다른 것으로부터 사물을 받아들이는 능력을 수용성(受容性)이라고 한다. 수용성은 수용하는 방법으로 무조건적 수용, 비소유적 수용, 긍정적 수용이라는 속뜻을 포함하고 있다. 여기서 유비의 수용성 사례를 살펴보기 위해 수용되는 내용들은 어떤 것들이 있는지 먼저 살펴볼 필요가 있다.

첫째, 체험과 경험 ☞ 체험이란 어떤 일을 겪어내는 과정 자체를 의미한다면, 경험은 체험의 결과를 획득된 지식이나 기능을 의미한다. 수용이란 다른 사람들의 경험과 체험을 받아들이는 것이다.

둘째, 지속성 ☞ 이는 지금까지 살아온 삶의 결과라고 할 수 있다.

셋째, 자기 주도성 ☞ 이는 지속성을 창출하는 주체로서의 역량이다.

넷째, 생각 ☞ 이는 지적특징 전반을 일컫는다. 지각, 기억, 상상, 개념, 판단, 신념을 모두 포함하는 개념이다.

다섯째, 감정 ☞ 이는 어떤 현상이나 일에 대하여 일어나는 마음이나 느끼는 기분을 말하고, 삶의 정해진 방향으로 우리를 움직이게 하는 에너지를 말하며, 우리 삶의 질을 결정하기도 한다.

여섯째, 행동 ☞ 이는 몸을 움직여 동작으로 하는 짓을 말하며, 정신적 속성을 밖으로 잘 드러낸다. 행동을 수용하는 일은 끝까지 지켜보기와 상대의 부정적인 행동을 받아들이기 두 가지가 있다.

일곱째, 자아실현성 ☞ 이는 자기생명을 유지하고 확장 · 발전하려는 본능이다.

여덟째, 느껴진 감각 ☞ 이는 몸에 주의를 기울이며, 몸에서 일어나는 현상을 알아채고 몸의 요구에 따르는 행동을 함으로써 자기 체험을 중심으로 살아가는 구체적 원리이자 방법이다.

아홉째, 고통 ☞ 이는 몸이나 마음의 괴로움이나 아픔을 뜻한다. 고통은 나쁜 것이니 피하거나 멀리하는 것이 좋은 계책이 아니라 인생이란 버스를 타고 가는 여정 중에 고통은 자연스러운 현상으로 받아들일 줄 아는 지혜가 필요하다고 하겠다.

유비의 수용성을 알 수 있는 전형적(典型的) 사례를 살펴보면,

「계한 선주는 비록 엎어지고 쓰러지는 곤란에 처해 있으나 신의를 더욱 밝히고, 형세가 궁핍하고 사정이 위급한데도 그 말이 도를 잃지 않았다.

유표의 고명을 따르니 삼군이 진정으로 감복하고, 대의를 좇는 선비를 연모하니 그들이 기꺼이 패배를 함께 했다. 그가 뭇 사람들의 마음을 얻은 까닭을 살펴보자면, 어찌 다만 술을 내버리고 백성의 빈 함을 어루만지고 푸성귀를 머금어 그 쓴 맛을 감수하며, 질병을 보살피는데 그치겠는가! 그가 끝내 대업을 이루었으니 또한 마땅하지 않은가!」

상기(上記) 사례는 어려운 일을 당했을 때 유비는 상황을 있는 그대로를 받아들이는 모습을 보여주고 있다. 유비는 결코 도(道)를 상실하지 않았다는 것이다. 유비는 어떠한 상황에서도 백성들을 도외시(度外視)하지 않았다는 것이다. 이는 무조건적인 수용을 의미한다.

다른 사례를 살펴보면, 유비가 서촉으로 진격하는 길에서 벌어진 일에서 유비의 수용을 찾아볼 수 있다. 삼국지 방통전에 나오

는 이야기이다. 유비는 술자리에서 방통에게 말했다.

「"오늘 모임이 가히 즐겁구려." 방통이 말했다. "남의 나라를 치고 즐거워하는 것은 어진 이의 군대가 아닙니다." 술에 취한 유비는 노해서 방통에게 나가라고 말했고 방통은 잠시 머뭇거리며 물러났다.

유비는 곧 깊이 후회하고는 방통에게 되돌아오도록 청했다. 방통이 다시 예전 자리로 왔으나 돌아보고 사죄하지 않으며 태연자약하게 먹고 마셨다. 유비가 말했다. "조금 전의 논의에서 누가 잘못한 것이오?" 방통이 대답했다. "군과 신이 함께 잘못했습니다." 유비는 크게 웃으며 처음처럼 술자리를 즐겼다.」

여기서 수용이 어떻게 이뤄졌는지 살펴볼 필요가 있다. 유비는 처음 방통이 한 말에 기분이 노하여 나가라고 말했다. 수용이 이뤄지지 않은 셈이다. 그런데 방통이 유비의 내면과 행동에 무조건적, 긍정적으로 수용하고 밖으로 나갔다. 그리고 방통이 나가자 유비는 방통의 내면에서 나오는 경험과 지각을 그대로 긍정적으로 받아들이려 노력하였다. 그리고 방통의 행동을 끝까지 지켜보는 쪽으로 유비 내면의 변화가 생겼다. 끝으로 유비는 방통을 수용하고 처음처럼 함께 술을 마실 수 있었다. 여기서 수용성이 발휘되는 3단계 과정이 발견된다.

1단계 : 자신이 수용되는 경험.

2단계 : 자신을 수용하는 단계.

3단계 : 타인을 수용하는 단계.

유비는 현대적으로 표현하면, 타고난 유능한 상담의 대가이다.

81
공감능력자 유비

사례를 통한 유비의 공감능력을 알아보기 전에 공감능력과 관련한 이해를 돕기 위해 몇 가지 사항을 설명할 필요가 있다.

첫째, '동작'은 생리적 반응이다. 의식적, 무의식적으로 타인의 동작을 따라하는 것이 공감능력에 포함된다.

둘째, '느낌'은 공감할 때와 받을 때 느끼는 감정을 말한다. 감싸는 느낌, 든든한 느낌, 희망적 느낌 등 여러 가지 긍정적인 느낌이 존재한다. 타인의 감정이 나의 내면에 유사한 감정을 일으키면 이를 정서공명(情緒共鳴)이라 한다.

셋째, '이해'는 공감을 잘하기 위해 상대방의 심리과정을 잘 따라갈 수 있는 지적기능을 갖추는데 있어 필수적인 것이다. 잘 이해하려면 경청을 해야 하며, 공감적 이해에 도달하려면 타인이 사용하는 언어와 말하는 논리를 이해해야 한다.

넷째, '공감'은 타인을 이해하고 함께 느끼면서 결국 상대방에게 도움을 주는 행동으로 이루어진다. 본거지를 상실한 여포(呂布)는 떠돌이가 되었을 때 유비에게 신세지는 입장에 서게 되었다.

"나는 경과 같이 변경 땅 사람이오. 나 여포는 관동에서 거병해 동탁을 주살하고자 했소. 동탁을 주살하고 동쪽으로 나왔으나 관동의 제장들 가운데 나를 편안히 하는 자는 없고, 모두 나 여포를 죽이려 하고 있소."

삼국지 위서(魏書) 여포전(呂布傳)에 따르면 여포는 유비를 자신의 집으로 초청해서 자신의 부인에게 절하도록 하였으며, 유비를 동생이라고 불렀다. 유비는 여포의 말이 수시로 바뀌는 것을 보고 겉으로는 태연했으나 내심 기뻐하지 않았다고 말하고 있다.

좀 더 자세하게 분석해 보면, 우선 여포는 유비의 도움을 받고 싶어서 유비와의 인연(因緣)이 있음을 강조하고 있다. 즉, 자신이 유비와 같은 변경에 있는 사람이고, 고향을 버리고 나그네 생활을 하고 있다고 말하면서 자신의 속내를 나타내고 있다. 또한 여포는 동탁의 죄를 물어 그를 죽였다는 것을 자랑하면서도 여러 장수들에게 생명의 위협을 당하고 있다고 호소하고 있다. 그런데 여포가 죽인 동탁, 정원 등은 그의 양아버지였다. 그러므로 여포의 인성이 좋다고는 볼 수 없었다. 그럼에도 유비는 여포의 이야기를 듣고 있다. 유비에게 여포의 인성이 좋지 않은 사람이라는 판단이 강하게 있었다면, 여포의 이야기를 결코 깊이 있게 듣지 않았을 뿐만 아니라 그를 만나지도 않았을 것이다.

여포의 행동에서 유비에게 동생이라고 하면서 반말을 하고 자신이 상석(上席)에 앉는 행동 등 여포 자신이 처지를 비관적으로 인식하면서도 유비를 하대하는 언행은 일치성이 없는 행동이며, 투명성도 부족한 언행이다. 이러한 여포의 행동에 유비는 당황해 하면서도 끝까지 경청하며 도움을 주려고 하였다.

결론적으로 유비와 여포 사이에 공감과정을 3단계로 간단히 요약하면 아래와 같다. 여기서 공감은 '들어가서 느낀다'는 뜻이고, 자신을 잠시 내려놓고 타자의 마음 깊은 곳으로 들어가 마치 자신이 타자인 것처럼 생각하고 느껴보고 행동하는 것이다. 공감은 상대방의 내면세계에 대한 정확한 이해가 초점이며, 공감의 표현으로 동작, 느낌, 이해, 행동이 있다.

〈공감과정〉

1단계(느낌, 정서공명) → 2단계(공감과정, 이해) → 3단계(공감과정, 행동)

1단계 : 여포가 자신의 처지가 유비와 같은 타지사람이라 말하고, 이어서 자신을 비관적으로 말함. 유비는 여포의 내면으로 들어가 타지에서 고생하는 같은 입장에서 아픔을 같이 느끼고, 여포의 감정을 유비에게 비슷한 감정을 일으키는 정서공명을 경험함.

2단계 : 당시 많은 제후들이 여포를 멀리하고 죽이려함. 하지만 유비는 여포에 대해 편견 없이 자신의 마음을 비우고 만남을 가짐. 여포의 하는 말들을 귀 기울여 들었고, 그의 심리적 사태를 이해함.

3단계 : 모든 절차 후 유비는 자신의 영역인 서주에 여포를 진솔한 마음으로 받아들이고 소패성에 머물게 함.

한마디로 공감능력이란 나의 마음자리를 지키면서 타자로부터 생산되는 다양한 언행 등 여러 가지 표현방식에 주의를 기울이고 이해하는 능력이다.

82
겸손의 유비

유비를 통해 나타난 다른 사람을 존중하고 자신을 낮추는 태도인 겸손의 사례를 살펴보면, 현대사회에서의 인간관계는 특히 지도자의 겸손이 매우 중요하다. 그런데 삼국지 유비의 인격에 가장 잘 맞는 단어가 겸손이라고 말할 수 있다.

자리나 물건 등을 다른 사람에게 주는 양보(讓步)가 미덕이라고 하지만, 일상생활에서 다른 사람에게 양보하는 것이 결코 쉽지 않다. 이는 인간들이 기본적으로 자기중심적인 욕망에서 벗어나지 못하기 때문이다. 욕망의 속성에 대하여 정확하게 파악하고 대처하는 사람은 결코 많지 않기 때문이다. 타자와의 관계를 원만히 하는 것이 오히려 자신의 행복의 원천임을 아는 자는 많지 않다. 그런데 유비는 타인을 배려하고 다른 사람에게 양보하며, 자신을 한없이 낮추는 겸손한 생활이 몸에 배여 있는 사람임을 문헌을 통해 잘 알 수 있다.

유비의 겸손과 관련하여 잘 알려진 이야기는 삼양서주(三養徐州) 이야기로 이는 유비가 그의 첫 근거지 서주를 맡는 과정에서 세 번이나 사양했다는 이야기이다. 삼양서주 이야기는 삼국지 촉서 선주전(진수, 2007)에 보면 자세하게 나와 있다. 이러한 이야기는 나관중이 소설 '삼국지연의'에서 더욱 실감나게 묘사한 이야기다.

나관중의 소설이 어느 정도 사실성을 바탕으로 한 것인지는 아무도 모른다. 왜냐하면, 정사로서의 삼국지에서는 도겸이 죽기 전에 유비에게 서주를 맡아달라고 부탁했다는 기록만 남아있기 때문이다. 나관중에 따르면, 조조가 서주를 공략할 때 도겸이 여러 장수들에게 도와달라고 요청하였으나 오로지 유비만 지원 병력을 자청했다. 이때 도겸은 유비와 이야기를 하던 중 유비가 한(漢)나라 임금의 친족이라는 사실과 사람됨을 알아보았다. 그래서 임금은 늙고 병들었을 때 자신의 아들들은 능력이 부족하니 유비에게 서주를 맡아달라고 부탁했다는 것이다. 그런데 유비는 사양하였다. 이것이 첫 번째 사양에 해당하는 이야기이다.

두 번째는 조조의 서주 공략을 유비가 물리치자 도겸은 유비의 공로를 치하하면서 그 자리에서 서주를 맡아달라고 부탁하였는데, 유비는 이때도 사양했다는 것이다.

세 번째, 도겸이 숨을 거둘 때 또 다시 유비에게 서주를 맡아달라고 했으나 유비는 이때도 사양했다. 그때 도겸은 그러면 서주에 있는 소패현이라도 맡아서 서주가 어려울 때 도와달라는 부탁은 거절할 수 없어 그렇게 하겠다고 했다. 도겸이 죽고 난 후 공융은 조정에 유비를 서주의 책임자로 추천했으며, 또 서주의 백성들이 유비를 찾아와 서주를 맡아 줄 것을 간청하자 이때 비로소 유비는 받아들였다. 이로써 유비는 도원결의(桃園結義) 후 황건적의 난을 진압하기 위해 의병(義兵)으로 가담한 후 떠돌이처럼 지내는 처량한 신세에서 10년 만에 처음으로 이곳 서주에서 자신의 거처를 마련하게 되었다.

유비의 겸손에 관한 또 다른 이야기는 유비가 유표에게 의탁해서 살고 있을 때 있었던 사례를 들 수 있다. 촉서 선주전을 보면 유표가 죽음을 앞두고 유비에게 형주를 넘기려고 제안하는 이야기가 나온다. 그런데 유비는 차마 받아들일 수 없다고 사양한다. 즉, 지금까지도 유표에게 의탁해서 살면서 충분한 대우를 받아왔는데 형주를 받을 수는 없다는 겸손의 사양이었다.

당시 유비의 처지는 형주를 물려받는 것이 마땅한 일이라고 여겨진다. 그러나 유비는 자신의 처지보다는 덕과 의리를 중시하는 인품을 가지고 있었다. 그래서 유표의 제안을 바로 받을 수는 없었다. 또한 조조가 공략하는 중이라서 형주에 대한 인수를 포기하고 신야에 있으면서 조조와의 전투에 몰입했다. 이러한 겸손과 양보의 언행으로 백성들과 관료들은 유비를 달리 보게 되고 우러러 존경하게 되었다.

유비는 서촉 땅을 차지하는 과정에서도 겸손과 양보의 미덕을 상실하지 않았다. 이러한 자세는 그의 일관성 있는 성품을 나타내는 것인데, 서촉으로 이동하던 중 익주목 유장에게 환영받는 잔치모임이 있었다. 여기서 유비의 주변 인물들이 유장을 죽이자고 제안하였다. 그래야 익주를 차지할 수 있다고 강하게 권하였다. 그러나 유비는 이를 거절하였다. 유비는 백성들의 믿음과 신뢰를 먼저 생각하였기 때문이다. 이러한 이야기에서 유비는 평생 겸손과 양보의 미덕을 몸에 익혔다고 볼 수 있다.

결론적으로 유비의 행동은 단순한 전략상의 언행이 아니라 속에서 우러나오는 진정성을 바탕으로 한 것이다. 결코 현대사회에서 발견되는 마케팅적인 이유에서 행해지는 억지 친절과 겸손의 모습이 아니었음을 보여준다.

83
경청의 유비

경청(傾聽)에 관한 유비의 이야기는 제갈량전(諸葛亮傳)의 삼고초려(三顧草廬)에 잘 나타나 있다. 삼고초려는 제갈량의 전략을 듣기 위해 세 번 찾아갔다는 이야기이다. 유비가 정치적 비전을 꿈꾸고 있을 때 인재(人才)의 도움이 필요했는데, 제갈량을 찾아가게 된 것은 서서(徐庶)의 권유를 제대로 경청하였기 때문이었다.

"양양성(襄陽城)에서 20리 떨어진 융중(隆中)이라는 마을에 천하에 보기 드문 재능을 가진 선비가 있습니다. 주공께서는 왜 그분을 청해오지 않으십니까? 그분의 성은 제갈(諸葛)이고 이름은 양(亮), 자는 공명(孔明)입니다. 이분은 경천위지(經天緯地)의 재능을 가지고 있어 세인들은 그를 '와룡(臥龍)'이라고 부릅니다."

유비는 관우, 장비와 동행(同行)하여 제갈량을 찾았다. 제갈량 집에 도착했으나 그가 집에 없어서 신야(新野)로 되돌아왔다. 그리고 며칠 후 말을 타고 제갈량이 있는 융중으로 다시 갔는데, 그날은 추운 겨울이라서 찬바람이 매우 세차게 불었다. 눈보라를 무릅쓰고 제갈량 집에 도착했으나 이번에도 제갈량은 집에 없었다. 그래서 유비는 귀한 인재가 필요하다는 자신의 마음을 담은 편지를 남기고 다시 되돌아올 수밖에 없었다.

세 번째 제갈량를 찾을 때는 유비는 말에서 내려 제갈량 집에서 멀리 떨어진 곳에서부터 걸어서 갔는데. 이때 제갈량은 잠을 자고 있었다. 이때 유비는 제갈량을 깨우지 않으려고 관우와 장비를 문밖에서 기다리게 하고, 자기만 들어가 제갈량이 잠에서 깨어날 때까지 공손히 서 있었다. 유비에게 감동한 제갈량은 자신의 정치적 견해, 천하를 통일할 전략을 이야기했다.

"조조는 원소를 격파하여 1백만 군사를 가지고 있는데다가 천자의 명분을 빌어 천하를 호령하고 있으므로 무력으로 조조를 이긴다는 것은 당분간은 어려운 일입니다. 그리고 손권이 차지하고 있는 강동은 지세가 험한데다가 민심이 그를 따르고 있고, 인재들도 그를 보좌하고 있기 때문에 무력으로 손권을 이긴다는 것도 당분간은 어려운 일입니다. 그러나 손권과 연맹을 맺을 수는 있습니다."

"선생의 말씀을 들으니 흐렸던 날이 갑자기 환하게 개인 듯합니다. 정말 고맙습니다."

제갈량의 말을 끝까지 세심하게 경청하여 제갈량의 인물됨을 알아본 유비와 유비의 간절함에 감동한 제갈량은 같은 편이 되어 함께 신야로 왔다. 이러한 과정에서 유비는 한 번도 트집을 잡거나 제갈량의 말 중간에 끊거나 끼어들지 않았다. 제갈량의 긴 설명을 알아듣기 위해 귀를 기울여 집중(集中)하였을 뿐이다. 제갈량의 전략에 대한 이야기는 그 자체가 매우 광대하고 지루할 수 있었으나 유비는 자세를 흩뜨리지 않고 끝까지 경청하였다. 왜냐하면, 유비의 운명을 결정지을 수 있는 이야기이기 때문인지도 모른다. 그러나 유비의 경청능력이 부족했다면 가능하지 않았을 것이다.

그런데 다른 분석에서 유비의 경청태도 특징은 결정적인 순간에 정확한 길을 선택하는 사람이라고 한다(자오위핑, 2015). 이에 반해 우리나라의 황희 정승은 마지막까지 듣고 결론을 내리는 스타일로 절대로 남들보다 먼저 말하지 않았다고 한다. 왜냐하면, 영의정이 먼저 말을 하게 되면 부하들이 말을 하지 않거나 아부하는 말들만 하게 된다는 것이다. 그런 깊은 뜻이 담긴 경청방법도 좋지만 유비는 결정적인 이야기를 듣게 되면 중간에서도 이를 선택하는 경청태도를 보여주었다.

유비의 경청에 대한 또 하나의 이야기로 장송은 자신의 서촉 공략계획을 처음에는 조조에게 말하려고 하였으나 조조의 경청태도에 불만이 느껴져 유비에게 주었다는 이야기이다. 조조가 장송 자신의 시선을 피하고 자신을 무시했다고 느껴졌기에 진정성 있는 대우를 받지 못했다는 마음이 들었다. 그래서 유비를 찾아가 자신의 계획을 풀어놓게 된다. 그런데 조조와 대조적으로 유비는 장송의 의견을 경청하고 계책을 들음으로써 촉 땅에 발을 붙일 수 있었다.

결론적으로 지금까지의 이야기를 바탕으로 경청원리를 살펴보면 경청은 아무 조건 없는 본정신으로 들어야 한다. 경청은 말하는 사람이 존중받는다는 느낌이 들어야 하고, 끝까지 마음을 다해서 들어야 한다. 경청의 결정적인 내용은 반드시 마음에 기억해 두어야 하며, 경청은 그 자체가 치유의 과정인 것이다.

84
우한은 삼국지의 형주(이릉대전)

2020년과 2021년은 전염병인 코로나 바이러스(COVID-19, 코로나19)가 전 세계 모든 국가들로 퍼져 홍역을 치르고 있다. 코로나19의 발생지인 중국 우한은 삼국지의 주 무대인 형주(荊州)에 해당되고 있다. 이 곳과 관련한 삼국지 이야기로 이릉대전(夷陵大戰)이라는 유명한 전투 기록이 있다.

중국 내륙(內陸)에 위치한 도시인 우한시(武汉市, Wǔhàn Shì)는 인구 1,100만 명에 달하는 중국에서 6번째로 큰 도시로 알려져 있다. 동서(東西)로는 상하이(上海), 남북(南北)으로는 베이징(北京) 등과 연결되는 중부의 교통요지라고 할 수 있다. 우한시가 코로나로 유명해졌으나 그 이전에는 삼국지 형주(荊州)로 더 유명한 곳이었다.

「삼국지연의」에 기록된 이릉대전에 관한 내용을 간략히 정리하면, 유비가 221년 황제에 올라 촉한(蜀漢)을 세웠으며, 장비가 죽은 후 원수를 갚고 형주를 다시 찾기 위하여 손권의 오(吳)나라를 침략해 일어난 전투가 이릉전투이다. 이 전투에서 유비는 육손(陸遜)이 불(火)로 공격하는 화공(火攻)으로 크게 패배하였다.

당시의 전투상황을 추설하면, 이릉전투가 발발한 시작점은 형주를 차지한 유비와 이를 맡긴 손권(孫權)과의 생각 차이였다. 남군태수(南郡太守) 주유가 죽자, 손권은 주유가 관리하였던 남군을 유비에게 임대(賃貸)했다. 그러나 유비는 형주 남부를 스스로의 힘으로 획득한 것으로 여겼다. 215년 손권과 유비는 형주 반환 문제를 놓고 군사적 충돌 직전까지 이르렀으나 임시 협약으로 위기를 넘겼다. 이러던 중 219년 관우가 위(魏)나라에 대한 북상공격을 시도하여 우금과 그 부하들을 생포(生捕)해 있었는데, 문제는 식량을 감당할 수 없었다. 관우는 군량을 노략질해서 보충했다. 관우의 노략질로 충격을 받은 손권은 결국 위나라와 손을 잡았다. 그리고 관우는 마충(馬忠)에게 생포된 후 손권에게 죽임을 당하였다.

유비는 관우의 죽음으로 크게 놀랐다. 이때 제갈량이나 조운 등 많은 사람들이 보복전쟁을 반대하였다. 그러나 유비는 장비와 서로 만나 의견을 주고받는 회견(會見) 후 오(吳)나라를 직접 공격하였다. 이때 더 문제가 발생하였는데, 전쟁을 준비하는 가운데 범강과 장달이 장비를 암살(暗殺)한 것이다. 이러한 암살사건으로 유비의 적개심은 더욱 불타게 되었다. 범강과 장달은 유비와 대적하려고 손권의 편에 서게 되었다.

문제는 오나라의 육손이었다. 그는 백전백승의 전략가였다. 유비가 이끄는 촉(蜀)나라 군(軍)은 한여름 더위를 피하기 위해 비교적 시원한 숲으로 진영(陣營)을 옮긴 상태였는데, 이를 탐지한 육손은 엄청난 불의 화공(火攻)을 감행하였다. 이를 위해 육손은 수군과 육군 등 모든 군사를 동시다발적으로 촉군 진영들의 주변에 불을 지르고 강공(强攻)을 시도하였다.

모든 군사 진영들이 동시에 화공기습을 받으니 유비의 군사들은 큰 혼란에 빠졌다. 연락이 두절된 상태에서 육손은 각개격파(各個擊破)식으로 유비 군사들을 무너뜨렸다. 상황이 점점 더 어려워지자 유비도 전쟁에서 물러설 수밖에 없었다. 퇴로까지 끊겼다. 마침내 촉(蜀)나라 지휘관인 황권(黃權)은 항복하였다. 이때 40여 채 이상의 촉군 진영들이 오나라 군사들에게 장악(掌握)되었으며, 유비는 이릉에서 퇴각한 후 패잔병들을 수습해 오군들과 다시 전투하려고 시도하였으나 이미 전세(戰勢)는 기울어 이 시도 역시 오군의 공격으로 무산(霧散)되어 유비는 다시 후퇴할 수밖에 없게 되었다.

이릉전투에서 크게 패전한 이후 촉한(蜀漢)의 형주 회복은 불가능하게 되었다. 유비 역시 관우와 장비의 죽음과 패전(敗戰)으로 크게 번민(煩悶)하다가 62세(223년)에 제갈량에게 남은 일들을 맡기고 백제성에서 삼국통일의 대업을 뒤로한 채 세상을 떠났다.

12장

큰 영웅, 작은 영웅

85
의리와 지혜의 관우

삼국지에 나오는 관우(關羽)의 일생 즉, 역사서로서의 삼국지에 나오는 역사적 관우의 모습과 이후 중국문화 속에서 신격화된 관우의 모습, 그리고 관우의 인물됨과 시사점은 무엇일까? 진수(陳壽)라는 사람이 쓴 사실에 근거한 역사 삼국지 속에 나타난 관우의 모습을 찾아볼 수 있으나 진수(陳壽)는 중국의 위나라, 오나라, 촉나라 등 삼국시대에 살았던 사람이다. 그는 촉의 무술이 뛰어난 장수였던 진식(陳式)의 아들이었다. 관우가 죽은 뒤 약 40년 뒤에 부각된 인물이다. 진수의 삼국지는 역사서로서 어느 정도 믿을 수 있는 책이지만 관우에 대하여는 많은 내용을 포함하고 있는 것 같지 않다. 관우의 실제 모습을 살펴보려는 목적을 가진 입장에서는 아쉬운 일이 아닐 수 없다. 삼국지 속에 포함되어 있는 「관우전(關羽傳)」도 불과 965자에 지나지 않는다. 관우의 역사적 행적을 대략 다음의 몇 시기로 나누어 볼 수 있다.

첫 번째 시기는 관우는 하동군(河東郡) 해현(解縣) 출생이나 벼슬아치를 죽이고 유주 탁군(涿郡)으로 망명한 시기이다. 영제(靈帝) 말년 황건적의 난리(亂離)가 발생하였는데, 이때 난세에 영웅이 난다는 말처럼 곳곳에 영웅들이 나타났다. 유비도 이때 자신의 고향에서 군사들을 모집하였다. 이 시기에 유비, 관우, 장비 세 사람이 만났다.

두 번째 시기는 관우가 눈부시게 활동하는 초창기에 해당한다. 이

때는 유비가 평원상(平原相)이 되고, 관우, 장비와 함께 영웅들이 천하를 서로 싸워서 빼앗는 싸움에 처음으로 발을 내디딘 시기이다. 관우는 장비와 더불어 별부사마(別部司馬)가 되어 군대를 함께 통솔하였다. 별부사마(別部司馬)란 대장군 휘하에 소속되지 않고, 따로 부하를 거느리는 독립부대의 장을 일컫는 말이다. 관우는 유비가 있는 곳이면 어느 곳이든지 형제의 우정으로 동고동락(同苦同樂)하였다. 특히 유비가 서주(徐州)를 다시 찾고, 이어 서주자사(徐州刺史) 차주(車胄)를 죽여 서주를 다스릴 때 관우는 하비(下邳)성을 지키게 되는 시기이다.

세 번째 시기는 관우가 조조 밑에 있었던 시기이다. 조조는 건안 5년 봄에 동쪽 지역에 대한 무력침공, 정벌(征伐)에 나서 유비를 공격하였다. 이때 유비는 원소(袁紹)에게로 도망갔으나 관우는 조조가 다시 공격할 때 항복하고 조조를 따라서 허도(許都)로 가게 된다. 이때 조조는 관우를 편장군(偏將軍)으로 삼고 후하게 대하였다.

이후 관우가 조조군과 원소군이 싸울 때 백마(白馬)의 포위를 풀어 안량(顔良)을 죽이는 큰 공을 세웠다. 이때 조조는 관우를 한수정후(漢壽亭侯)에 임명하였다. 관우는 조조의 부하가 되어 조조의 사람이 될 수도 있었으나 유비의 은혜를 잊을 수 없었다. 그래서 조조를 떠나 원소에 있는 유비를 찾아가는 시기이다.

네 번째 시기는 형주(荊州)를 손아귀에 넣게 된 시기이다. 이 시기는 관우가 유비를 따라 형주목(荊州牧) 유표(劉表)에게 신세를 지면서 지내던 시기이다. 이 시기에 유비는 제갈량(諸葛亮)과 함께 융중(隆重, 크게 합치는)의 대책을 세운다. 유표가 죽은 후 조조는 형주를 공격한다. 그러나 유비는 손권과 연합하여 조조를 물리친다. 조조는 화용도(華容道)로 달아난다. 유비는 형주를 장악하게 되었고, 손권의 누이를 배우자로 맞이하였다. 주유(周瑜)는 영릉(零陵), 계양(桂陽), 무릉(武陵), 장사(長沙) 네 군을 유비에게 주게 되고, 관우는 양양태수(襄陽太守), 탕구장군(蕩寇將軍)으로 임명되는 시기이다.

다섯 번째 시기는 형주를 사수(死守)하던 시기이다. 건안 16년 유비가 익주(益州)를 평정하고, 관우와 제갈량에게 형주를 맡겨서 지키도록 하였다. 건안 19년 마초가 항복하여 왔다. 건안 20년 손권이 형주를 되찾고자 여몽으로 하여금 2만 대군을 이끌고 공격하게 하자 유비는 관우에게 3만 병마를 이끌고 익양(益陽)으로 가게 한다.

건안 24년 가을 7월에 유비는 한중(漢中)을 평정하여 스스로 한중왕(漢中王)으로 칭하고 관우를 전장군(前將軍)으로 봉한다. 8월에 관우는 우금(于禁), 방덕(龐德)을 항복시키고, 양번(襄樊)의 싸움을 승리로 이끌어 그의 사람을 두렵게 하는 힘, 위세(威勢)는 세상을 흔들 정도였다. 이에 조조는 수도를 옮겨 관우의 기세를 피하려고 하였다.

여섯 번째 시기는 전쟁에 지고 죽음에 이르게 되는 시기이다. 관우의 위세가 중원을 진동시키자 조조는 동오(東吳)와 손을 잡고 관우를 공격하였다. 조조군이 관우를 유인(誘引)해내면 동오가 관우의 배후(背後)를 친다는 작전이 성공하여 관우를 샌드위치 신세가 되도록 만들었다. 게다가 미방(糜芳)과 부사인(傅士仁)이 동오에 항복하여 관우에게서 멀어졌다. 조조군의 서황(徐晃)이 형주로 나아가 공격하였으나 동오의 여몽이 어루만져 달래는 회유정책으로 촉한 군사의 사기가 무너지고 흩어지게 되었다. 결국 관우는 임저(臨沮)에서 죽임을 당하게 되는 시기이다.

일곱 번째 시기는 관우가 죽은 후의 시기이다. 건안 24년 겨울 관우는 임저에서 죽고, 그 다음 해 조조가 낙양(洛陽)에 이르자 손권이 관우의 머리를 조조에게 보내 바친다.

유비는 관우의 시호를 장무후(壯繆候)로 봉하고, 아들 관흥(關興)이 작위를 계승하였으나 그는 일찍 세상을 떠나 다시 관통(關統)이 작위를 계승하게 된다. 관통이 죽은 후 아들이 없기에 관흥의 서자 관이(關彝)에게 작위를 잇게 한 시기이다.

역사적 기록을 살펴볼 때 촉한의 장수이면서 의로운 사람이었던 관우는 정말 영웅적인 생애를 살았다. 죽어서는 백성과 국가로부터 특별대우를 받은 인물이다. 결론적으로 역사 삼국지에 나타난 관우의 역사적 모습은 의리의 사나이였으며, 무예와 용맹 그리고 재주와 지혜도 뛰어난 인물이었다. 성격도 호탕하였다. 역사 삼국지는 나중에 중국에서 신격화되는 과정의 기본 요인으로 이바지하였다.

86
백성 통치를 위한 관우숭배

관우의 신격화 과정에 미친 영향들에 대해 살펴본 결과 관우가 세상에 크게 알려지게 된 것이 소설 삼국지연의를 통해서였으며, 관우의 신격화에 가장 큰 영향을 주었다고 볼 수 있다. 그리고 관우를 유비와 왕실에 대하여는 매우 충성스러운 신하로 묘사하였으며, 전쟁에서 패배한 적군의 장수에게는 피할 길을 열어주는 의로운 인물로 묘사했다. 또한 어떠한 어려운 상황에서도 불굴의 용기를 잃지 않고 지혜의 전략으로 돌파하는 누구나 되고 싶고, 누구나 우러르고 싶은 최상의 이상적 인간으로 그려내고 있기 때문이다.

소설 삼국지연의 이외에 다른 요인도 작용하였다. 관우의 신격화는 국가적 차원에서 추진되었다. 송(宋)대에는 국가차원에서 관우를 신(神)으로 여겨 전국에 관우 사당이 들어서기 시작하였다. 사람을 신으로 만들기 위해서 필요한 첫 번째 단계가 사당을 만드는 것이다. 관우가 태어난 지 100년 이후 청(淸)대 말기에 이르기까지 관우는 역대 제왕들의 끊임없는 존경과 받들어 높임을 통해서 후(侯)에서는 왕(王), 왕에서 제(帝), 제에서 성(聖), 성에서 천(天)으로 추대되었다. 마침내는 공자처럼 "문무이성(文武二聖)"으로 같이 불리게 되었다.

국가차원에서의 관우에 대한 구체적인 신격화 과정을 살펴보면, 관우는 살아있을 때에는 조조로부터 '한수정후(漢壽亭侯)'라는 벼슬을 받았을 뿐이다. 죽은 다음 관우는 유선을 통해 '장무후(壯繆

侯)'라고 불려졌다. 이후로는 역사 속에서 사라진 것처럼 하다가 북송대(北宋代)부터 또다시 부각되기 시작하였다.

충혜공(忠惠公)으로 격상된 것은 북송 휘종 숭녕(崇寧) 원년(1102)이었다. 또한 숭녕진군(崇寧眞君)으로 받들어 진 것은 숭녕 3년(1104년)이었다. 북송시대는 유교 · 불교 · 도교 등 세 가지 교리가 함께 성행하였으나 휘종은 도교를 믿고 있었다. 그래서 관우에게 내려진 봉호(封號)는 도교의 모습이었다.

관우가 마침내 왕으로 격상된 것은 휘종 대관(大觀) 2년(1108)으로 이때 소열무안왕(昭烈武安王)으로 높이 받들어졌다. 그리고 선화(宣和) 5년(1123)에 다시 '의용(義勇)' 이라는 두 글자를 더해 의용무안왕(義勇武安王)으로 받들어졌다. 남송(南宋)에 이르러는 고종 건염(建炎) 3년(1129)에 그 호칭이 장무의용무안왕(壯繆義勇武安王)으로 바뀐다. 효종(孝宗) 순희(淳熙) 14년(1187)에 다시 장무의용무안영제왕(壯繆義勇武安英濟王)으로 격상되었다. 원대에 와서는 문종(文宗) 대력(天曆) 원년(1328)에 남송 시대에 관우에게 내린 시호에서 장무(壯繆)를 없애고, 대신 현령(顯靈)으로 바꾸어 현령의용무안영제왕(顯靈義勇武安英濟王)이라 봉하였다.

명대(明代)에 이르러 성조 영락제는 혜제 건문(建文) 3년(1399)에 내란을 일으켜서 왕위를 차지하였는데, 이를 정당화시키려고 죽은 관우의 신령스럽고 기묘한 도움이 컸다고 말하면서 죽은 관우를 크게 치켜세웠다. 이후 성화(成化) 13년(1477)에는 지안문(地安門)에 있는 관제묘(關帝廟)에 정기적으로 제사를 지내게 하였다. 또한 나라에 어려운 일이 생겼을 때에도 제사를 올리게 하였다. 무종 정덕제 정덕(正德) 4년(1509년)에는 임금은 일반인들에게 고지(告知)하는 조서에 따라 관묘(關廟)의 이름을 모두 충무묘(忠武廟)로 고쳤다. 이는 공자는 문신이고, 관우는 무신이 되었다는 뜻이라고 할 수 있다.

신종 만력제의 만력 22년(1594)에 관우는 협천호국충의제(協天護國忠義帝)에 봉해졌고, 관묘의 이름은 충무에서 영열(英烈)로 바뀌었다. 드디어 관우는 왕에서 승격되어 제의 시호(諡號)를 받게 된 것이다. 죽은 신하에게 왕의 칭호도 흔치 않은 일이지만 제라는 봉호를 하사받는 것은 관우가 유일한 것으로 분별된다.

청대(清代)에 이르러서는 관우에게 공자와 동등한 대우를 하도록 조치되었다. 즉, 세조 순치제 순치(順治) 원년(1644)에 충의신무관성대제(忠義神武關聖大帝)로 봉해졌다. 이때부터 관제(關帝)에게 제사지내는 법이 제정되었다. 이렇게 '무성(武聖)' 관우는 지위상 공자와 대등한 위치가 되어 제사에서도 동등한 예우를 받게 되었다.

나중에는 관우의 조상들까지 공작(公爵)으로 높이 받들었다. 관우의 조부와 부친까지 제사를 지내게 하였다. 이는 성조 강희제 강희(康熙) 42년(1703)의 일이다. 덕종(德宗) 광서(光緒) 5년(1879)에는 '충의신무영우인용위현호국보민정성수정익찬선덕관성대제(忠義神武靈佑仁勇威顯護國保民精誠綏靖翊贊宣德關成大帝)'라는 무려 26자나 되는 긴 봉호를 가지게 되었는데, 관우에 대해 우러러 믿고 신앙하는 숭배(崇拜)의 최고 극점에 도달했음을 보여주었다.

통계에 따르면 청대에 50개의 부(府), 주(州), 현(縣), 향(鄉)에 모두 480여 개의 관제묘가 있었고, 1989년 대만(臺灣)의 통계에 따르면 대만에 있는 관제묘만 950개에 달한다고 한다. 전쟁에서 이기면 관우의 신령이 도와주었기 때문이라고 사실 이상으로 과장하여 전하였다. 예컨대, 청의 개국시조 누루하치는 전쟁 승리의 원인을 언제나 관우의 신령이 보우한 결과로 선전하였고, 삼국지연의를 전쟁하는 방법, 병법서로 여길 만큼 언제나 몸 가까이 두었다.

위에서 살펴본 것처럼 관우에 대해 무릎을 치면서 탄복한다는 격절탄상(擊節嘆賞)의 움직임은 후에서 공, 공에서 왕, 특히 명대에 이르러서는 왕에서 제로, 게다가 공자와 대등한 위치의 성인으로, 또 성인에서 신에까지 이르렀다. 이러한 숭배 움직임에는 관우의 여러 가지 인격적 특성 중에서 특히 충의(忠義)를 부각시켰다. 이는 관우에 대한 믿음생활을 통하여 백성들 모두가 나라를 위한 충의의 마음으로 충성(忠誠)해야만 한다는 것을 요청하는 것이다.

그런데 중국 인민들이 관우에게 배우고 익힌 것은 사람과 사람 사이의 의리였다. 유비와의 약속을 지키는 신실(信實)한 사람이라는 관우에 대한 사랑과 믿음이 이후 관우숭배로 이어졌다. 국가권력만으로 관우에 대한 신격화가 성취된 것이라고는 보기 어렵다. 관우에 대한 신격화는 민간인들을 포함한 중국 사회 · 문화 전반적인 호응(呼應) 없이는 불가능한 일이기 때문이다.

국가차원에서 관우를 신격화한 가장 큰 의도는 백성들을 통치하는 차원에서 관우의 충성심을 백성들에게 주입(注入)시키려는 숨은 뜻이 있었던 것으로 여겨진다.

87
긍정적 가치의 힘

관우의 신격화는 백성들 사이에 널리 퍼진 전설을 통해 끊임없이 이루어졌다. 관우의 신격화 과정에 대한 두 번째 이야기로 국가차원의 신격화 작업이 백성들 사이에 어떻게 전설적 인물로 여겨지게 되었는지 그 과정을 살펴보면 다음과 같다.

첫째, 관우의 출생에 대한 전설이 생겨났다. 출생 전설은 크게 세 가지가 있다. 이 세 가지 전설들은 내용상의 차이는 다소 있어도 모두 옥황상제(玉皇上帝)의 신하라고 주장하고 있다. 즉, 관우가 인간이 되기 이전에 붉은 얼굴을 한 남해용왕(南海龍王)이었다는 전설과 노수용(露水龍)이었다는 전설 그리고 불의용이라는 전설이다.

관우의 전신(前身)은 옥황상제의 신하였는데, 하늘에서 인간세상으로 쫓겨나서 인간 관우로 환생(幻生)했다는 것이다. 왜냐하면, 관우의 전신은 인간들에게 너무 관심이 많았고, 인간들을 사랑하였기 때문이었다. 이것이 관우의 출생신화로 이는 마치 왕들이 나라를 개국하는 신화와 유사한 면을 보여준다. 관우는 특별한 존재라는 것이다.

둘째, 전설의 관우는 삼국시대 최고 장수였기 때문에 백성들을 보호한다는 수호신 이미지이다. 이는 무장(武將)의 이미지가 신격화에 기여하게 된 것이다. 외부로부터 예상하지 못했던 침략을 받거나 어떠한 이유를 알 수 없는 이상한 재앙이나 사고를 당했을 때도 백성과 나라를 지켜주고 보호해 주는 수호신의 모습으로 신격화 된 것이다. 이러한 관우의 모습은 제왕보다도 더 높은 이미지로 백성들 사이에 널리 퍼져나가게 되었다. 이런 수호신의 이미지는 항일(抗日)전쟁에서 관우가 일본군을 쳐부수었다는 이야기에서도 잘 나타나고 있다.

셋째, 가뭄 등 민생문제를 해결하는 전설이다. 예컨대, 송나라 진종 때 관우가 신으로 나타나 귀신 치우(蚩尤)와 한판 크게 싸워서 해주(解州) 염지(鹽地)에 발생한 큰 가뭄을 해결해 주었다는 것이다. 이러한 이야기는 당시 널리 퍼져 있었던 민간종교인 도교와 융합(融合)되어 있었다.

징신편(徵信編) 권14에 이세방(李歲芳)과 장광조(蔣光祖)의 기록을 인용하여 관우에게 비를 내려달라는 기도와 제사를 지내고 특이한 경험을 했다는 사실이 언급되어 있다. 천재지변(天災地變)에 대하여 무력할 수밖에 없는 당시 농사중심의 문화 속에서는 관우의 신격화가 더욱 크게 백성들 마음속에 각인(刻印)되었다고 볼 수 있다.

넷째, 전설은 과거시험과 관련이 있다. 관우는 싸움에 앞장서는 장수였음에도 불구하고 유교경전의 하나인 좌전(左傳)도 늘 가까이 했다고 한다. 그래서 백성들의 관우에 대한 이미지는 문(文)과 무(武)를 모두 갖춘 온전한 인물로 형성되고 있었다. 이러한 생각들이 나중에는 과거시험에도 관우 신이 영향을 준다는 전설로 이어졌던 것이다. 특히 이러한 과거합격과 관우의 신격화는 명대 중엽 이후에 많이 등장한다. 관제사적징신편(關帝事績徵信編) 등에 과거합격 체험 이야기가 많이 보인다.

예컨대, 꿈에서 관우를 보았는데 문제를 알려주었다. 관우의 교훈으로 합격되었다는 이야기 등이다. 시험의 부담이 엄청났던 수

험생들에게는 관우 신의 힘을 빌려서라도 합격하고 싶은 생각이 간절했던 것이다. 또한 이러한 전설은 과도한 심리적인 부담에 시달리는 수험생들을 돕는 기능도 있다고 할 수 있다. 관우의 신격화(神格化)는 보통 사람들은 물론 지식인들 사이에서까지도 깊게 자리 잡고 있었던 것이다. 즉, 관우의 신격은 무장으로서의 일을 주관하는 것 외에도 학문의 영역까지도 관장하는 식견도 지니고 있다는 것이다.

다섯째, 선한 일은 권장하고 악한 일은 징계한다는 전설이다. 즉, 관우 신의 말씀을 잘 따르게 되면 가족과 원만하게 지낼 수 있고, 나라에 충성하는 일꾼이 될 수 있다는 전설이다. 이는 나중에는 관우 신에게 구하면 반드시 들어준다는 차원으로 발전하였다(有求必應).

결론적으로 관우는 생활 속의 신으로 받들어졌다. 어려운 백성들을 언제든지 보호하고, 혼돈하고, 어두운 세상을 밝고 바르게 견인할 뿐만 아니라 현실적으로 해결하기 곤란한 사건이 발생하였을 경우에도 만병통치약처럼 해결책을 마련해 주는 전지전능한 신으로 자리 잡게 되었던 것이다. 관우가 이렇게 백성들에게 숭배의 대상이 된 것을 단순히 망령(妄靈)된 미신(迷信)이라고 치부하기보다 숨겨진 긍정적 가치를 살펴보는 것이 바람직하다고 여겨진다.

88
신격화된 관우 숭배

관우의 신격화(神格化)에 기여한 종교적 차원의 역할을 고찰해 보면, 관우의 신격화 작업과 종교가 연결될 수 있었던 가장 큰 이유는 포교활동에 관우의 신격화가 도움이 될 수 있다고 여겨졌기 때문이다.

우선 불교와 관우 신격화의 관계를 보면, 가장 잘 알려진 관우 현성(關羽顯聖) 이야기를 들 수 있다. 이 이야기는 처음에 진(陳), 수(隨)나라 때 출현하였고, 불교와 관련이 있다는 주장이 있다. 확인할 수 있는 기록은 당 덕종(德宗) 정원(貞元) 18년(802) 동정(董侹)의 중수옥천관묘기(重修玉泉關廟記)다. 그리고 옥천산은 관우가 죽은 후 처음 현성(顯聖)한 곳이다. 이는 관우를 빌미로 하여 불교의 전파가 이루어졌음을 말하는 것이다.

송대(宋代)는 유학의 세력이 대단하였기에 송대 천태종에서 정리한 불교 가르침 경전(經典)에는 불가의 이야기와 함께 당시 제왕들이 좋아한 관우를 억지로 끌어다 붙여놓기도 했다. 명(明), 청(淸) 이후에는 불교 사원에서 관우를 가람보살로 보편적으로 섬겼는데, 지금까지도 중국의 유명 사찰에는 호법관우상이 존재하고 있다.

두 번째 관우 신격화와 도교의 관계를 살펴보면, 도교가 관우를 가장 높이고 있음을 알 수 있다. 도교에서는 관우신앙을 이용한 관공각세진경(關公覺世眞經), 관제명성경(關帝明聖經) 등의 인쇄물까지 만들어 도교의 가르침을 부추겨서 일으키는 모양새를 볼 수 있다.

당나라 황실이 노자를 인정하고 나서 특히 '태성조고상대도금궐현원천황대제(太聖祖高上大道金闕玄元天皇大帝)'라는 칭호와 임금이 내려주는 시호(諡號)까지 받으면서 도교의 세력은 크게 확장되었다.

또한 송대 휘종 때에는 "관우가 치우를 격파하다"는 이야기가 널리 퍼지게 되어 절정의 때를 맞게 되었다. 도교의 관우 신격화는 실제로 북송 때부터 시작되었는데, 그 원인을 구체적으로 살펴보면 다음 몇 가지를 들 수 있겠다.

첫째, 도교의 부록파(符籙派)는 정치에 적극적이었다. 불안정한 정국에서 부록파는 왕이 건강하게 오래 살고, 정치적으로 국가안정, 경제적으로 백성들의 풍요, 나라에 충성, 부모에 효도하는 것을 크게 선전하였다. 이러한 부록파 움직임에 백성들은 크게 환영하였다. 기념일 때마다 혹은 제왕의 생일에는 부록파가 나섰고, 또한 도법으로 나라의 천재지변 등 재앙을 방어하는 것도 제도적으로 확립되었다.

둘째, 국가적으로 중요한 재해를 관우가 나타나는 현성(顯聖)을 통해 해결해주었다고 믿었다. 특히 소금세(鹽稅)는 서한(西漢) 이래 국가재정의 큰 부분을 차지하였는데, 군비는 물론 관리의 봉급까지도 소금세에 의존하였다. 또한 해주염지는 최고로 인기가 좋았다. 그런데 해주염지에 온 재해를 관우가 해결했다고 믿게 되니 조정에서는 크게 놀라면서 도교를 크게 지지하는 계기가 되었다. 그 결과 도교를 굳게 믿었던 북송의 진종, 철종, 휘종 등의 황제들은 비록 황제라 하더라도 관우를 숭배하지 않을 수 없었던 것이다.

셋째, 태종 때는 신(神)내리는 현상이 지속되었고, 이후 진종(眞宗) 등 여러 황제들과 도교의 관계는 원만하게 이어졌으며, 휘종은 스스로가 "교주도군황제(敎主道君皇帝)"라고 하니 부록파 도사들은 한결같이 정치적으로나 사회적으로나 실력을 발휘할 수 있었다.

넷째, 중국 도교에서 관우에 대한 전국적으로 무조건적인 추종 움직임이 있었다. 중국 도교에서 정일파(正一派)를 중심으로 관우가 신격화 되어갔는데, 문파를 떠나 도교 전체의 통속적 권선서에 관우와 관련된 관제각세진경(關帝覺世眞經), 관제명성경(關帝明聖經), 계세자문(戒世子文) 등이 있다. 또 전진파(全眞派)의 북경 백운관(白雲觀)과 무당산(武當山) 도관(道觀) 안에도 관우의 "재신(財神)" 혹은 천존(天尊)의 조상(造像)이 있다.

관우 숭배현상은 도교 용호산(龍虎山) 남종(南宗) 정일파 뿐만 아니라 원대(元代)에까지 성행했던 북종(北宗) 전진파에 의해서 크게 나타났다.

결론적으로 도교의 역할로 송대 황실의 관우 숭배에 큰 영향을 미쳤고, 이로 인하여 관우 신격화는 더욱 널리 퍼지게 된 것이다. 결국 관우는 숭녕진군으로 봉해지게 되어 국가적으로 관우 숭배가 두드러지기 시작했다.

89
'충효인의(忠孝仁義)'의 관우

관우의 신격화와 관련하여 전장에서 기술하지 못한 부분을 종합적으로 살펴보면 다음과 같다. 즉, 종교분야에서는 유가와 관우 신격화, 민간분야에서는 문학과 예술의 관우 신격화, 상인들의 관우 신격화를 살펴보고, 마지막으로 이를 종합 정리하여 보자.

먼저 관우의 삶의 흔적은 '충효인의(忠孝仁義)' 사상과 잘 맞는다. 그래서 사대부 유가들의 큰 관심 대상이 될 수 있었다. 즉, 유가에서는 '충의(忠義)'의 화신(化身)으로 관우를 신격화하여 통치세력까지 확장된 것이다. 관우 신격화의 본격적인 움직임은 송대였는데, 삼국지 강표전(江表傳)에 "관우는 좌씨전(左氏傳)을 좋아해 내용을 모두 외울 수 있었다"는 글이 적혀있었다. 이로 인해 관우는 과거 준비생들의 남다른 특별한 사랑을 받게 되었고, 명청시대(明淸時代) 과거시험을 보는 수험생 사이에서는 관우가 꿈에 자주 나타나 해답을 제시해준다는 이야기도 있었다. 마침내 '시험의 신'으로까지 숭배되고 제사를 지내게 된 것 역시 여기에서 기인하였다.

민간 문학과 예술의 관우 신격화는 최고 수준의 민간문학이라고 여겨지는 삼국연의에 나타나 있다. 소설의 핵심가치는 역사적 사실보다는 오랫동안 민간인들 사이에서 전해오는 전설적 이야기들이다. 관우의 모습은 삼국연의를 통해 문학적, 예술적 수준으로 격상되었다. 예컨대, 관우가 치우를 물리친 구원이야기는 희곡으로도 재연(再演)되었다. 명대 맥망관(脈望館)의 필사본 고금잡극(古今雜劇) 가운데 무명씨의 잡극인 관운장대파치우(關雲長大破蚩尤)가 있는데, 이 작품에는 관우가 치우를 물리쳐 세상을 구한 대가로 해주에 관공의 묘가 세워지고 숭녕진군으로 봉해진 이야기가 들어 있다.

상인들의 관우 신격화에서 관우는 백성들의 마음속 고향의 신으로 여겨지는 과정을 거쳐 마지막에는 재물의 신, 사업을 번영시켜 주는 신으로 정착되었다. 이러한 사업적 차원의 관우 신격화에는 산서상인(山西商人)의 역할이 컸다고 할 수 있다. 산서상인이 취급했던 주된 품목은 소금이었다. 소금의 재무적 중요성으로 정부가 관리하였으나 밀매(密賣)도 크게 성행하였다.

산서상인들은 전국망을 통해 자신들의 권익을 키워나갔다. 이들은 서양의 길드와도 같은 조직을 만들었고, 사업이 확장되자 이들에게는 만나는 장소가 필요했는데, 그곳에다 관우신을 모셔놓고 제사를 올리게 되었다. 이와 같이 각 지역의 관제묘는 관우 신격화를 주도하였다. 이러한 움직임으로 인해 중국 전체에 관우 숭배가 현실화, 구체화되는 데 중심적인 역할을 하였다. 관우 고향 상인들이 시작단계에서는 작은 목적으로 출발하였으나 관우 숭배 현상을 조성하는 데 아주 큰 영향을 미쳤다.

관우 신격화 작업에 대해 종합적으로 정리해보면, 관우 신격화는 소설 삼국연의로 인해 전국적으로 확산되었다고 주장되기도 하지만 사실은 그 이전부터 이미 여러 가지 요인으로 관우 신격화는 전국적으로 확장된 이유가 있었던 것을 알 수 있다. 다양한 요인들이 소설의 재료가 된 것이고, 소설이 널리 알려지게 되자 나중에 국가에서도 관우를 높이게 된 것이라고 볼 수 있겠다. 관우의 이미지가 유가의 사상적 이념과 잘 연결되었기에 상층부 사대부들의 환대를 받았고, 불교와 도교 등 종교계에서는 백성들 사이에서 영향력이 있는 관우를 하층 계급인 백성들에게 교세 확장과 교리 전파를 위해 크게 이용하였다. 또한 삼국연의를 포함한 민간문예와 문학은 작품 속에서 더욱더 관우를 신적인 이미지로 강화시켜서 관우의 신격화에 가속도가 붙게 되었다. 더욱이 관우의 고향 상인들이 자신들의 모든 마음과 힘을 다하여 관우 신격화에 매진하면서 관우 숭배에 앞장섰다.

이와 같이 다양한 사항들이 관우 신격화의 요인들이라고 할 수 있겠다. 결국 이러한 여러 가지 요인들의 다양한 영향으로 말미암아 관우는 역사 속 하나의 무인장수가 아니라 국가와 백성을 보호하고, 모든 사람들이 우러러보는 전지전능한 신으로 만들어지게 된 것이다.

관우 신격화에 대하여 요약 정리하면, 우선 역사 삼국지의 의로운 관우의 모습이 관우 신격화의 토대(土臺)와 기반(基盤)으로 작용하였고, 다음은 관우가 죽은 후 백성들 사이에 생겨난 각종 전설과 유교 · 불교 · 도교 등 세 종교의 관우 신격화 작업이 절대적 영향을 미치게 되었다. 이후 소설 삼국연의는 이전에 흩어져 있던 다양한 관우 신격화 요소들을 한데 집대성하는 역할을 하였다. 마지막으로 소설 삼국지연의의 영향과 그에 따른 국가적 차원의 관우 신격화 작업으로 더 많은 관우 관련 전설과 작품이 나오게 되었으며, 여기에 관우 고향 상인들의 열정이 더해져서 최종적인 관우신 형상이 확립되었다.

90
성인 공자와 동급인 관우

관우가 신(神)이 될 수 있었던 핵심적인 이유에 대해 초점을 맞춰보자. 삼국지 정사에 따르면, 관우는 인간적인 오만함 등 단점을 노출하고 있다. 그런데 어떻게 그가 중국에서 한족(漢族) 시조라고 불리는 황제와 같이 신으로 떠받들어지고 있는지에 대한 핵심적인 이유는 과연 무엇일까? 결론부터 말하면, 첫째는 관우 고향 소금장수 친우들이 전국적으로 다니면서 관우신상(關羽神像)을 전국에 퍼뜨렸다는 것이고, 둘째는 관우가 위기의 때에 생겨난 전설, 부처님 도움으로 얼굴이 빨갛게 된 이야기는 중국인(백성)들의 빨간색 선호 감정과 적절하게 부합(符合)되어 기득권 세력이든 일반인들이든 누구에게나 숭배의 대상이 되었다.

루쉰(魯迅)은 유비는 온후함이 지나쳐 위선자가 되고, 제갈공명의 지혜는 마치 요술사처럼 여겨지는 반면, 관우만이 용감한 장수로 훌륭하게 묘사되어 있다고 했다.

"유비가 후덕한 사람이라는 것을 강조한 나머지 위선자 같이 되어버렸고, 제갈량이 지모가 많다고 그린다는 것이 요괴에 가깝게 되어버렸다. 오직 관우에 대해서는 특히 뛰어난 표현이 많아 그의 의리와 용맹이 때때로 눈으로 보는 듯하다."

반면, 김문경은 나관중의 소설 삼국지는 허구가 많다고 지적한다. 즉, 관우의 칠실삼허(七實三虛)에 대하여 먼저 청룡언월도(青龍偃月刀)와 적토마(赤兎馬)는 관우와 관계없다고 말한다. 그런데 18세기 말 박지원(朴趾源, 燕巖연암, 1737년~1805)은 「열하일기(熱河日記)」에서 "천하 어디를 가나 관제묘가 있네. 궁핍한 변방과 몇 가구뿐인 작은 마을에도 아름다운 관제묘가 세워져 있네"라고 기록했다.

오늘날에도 중국의 많은 도교사원에는 관우의 신상이 모셔져 있다. 중국 보통 인민들 집에서 관우의 부적(符籍)은 재물신으로 통한다. 상점 앞에는 '날마다 돈 벌게 해주소서(天天發財)'라고 적혀있다.

중국에서 성인들의 무덤에 림(林)자가 붙어 있다. 그래서 공자의 무덤을 공림이라고 한다. 그런데 관우 무덤에도 관림이라고 하였다. 수많은 중국의 인물들 가운데 오직 공자와 관우만이 죽어서 성인으로 떠받들어지고 있는 것이다. 유비나 제갈공명도 신이 되지 못했지만 관우만 신으로 숭앙(崇仰)되고 있다. 관우 숭배현상은 우리나라에까지 영향을 주었다. 서울의 동묘(東廟), 장충동 관우사당, 남산 기슭에 있는 와룡묘(臥龍廟)에는 관우 신상이 있다.

그런데 김문경은 「삼국지의 영광」에서 관우가 신이 된 것은 그의 생애나 성격과는 관계없을 것이라고 추정한다. 그는 관우의 고향 때문이었을 것이라고 주장한다. 관우의 고향은 산서성(山西省) 해주(海州)다. 해주는 중국 최대의 염호(鹽湖)로 유명하다. 영어 salary(급여)의 어원이 소금(salt)이고, 고대 로마에서 군인 월급을 소금으로 지급했다.

소금은 생활필수품으로 동양에서는 염전을 얻는 자가 천하를 지배한다고 했다. 중국인들은 특히 향토애가 강하다. 그래서 산서 소금장수들도 장사를 떠나면서 행선지마다 관우신상(關羽神像)을 짊어지고 다녔다고 한다. 이로부터 관우를 군사의 신이자 상업신, 비밀결사의 수호신으로 떠받드는 관우 신격화 현상이 전국으로 퍼진다. 지금도 화교가 동남아시아를 비롯해 세계 곳곳에서 뿌리를 내릴 때는 관제묘가 세워진다.

한편, 관우가 도망자 신세가 되었을 때 위기에서 벗어난 이야기가 전해져온다. 그것은 탐관오리(貪官汚吏)를 죽여 버리고 쫓기는 위기의 순간에 흐르는 강물에 얼굴을 씻을 때 물속에서 부처님이 나타나 도움을 주었다는 것이다. 즉 얼굴이 빨갛게 되어 추격자의 눈을 속일 수 있었다는 이야기다. 여기서 재미있는 것은 중국인들의 빨간색에 대한 심리적 이미지는 성실함, 재물, 충성이라는 것이다. 그래서 김문경은 관우의 얼굴이 빨갛다는 전설이 관우를 기득권 세력이나 반체제 사람들 양측 모두에서 신으로 모셔지게 되었다는 주장이다.

실제로 원나라 말기 홍건적, 중국 공산당 홍군 등 집단운동의 상징으로 관우가 사용되었다. 청나라 타도 비밀결사(만주족)에서도 관우를 수호신으로 숭배했고, 청나라도 한족을 달래고 정권을 유지하기 위해 관우를 궁중에서 제사지냈다. 정부는 관우를 정부 홍보용으로 서민은 보잘것없는 유비를 끝까지 섬긴 관우에게서 대리만족을 느끼며 신격화한 것이다.

91
용맹한 장수 장비

삼국지에 나오는 장비(張飛)는 유비 및 관우와 형제 이상으로 매우 친하게 지낸 인물로 특히 황건적(黃巾賊)의 난에서 유비를 위해 싸웠다. 그리고 유비를 상관(上官)처럼 위했다. 고난을 무릅쓰면서 어디든 유비와 같이 다녔다. 그래서인지 유비가 제갈량과 친해질 때 이를 질투하기도 하였다.

장비는 인품이 훌륭하고 학식과 덕행이 뛰어난 군자(君子)에게는 존경심을 표했으나 마음이 좁고 간사한 사람인 소인(小人)들에게는 마음을 주지 않고 불쌍히 여기지도 않았다. 유비는 이를 크게 염려하였다. 그래서 사람을 지나치게 형벌로 죽이는 것을 지적하고, 특히 젊은이들을 너무 채찍질하면 화를 부르게 된다고 충고하였으나 장비는 고쳐지지 않았다. 결국 이로 인해 나중에 부하에게 살해당했다.

장비의 불같은 성격은 누구에게나 변함이 없었다. 의형제로 삼은 관우에게도 마찬가지였다. 형수들을 위해 조조에게 잡혀있을 수밖에 없었던 관우를 장비는 항복(降伏)한 것으로 오해하여 온갖 고생을 다하고 돌아온 관우에게 다짜고짜 달려들었다. 이는 배신자(背信者)를 형제로 대할 수 없다는 것이다.

한편, 관심을 끄는 장비의 생활습성 중 하나가 그의 술버릇에 관한 것이다. 용맹한 장수들에게는 술 이야기가 빠지지 않는데, 장비도 마찬가지였다. 이와 관련 전쟁 중에 술 마시는 이야기가 생생하게 전해지고 있다.

"공명선생, 장비가 전쟁 중에 싸움은 하지 않고 매일 술만 마신다니 어쩌면 좋겠습니까?"

"하하. 주공, 너무 걱정 마십시오. 장장군이 성질은 급하고 사납지만 사실 지략도 뛰어난 장수입니다. 아무 걱정 마시고 오히려 술을 더 보내주십시오. 아예 소백산맥으로 보내주시죠."

여기서 소백산맥은 소주+백세주+산사춘+맥주를 잘 섞은 술이다. 이것은 한국인들이 마시는 폭탄주보다 한 수 높은 술처럼 여겨지는데, 폭탄주라는 이름 자체가 풍기는 느낌은 사람을 폭탄처럼 녹초가 되게 만드는 술이라는 의미이다.

폭탄주는 여러 가지 술을 섞은 것이다. 맥주, 소주, 양주 등 다양한 술을 짬뽕처럼 섞어 1차에 소주, 2차에 맥주를 마시고, 3차에서는 양주를 마신다면 같은 자리에서 폭탄주를 마시는 것과 같은 효과가 있을 것이다.

과학자들에 의하면 알코올 농도가 약 20% 정도일 때 흡수가 가장 잘된다고 한다. 그런데 농도 40%의 양주와 4.5% 정도인 맥주가 섞이면 그 농도가 약 20% 정도로 희석된다고 한다. 따라서 폭탄주를 마시면 더 빨리 흡수되어 빨리 취하게 된다. 독한 술에 탄산음료를 섞어 마셔도 흡수가 잘된다고 한다.

폭탄주가 해로운 것은 단순히 빠른 흡수 때문만은 아니다. 알코올 흡수 속도가 빠르면 빠를수록 간에 독성이 많이 쌓인다. 술의 종류마다 서로 대사 과정에서도 차이가 난다. 술을 섞어 마시면 서로 다른 술에 섞여 있던 불순물들이 서로 반응해 간을 손상시키고, 혈관, 근육, 신경, 그리고 뇌 세포 등의 중추 신경계를 교란시킨다. 술을 마신 다음날 머리를 아프게 하는 숙취 역시 더욱 심해진다. 이러한 술 이야기를 하는 이유는 장비가 한국인과 비슷한 술버릇을 가지고 있어서 친근한 인성을 강조하려는 뜻도 있으나 이것보다 삼국지에서 장비의 난폭한 행동을 이해하는데 도움을 주기 때문이다.

장비가 많은 술을 마시고 난폭한 행동을 하는 등 술에 취해서 하는 못된 행동들인 주사(酒肆, 거리낌 없이 마음대로 말함)를 반복하는 것에 대하여 여러 가지 설명을 할 수 있겠으나 아마도 그 당시 중국인이 마시던 술은 증류주(蒸溜酒)가 아닌 발효주(醱酵酒)였으며, 중국에서 몽골이 다스린 원나라 이전에는 증류식 알코올이 없었기 때문이다.

장비는 작품 속에서 유비, 관우나 제갈공명과 비교할 때 장비의 인물됨을 크게 가공하거나 절대적인 인물로 확대하는 비중이 많지 않다는 것이 분별된다. 즉, 관우나 유비는 장비와 함께 동고동락(同苦同樂)하는 형제들이었으나 정치적으로나 도덕적으로 나중에 크게 이상화된 인물이다. 그러나 장비는 나중에도 그런 모습은 나타나지 않고 생활 속에서 현장감 넘치는 실체적인 인물로 그려지고 있으며, 용맹함을 부각시키기보다 압축된 생동감과 사실성만을 그리고 장비에 대한 묘사는 많지 않다.

장비는 용감한 장수로 전장에서는 뛰어났으나 술로 인해 무모할 정도로 지나친 실수와 부하들을 함부로 다루는 것을 보면서 장수로서의 갖추어야 할 덕목을 상실한 절제력이 부족한 안타까운 인물이라 할 수 있다.

92
용감하고 사나운 인성

삼국지의 장비와 연관된 세상에 잘 알려지지 않은 중요한 두 가지 일화(逸話)에 얽인 이야기를 통해 장비의 사람됨의 특징을 파악할 수 있다. 하나는 장판교(長坂橋) 전투이고, 다른 하나는 장비의 죽음과 연관된 이야기다.

1. 장판교 전투

먼저, 장판교 전투는 유비가 전쟁에서의 패배로 신야성(新野城)을 버리고 도망갈 때 장비가 혼자의 몸으로 당양(當陽) 장판교를 지키면서 몹시 화가 나서 큰소리를 질러 쫓아오는 조조의 군사들을 물리쳤다는 전투이다. 여기에서 장비의 용감하고 사나운 인성이 나타나고 있다.

장비가 장판교(長坂橋)를 필기단마(匹馬單騎, 홀로 한 마리 말을 타고 전장을 달림)로 지키며, 조조의 대군과 맞설 때 수상개화(樹上開花, '나무 위에 꽃을 피운다'라는 뜻으로 본래 꽃을 피울 수 없는 나무에 조화를 진짜 꽃처럼 장식하여 상대방을 속인다는 말임)의 계책을 이용하였다. 그때 유비는 조조의 군대에 쫓겨 달아나고 있었다. 장비는 20여 명의 병사를 이끌고 장판교를 지키며, 병사들로 하여금 말꼬리에 나뭇가지를 매달고 숲 속에서 이리저리 달리게 하였다. 그로 인해 먼지가 자욱하게 일어 멀리서 보면 마치 대군이 몰려오는 것처럼 보였다. 조조의 군대가 장판교에 이르렀을 때 장비가 다리 앞에 홀로 서서 대적하였다. 조조는 장비의 용맹이 두렵기도 하고 복병이 있을지도 몰라 선뜻 공격하지 못하던 차에 장비가 빨리 싸우자고 내지른 벼락같은 호통소리에 놀라 도망치고 말았다.

2. 장비의 죽음

장비는 관우의 죽음을 복수하기 위해 무리하게 병사들을 훈련시키다가 결국 범강과 장달이라는 부하에게 살해당했다. 이 고사로 인해 '범강장달이 같다'는 속담이 만들어졌다. 범강(范彊)과 장달(張達)은 「삼국지」에 나오는 인물로 장비의 부하들이다 관우가 죽은 다음 그 아우인 장비(張飛)는 원수를 갚기 위해 부하들에게 무리하게 촉박한 시일을 정해놓고 출병준비를 시켰다. 그런데 범강과 장달이라는 부하가 기한 내에 명령을 따르지 못하여 장비에게 곤장을 맞게 되었다. 평소에도 장비가 술을 많이 마시고 부하들을 마구 다루는 것에 불만을 품고 있던 범강과 장달이 억울하게 매를 맞은 것을 기화로 서로 작당하여 장비를 죽이고 말았다. 이러한 삼국지의 내용으로부터 억센 장비를 죽일 만큼 매우 완강하고 흉악한 인물이라는 뜻으로 '범강장달'이라는 말을 쓰게 되었다.

93
지피지기백전불태(知彼知己百戰不殆)

삼국지는 경영자들도 많이 읽는 책이다. 그 중에서도 제갈공명(諸葛孔明)에 대한 관심이 가장 높다고 할 수 있다. 공명(孔明) 또는 제갈량(諸葛亮)이라고도 부른다. 후한(後漢) 말의 전란을 피하여 벼슬을 해서 나가는 출사(出仕)는 하지 않았으나 명성이 높아서 와룡(臥龍)선생이라 일컬어졌다. 와룡이란 초야에 묻혀 산다는 의미를 가지고 있다.

공명은 세상이 어지러울 때 유비 현덕을 도와서 한평생 충성을 다 한 인물이다. 천하통일은 사람의 힘으로만 되는 것이 아니기에 그는 인간의 한계를 알면서도 주인에게 최선을 다한 재주가 뛰어난 인물이다. 지금 시각으로 보면 멀티플레이어라고 할 수 있을 정도로 다재다능하였다. 그런데 천재들일수록 뭐든지 혼자 처리하려는 버릇이 있는데, 그도 천하통일에 대해 혼자서 노심초사(勞心焦思)하다가 비교적 젊은 나이인 54세에 죽었다.

그러나 경영자들이 제갈량을 좋아하는 이유는 그의 지혜와 분별력, 그리고 추진력 등을 배울 수 있기 때문일 것이다. 특히 최고경영자는 회사 경영에서 갈림길에 서게 되고, 중요한 판단을 해야 하는 경우가 있게 마련이다. 이때 제갈량을 떠올리게 된다는 것이다. 제갈량의 이야기 가운데 경영자들이 좋아하는 사건은 아마도 적벽대전(赤壁大戰)이라고 여겨진다. 왜냐하면, 공명의 지혜를 가장 많이 엿볼 수 있는 사건이기 때문일 것이다. 그래서인지 영화로도 제작되었다. 화살이 모자라자 적군의 화살을 모은 것이라든지 바람의 방향을 이용하여 화염을 통해 조조 군대를 물리친 이야기는 유명한 일화로 남아 있다.

공명 제갈량은 지형지물은 물론 시대적, 계절적 시간과 날씨 등을 잘 이용하였으며 구체적인 전술가였다. 그는 장수들에게 싸움에서 이길 수 있는 아주 구체적인 방법을 제시하였다. 공격하는 장소와 방법을 세밀하게 제시함으로써 전투에서 뛰어난 결과를 만들어냈다.

공명의 매력에 대해 나관중이 쓴 「삼국지연의」에는 "수백 명의 영웅호걸들이 등장하여 호쾌무비(豪快無比)한 활약상을 보여준다. 그 중 산촌에서 땅을 파며 지내던 일개 서생 제갈공명이 아무 가진 것 없는 유비를 만나 예측 불허의 지략과 꺾일 줄 모르는 집념으로 유비를 일약 한 왕국의 황제로 등극시키는 과정이야말로 감동적이요, 환상적이라 아니할 수 없다."고 하였다.

공명이 인용한 말(손자병법 3장 모공편) 가운데 '지피지기백전불태(知彼知己百戰不殆)'라는 말이 있다. '적을 알고 나를 알면 아무리 여러 번 싸워도 결코 위태롭게 되지 않는다.'라는 말이다. 공명이 적은 인원을 가지고도 큰 싸움을 승리로 이끈 이유는 지피지기백전불태의 자세로 임했기 때문이다. 이 말은 세상을 살아가는 모든 사람들 특히 전쟁과 같은 현장에서 경쟁 상대보다 앞선 결과를 생산해내야 하고, 회사에 소속된 노동자들이 제대로 일할 수 있도록 리드해야 하는 위치에 있는 최고 경영자들이 반드시 기억해야 하는 덕목이 아닐 수 없다. 지피지기백전불태의 자세로 부하를 사랑하고, 경쟁자로부터도 존경받으며, 다양한 지식이 풍성하여 관련된 사람들이 자발적으로 따르게 한다면 제갈공명 같은 리더가 될 수 있을 것이다.

한국인이 쓴 소설 「공명의 선택」은 소설 「삼국지연의」와 비교해보면 다음과 같이 제갈공명 개인에게 초점을 맞추어져 있음을 알 수 있다.

첫째, 삼국지연의에는 제갈공명의 어릴 때 가족과의 관계나 성장기 가운데 있었던 일 등에 대해서는 발견되지 않는다. 그러나 공명의 선택에서는 유비를 만나기 이전의 생활 행적에 대하여 자세하게 그려져 있다.

둘째, 삼국지연의와는 달리 공명의 선택은 전체 시대적인 상황에 대한 주변적 이야기보다는 공명이라는 한 개인의 가치관과 관점에 의해 시대와 인물과 사건을 조명(照明)하고 있다.

셋째, 공명의 선택은 어떤 사건을 전개하는 데 있어서 '왜 그렇게 되었을까?' 라는 부분에 보다 많은 노력을 기울였다.

넷째, 삼국지연의는 이야기의 흥미를 유발하기 위해 사실과 다르게 제갈공명의 능력을 신비화시키거나 과장한 면이 없지 않으나 공명의 선택에서는 역사적 사실에 바탕을 두고, 현대인들이 이해할 수 있도록 제갈공명의 행적을 재구성하였다.

다섯째, 공명의 선택은 유비, 조조, 손권 등의 인물 성격이라든가 사건의 전개, 문체 등이 삼국지연의와는 판이하게 다르다. 공명은 단순히 지략가 차원을 넘어서 지구상에 태어났다가 사라져간 수많은 인간들 중에서 가장 치열하고, 가장 아름다운 삶을 살았던 사람이었다. 그리고 가장 완전하려고 노력한 공명이 가진 큰 매력이요, 우리를 잡아끄는 힘이라고 믿는다. 요컨대, 제갈공명은 분명히 전술적인 전쟁 경영의 천재였다. 다만, 나 홀로 의인이고자 했던 모습은 아쉬움이 느껴지는 부분이다.

삼고초려의 과정을 거쳐 제갈공명을 만난 유비가 공명의 탁월하고 정확한 미래 예측에 탄복한 일화, 이를 '천하삼분지계(天下三分之計, 이미 북방을 평정한 막강한 조조의 세력과 장강의 지세에 의지해 강남을 공고하게 장악해가는 손권의 세력에 맞서 중원의 남서쪽에 새로운 세력을 구축하는 방식으로 천하를 삼분한 뒤 궁극적 천하통일을 달성하자는 계책)' 라고 한다.

"지금 조조는 백만이나 되는 군사로 하늘을 대신하여 호령하고 있으니 그와 다투는 일은 불가능합니다. 손권 역시 삼대의 통치로 안정돼 있는데다 능력 있는 이들을 등용하고 있어 연합세력이 될 뿐이지 공략할 수는 없습니다. 형주는 지리적으로도 반드시 차지해야 할 곳으로 지금 이곳을 차지한 자는 지킬 능력이 없으니 여기를 취해야 합니다. 익주는 비옥한 땅이 천리나 이어진 천연의 부고로서 역시 주인이 무능해 총명한 새 주인을 바라고 있습니다. 만약 형주와 익주를 차지해 서쪽과 남쪽의 각 민족을 어루만지며 손권과 연합한 뒤 천하의 형세 변화가 있을 때 형주와 익주 양면에서 북벌을 감행한다면 통일의 패업은 달성될 것입니다."

94
야심과 욕망보다 민심

조조(晁錯, 기원전 200~154년)는 영천(潁川, 지금의 하남성 우현) 출신으로 한나라 경제의 중요한 모사(謀士)였다. 조조는 두 번의 큰 전쟁을 치렀는데, 이를 통하여 조조의 긍정적인 모습과 인간적인 한계를 조명(照明)해 볼 수 있다. 조조는 두 번의 큰 전쟁에서 한 번은 크게 이기고, 한 번은 크게 졌다. 이는 관도지전(官渡之戰)과 적벽지전(赤壁之戰)이다.

우선 당시 상황을 간략하게 묘사하면, 삼국지연의는 삼국시대 전쟁 이야기를 통해 영웅들의 욕망과 야심을 그려낸 작품인데, 조조, 유비, 손권이 대표적 인물이라고 할 수 있다. 당시 중앙정부의 무능과 이에 따른 지방호족(地方豪族)들의 출현으로 백성들은 더욱 살기가 어려워졌다. 이때 나타난 시대의 영웅들이 유비, 조조, 손권인 것이다.

한편, 조조는 삼국지연의(三國志演義)에서 일반적으로 부정적인 이미지로 그려져 있으나 이는 저자 나관중이 선입견을 갖은 것으로 여겨진다. 나관중은 조조는 어려서부터 놀이와 사냥을 좋아하고, 노래와 춤을 즐겼으며, 권모술수와 임기웅변이 강했다고 묘사하였다. 또한 성인이 된 조조의 영악한 면을 강조하고 있다. 또한 조조의 숙부가 조조의 행실이 좋지 않은 것을 보고서 조조의 아버지에게 이를 알리려고 하자 조조는 땅에서 뒹굴며 몹쓸 병이 걸린 것처럼 야단법석을 떨었다. 게다가 숙부가 조조의 야단법석에 놀라 조조의 아버지에게 이를 알렸는데, 아버지가 가까이 오게 되자 조조는 아무 일이 없었던 것처럼 태연한 행동을 하면서 숙부가 자신을 미워하므로 아버지께 거짓말로 보고한 것이라고 했다는 이야기를 나관중은 전하고 있다. 그러나 본 글에서는 이러한 선입견을 벗어버리고 가능한 조조의 긍정적인 모습을 찾아보려고 한다.

무엇보다도 관도지전(官渡之戰)에서 조조가 원소에게 승리한 이유를 통해 조조의 인간적인 인성적 장점을 확인할 수 있는데, 이는 조조의 모사(謀士, counselor) 곽희(郭熙)의 말에 근거한 것이다.

도(道)의 승리 ☞ 원소(袁紹)는 허례허식을 따르지만 조조는 자연 그대로를 따른다.

의(義)의 승리 ☞ 원소는 하늘에 역행하지만 조조는 백성의 바램을 따른다.

치(治)의 승리 ☞ 나라의 정세가 어지러운 때 원소는 매사를 너그럽게만 대하는데, 조조는 엄하게 다스린다.

도(度)의 승리 ☞ 원소는 혈연중심으로 사람을 고용하지만 조조는 인재중심으로 등용한다.

모(謀)의 승리 ☞ 원소는 꾀는 있어도 결단력이 부족하지만 조조는 실천력이 강하다.

덕(德)의 승리 ☞ 원소는 명예와 이름 있는 자만 위하지만 조조는 지성으로 모든 사람을 대한다.

인(仁)의 승리 ☞ 원소는 가까이 아첨하는 자를 좋아하는데, 조조는 멀리 있는 자에게도 골고루 챙긴다.

명(明)의 승리 ☞ 원소는 아첨을 분별하지 못하지만 조조는 이를 분별하는 능력이 있다.

문(文)의 승리 ☞ 원소는 시시비비를 가리는 능력이 부족하지만 조조는 법도를 알고 처리한다.

무(武)의 승리 ☞ 원소는 허장성세를 좋아하지만 조조는 적은 병력으로도 싸우는 병법을 알고 있다. 이러한 모사 곽희의 말을 들은 조조는 능히 감당할 수 없다고 하면서 겸손한 태도를 보였다.

그런데 적벽대전(赤壁大戰)은 조조가 크게 패한 전쟁이다. 여기서 조조가 패전한 가장 큰 이유는 외부적으로나 내부적으로 이유가 있었지만 또 하나의 이유는 조조의 막강한 후원자였던 민심이 조조에게서 돌아섰다는 것이다. 원소와의 싸움에서 조조는 백성들의 식량문제를 제일 먼저 해결하고, 전국에서 인재를 등용하여 그들의 지혜로 세상을 다스렸기에 민심은 그의 편이었다. 문제는 전쟁이 지나칠 때 민심이 돌아선다는 것이다. 조조는 관도에서 적벽에 이르기까지 십여 차례의 전쟁을 수행한다.

당시 싸움을 할 때 가장 중요한 것은 병사들의 식량과 병사들이 타는 말이 먹는 건초야말로 큰 문제가 아닐 수 없었다. 또한 수많은 병사들과 식량을 움직이는 운반수단이 문제였다. 기록에 의하면 약 30만 명의 민간인들의 지원을 받아야만 했다고 한다. 물론 이러한 수치는 과장되었을 수도 있지만 어쨌든 문제가 되는 것은 사실이다.

이러한 대규모의 인적, 물적 자원이 필요한 전쟁, 그것도 매년 한 두 차례 해야 한다고 생각할 때 백성들의 원성이 높아지는 것은 어쩔 수 없는 것이라고 말해야 할 것이다. 그런데 조조는 이러한 민심의 이반(離叛)현상을 가볍게 생각하였다. 이것이 가장 큰 문제였다.

황건적이나 중앙 조정의 문란한 상황에서 등장한 조조는 그들에게 생활안정을 제공하겠다는 명분을 걸고 싸울 수 있었으나 천하를 얻은 후에 조조의 이러한 명분은 사라지고, 야심과 욕망을 백성들에게 강요하는 모습을 보였기에 대패한 것이다.

위정자들에게는 정치 통일이 가장 큰 관심사라고 할 수 있을지 모르겠으나 일반 서민(庶民)의 입장에서는 사회 안정이 최대의 관심사이다. 이는 옛날이나 지금이나 마찬가지라고 할 수 있으며, 모든 인간적인 한계가 이런 곳에서 드러나게 된다.

95
실용주의적 리더십(leadership)

삼국지 영웅은 위(魏)나라 조조, 촉(蜀漢)의 유비 그리고 오(吳)나라의 손권(孫權, 182~252)이다. 삼국지 영웅의 한 사람인 손권의 리더십과 운영정책에 대해 정리해보자.

손권의 가계도

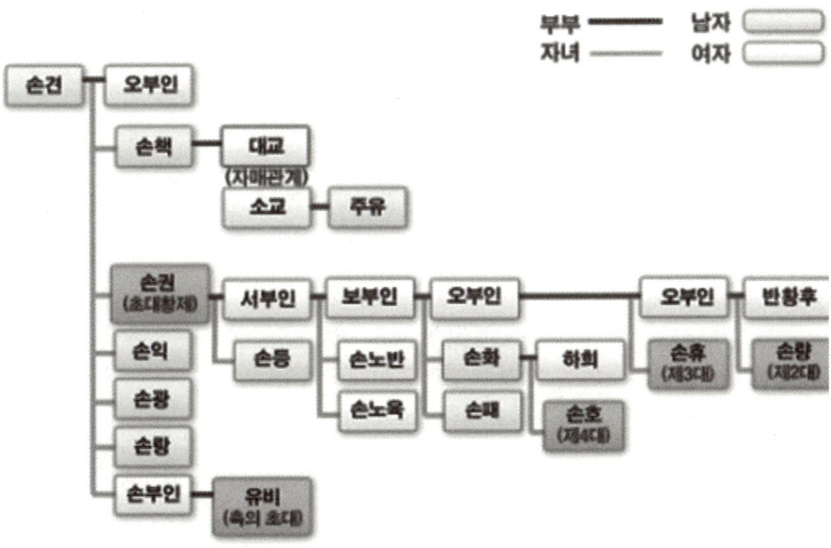

오나라 손권은 처음에는 유비와 연합하여 조조를 무찌르고, 나중에 오나라의 황제에 등극한다. 그리고 황제가 된 손권은 엄격한 원칙에 따라 국가를 운영하였다. 그의 리더십의 가장 큰 특징은

상황을 잘 파악하고, 그때마다 상황에 적합한 방식을 적용하는 실용주의적 리더십이라고 볼 수 있다.

우선 손권은 촉나라 유비와 연합한다. 이유는 위(魏)나라를 견제해야 하기 때문이었다. 놀라운 것은 적벽지전에서 조조의 백만 대군과 유비의 10만 병사가 싸우는데, 손권은 유비의 편을 든다. 마침내 유비와 연합군을 형성해서 조조에게 승리하였다. 처음에 오나라 손권 주위에 항복하자는 사람들이 많았다. 그러나 측근 참모의 전쟁불사(戰爭不辭) 의견을 경청하였다. 손권은 삼국이 서로 균형적인 대립 상태를 유지하기 위해 노숙(魯肅)의 건의를 경청하고, 유비의 촉한과 연합하여 위나라를 막는 기본 방침을 택했던 것이다. 그런데 여몽(呂蒙)을 시켜 촉나라 형주를 차지하고 관우를 죽이는 바람에 양국의 관계가 깨졌다. 그래서 유비가 관우의 복수를 위해 공격해왔다. 그런데 관우를 위한 복수심에 조급했던 유비는 이 전투에서 크게 패했고, 촉한의 국력은 급속도로 약해졌다. 그러나 위나라를 막아야 한다는 필요성 때문에 오와 촉한의 동맹은 회복되었다. 손권은 오랫동안 촉한과의 연합동맹을 지켰다. 양국의 오랜 우호적 관계가 위나라의 공격을 견제했다.

손권의 인성적 장점을 살펴보면, 그는 인재육성에서 승리하였다. 손권 밑에는 여몽이라는 장군이 있었다. 그는 무술에는 뛰어났으나 학문에는 다소 부족했다. 손권은 그에게 장군은 무술로만 다스릴 수 없으니 시경이나 서경 등을 읽으라고 충고했다. 그리하여 여몽은 문무를 겸비한 장군이 되었다. 또한 경청에서 승리하였다. 손권은 주위에서 하는 직언이나 조언을 잘 듣는 경청의 달인이었다. 측근 참모인 주유(周瑜) 제독(提督)의 간곡한 전쟁불사의 의견을 존중하였다. 조조는 손권에게 항복할 경우 여러 가지 특별배려를 약속했으나 손권은 모두 거절하고 전쟁을 선택하였다. 그러나 손권은 황제가 되어 전제 독재 권력을 확립한 후에는 엄격한 법을 적용했다. 정치에 영향을 주는 것을 막기 위해 지방장관이 멋대로 관직을 버리고 도주하면 사형으로 처벌했다.

229년 손권은 마침내 황제를 자칭(自稱)하고 연호를 황룡(黃龍)으로 정했다. 손권은 개인의 봉건적 대토지 소유제를 보호함으로써 경제를 발전시켰고, 산월을 정벌(征伐)하여 약탈해온 포로들을 호족 대지주들과 공신(功臣)들에게 나누어주어 소작인으로 삼게 하였다. 또한 군주의 권력세습을 인정하였다. 그는 노동력이 몰려 있던 태호 유역의 호족지주들과 이런 방식으로 타협하여 경제발전을 촉진할 수 있었다.

손권은 말년에 권력 집단의 갈등에 시달렸다. 즉, 큰 아들이 죽자 태자가 된 둘째 아들과 넷째 아들이 서로 다투고 공격하였다. 이에 따라 신하들도 서로 갈라져서 심각한 위기를 맞게 되었다. 이에 손권은 둘째 아들 태자를 폐위(廢位)하는가 하면, 넷째 아들을 죽이고 내분에 연결된 신하들은 가혹한 형벌로 다스렸다. 어린 아들 손량을 태자로 새롭게 세우면서 위기를 타개하였다.

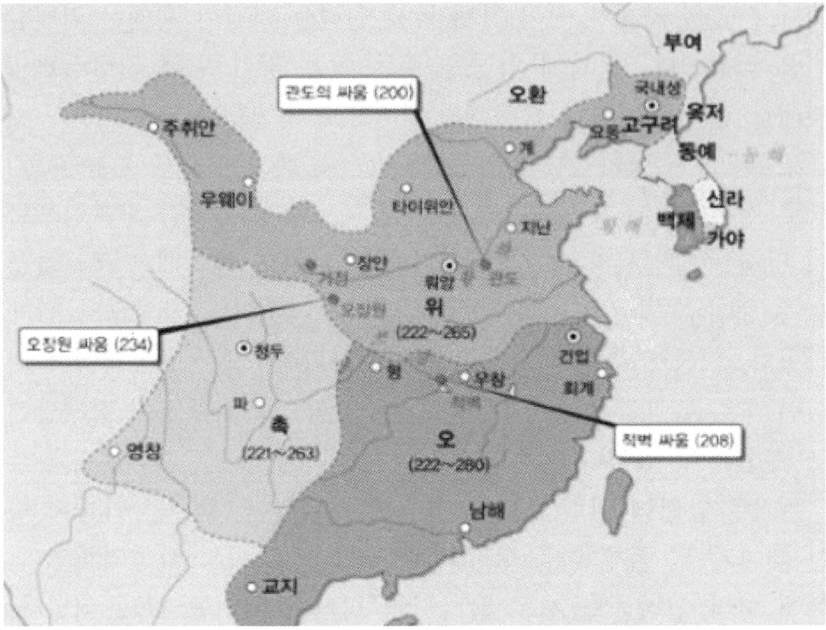

손권은 위나라 촉나라 오나라 삼국시대 통치자들 중 가장 장수한 끝에 252년 71세로 세상을 떠났다. 그의 리더십의 특징은 대외적으로는 연합이나 전쟁불사, 대내적으로는 경청 및 인재등용과 원칙에 따른 단호하고 엄격한 숙청 등 상황과 필요에 따라 실제적 이익을 선택하는 실용주의 노선을 택하는 강력한 리더라고 할 수 있다.

13장

꿈은 현재이고 추억이다

96. 배산임수(背山臨水)의 분별력
97. 용서하는 마음 연습
98. 한국 경제를 일으킨 노인세대의 빈곤 문제
99. 저 출산 원인과 해결방안
100. 만물(萬物)의 에너지 움직임
101. 꿈을 꾸는 순간 이미 이루어진 것이다

96
배산임수(背山臨水)의 분별력

앞에 기술한 풍수지리와 관련하여 사업가에게 필요한 부동산입지 조건과 관련한 풍수지리 이론과 실제를 연관시켜보면, 풍수지리는 자연과의 관계 심리적 응용도 가능하다.

첫째, 좋은 땅은 강이나 도로의 안쪽이다. 사업을 하는 사람은 우선 지역을 정하게 되는데, 모든 풍수지리 이론을 다 알고 정하기는 매우 어렵다. 그러므로 우선은 주변의 물이 흐르는 방향이나 위치를 살펴보아야 한다. 동시에 도로가 어떻게 형성되어 있는지를 조사해야 한다. 조사결과 물과 도로가 감싸는 지역이 나타나면 그곳이 좋은 곳이라고 생각하면 된다. 그곳이 좋은 기운이 모아지는 장소라고 생각하면 된다. 좋은 관계심리 차원에서 볼 때에도 감싸는 기운이 느껴지는 사람이 좋은 사람이고, 그런 사람을 만나면 행복하게 살 수 있다. 여기서 가장 중요한 것은 분별력(分別力)이다. 땅에게는 속임을 당하지 않을 수 있지만 사람에게는 속임을 당할 수 있기 때문이다. 풍수지리 원리를 부동산에 적용할 때와 사람에게 응용할 때에 그것이 다른 점이다.

사람들은 물론 동물들까지도 거의 본능적으로 물가를 찾는다. 즉, 기운이 밝은 쪽을 택한다는 뜻이다. 반대로 물이 돌아가는 바깥은 기가 흩어지는 곳이다. 그런 곳은 발전하기 어렵다. 물이 없는 장소에서는 차선책(次善策)으로 도로 형성의 가능성을 잘 살펴야 한다. 예상 도로 안쪽을 선택하면 장기적으로 발전하게 된다.

둘째, 앞이 내려다보이는 곳이면 좋은 곳이라고 할 수 있다. 즉, 뒤에 높은 산이 있든지 구릉지가 있고, 앞은 탁 트인 곳이 명당(明堂)이다. 이를 배산임수(背山臨水)라고 한다. 그래야 햇빛도 잘 받을 수 있어서 모든 기운이 자라게 된다. 사람도 마찬가지다. 앞이 탁 트인 사람이 좋은 사람이다. 마음의 기운이 미래를 향해 늘 트인 사람은 진취적이고 작은 일에는 잘 다투지 않는다.

셋째, 그렇다고 경사가 심한 곳은 좋지 않은 곳이다. 왜냐하면, 기울기가 심한 장소에서는 물이 바로 흘러나가 버리기 때문이다. 물이 흘러나간다는 것은 기가 흘러나간다는 뜻이기 때문이다. 기가 나가면 재물도 나간다는 뜻이다. 향후 지출이 많아져서 파산의 위험이 있는 장소라고 여겨진다. 물이라는 것은 좋은 관계인 영성심리 차원에서 생명수에 해당한다. 좋은 영향을 미치는 곳에 정착하면 긍정적인 기운의 인성이 형성되고 사람의 품성이 좋아진다. 이는 풍수지리를 영성심리적으로 응용한 것이다. 그러나 물이 너무 많으면 홍수가 날 수 있다. 마찬가지로 말이 너무 많고 정리가 되지 않은 사람은 다른 사람을 혼돈스럽게 하면서 나중에는 해칠 위험도 있다. 사람의 인성도 마찬가지로 조절과 통제 속에서 좋은 관계가 형성되기 때문이다. 나이가 들수록 정리정돈이 잘 된 선함을 가지고 있는 것이 정신건강에 이로운 것이다.

넷째, 그림자 속에서는 살지 않아야 한다. 다른 건물의 그림자가 생기는 곳이나 자동차가 지나가면서 그림자를 만드는 곳은 흩어지는 바람의 영향을 받기 쉽다. 그러므로 생기(生氣)가 모이지 않게 된다.

바람이 많은 곳은 재물이 모이지 않는다. 영성심리적으로 적용하면 심리적 그림자가 많은 사람은 우울증이나 노이로제 등 신경증에서 헤어 나오지 못하게 된다. 인생의 작은 바람도 그림자를 깊이 느끼게 되므로 정신건강에서 이상(異狀)심리에 휘둘리기 쉽다. 마음의 그림자를 극복하려면 오랜 시간을 두고 분석하여 그 원인을 밝히고, 그림자에 대한 이해를 높이고, 그림자를 통합할 수 있는 더 강한 빛을 생산해야 하는데, 이것이 말처럼 쉽지 않으므로 일반인들은 피하는 것이 바람직하다.

다섯째, 막다른 곳은 좋지 않다. 막다른 곳은 들어오는 햇볕이 꺾이는 곳이기 때문이다. 또한 이런 곳은 강한 골짜기 바람이 형성될 수 있다. 조심하는 것이 좋다. 사람도 동서남북 다 막혔어도 하늘의 별을 볼 수 있는 개방적인 사람이 건강한 사람이다. 막힌 사람과 살면 평생 답답증에서 벗어나기 어렵게 된다. 답답한 사람과 살려면 다소 거리감을 두면서 살아야 한다. 같이 붙어있는 시간이 많으면 서로 힘들어지고, 그렇다고 참기만 하면 소화불량에 걸리기 쉽다.

여섯째, 반듯한 위치가 좋다. 일반적으로 직사각형이면 좋다고 한다. 그러나 사람의 경우에는 너무 반듯하면 사람이 모이지 않는 단점이 있기는 하다. 그렇지만 부동산 사업위치를 선정할 때는 아무런 문제가 없다. 나무를 심는다든지 하면 부드러운 맛을 형성시킬 수 있기 때문이다. 지나치게 모나고 각이 진 것으로 보이는 부분을 가려주는 방식을 응용하면 아무런 문제가 없다.

풍수지리를 잘 배워서 분별력을 적절히 발휘하게 되면 부동산 입지선정에서는 물론 사람 간의 관계(인간관계)에도 유용하게 적용할 수 있다고 생각한다.

97
용서하는 마음 연습

세상을 살아간다는 자체가 얽히고설킨 인간관계 속에 있기에 좋은 감정과 안 좋은 감정으로 얽히게 마련이다. 우리들 모두가 다른 사람 때문에 상처 받았던 경험은 누구나 있을 것이다. 또 다른 사람에게 상처를 입히기도 하고 용서받지 못할 행동으로 미움의 씨앗을 심어 줄 수도 있는 것이다. 상처를 받으면 원망과 복수심이 생기지만 사람은 망각의 동물이라 상처가 깊었더라도 세월이 흐르면서 조금씩 옅어져서 없는 듯이 살아가기도 한다. 상처 준 사람과 계속 가까이서 살아간다면 그 상처가 아물기도 전에 상처에 상처를 더해 파헤쳐져 피가 나고 곪아 터지는 경우도 흔히 볼 수 있다. 결국 서로에게 좋지 않은 감정으로 원수가 되어버리는 경우를 주변에서 많이 본다.

용서의 본질은 죄를 사면해주는 것이다. 용서로 사면할 생각이 없으면 용서를 베풀 수 없다. 상처를 잊는 것 또한 용서를 의미하는 것이다. 용서는 상처를 인정해야만 비로소 용서가 가능하다. 그러려면 상처가 어떤 것인지 누가 상처를 입혔는지 정확히 알고 스스로에게 정직해야 한다. 가해자에게 보복을 해야만 마땅하지만 오히려 자비를 베푸는 것이다. 가해자에게 당한 과거 상처를 잊는 것이다. 그리고 용서는 복수심에서 자유로워지며, 평화와 희망으로 선택되어 책임을 가지게 된다.

미워하는 마음으로 나도 모르는 사이에 병을 얻었음에도 병인 줄 모르고 지낸다. 평소에 화를 내고, 투덜대고 있는 것들이 무의식 속에 나쁜 감정이 잠재해 있기에 그런 행동을 하고 있다는 사실을 인지하지 못한다. 화를 내지 않고 내 몸속에 화근을 담고 삭히면 겉으로는 점잖게 보일지는 몰라도 억눌려 놓여 있는 화 덩어리 때문에 이곳저곳의 몸이 아파오는 것이다. 화 덩어리로 인한 아픈 마음을 꺼내서 버리는 연습을 해야 한다. 화나는 일들을 하나하나 나열해서 생각하고, 평가하고, 용서하기로 마음먹기까지 자기 자신과의 싸움이 필요하다. 자기 파괴적인 분노를 내려놓는 용서에는 어떤 것들이 있는지도 몰라서 어렵고 힘겹게 온몸을 죽이며 살아가는 것이다.

용서에 대한 다양한 측면과 행복의 척도가 있다. 분노와 복수를 고집하는 것은 얼마나 어리석고 자기 자신을 죽이는 방법임을 모르고 산다. 머릿속에 각인하고 고집스럽게 고수하며 미움에 집착한다. 이로 인해 힘겨워하는 내담자들을 실제로 경험하면서 얼마나 가치 없고 무의미함을 몸소 체험시킨 사실이다.

타인을 너그럽고 측은한 마음으로 대하는 것이 자신에게 가장 이로우며, 지혜로운 자의 삶이라는 것을 알아야 한다. 용서의 다양한 측면을 예로 들었고, 행복의 척도에 확실한 관계가 있음을 보여주고 있다.

그리고 화 덩어리가 건강과 장기에 얼마나 많은 영향을 미치는지 알아보면, 우선 소화불량이 오고, 과민성 대장증후군, 심장에는 고혈압, 부정맥이 오며, 편두통과 당김, 수면장애, 육체피로, 만성피로 등 신체 부위에 변화가 온다. 우리가 어떤 괴로움을 당했던지 각자는 그 사람과 그 일을 용서함으로써 정서적 고통, 울화, 불안, 분노와 같은 감정으로부터 벗어 날 수 있다. 이런 해방감은 반드시 생기는 것은 아니지만 시간이 지남에 따라 자연스럽게 나타난다.

우리는 용서의 과정을 통해서 더 자유롭고 더 성숙해 진다. 한번이라도 용서의 경험에 성공한 사람은 앞으로 어떤 괴로운 일을 당하거나 누군가로부터 괴롭힘을 당할지라도 잘 극복할 수 있는 힘을 비축하는 연습이 되는 것이다.

대부분의 사람들은 용서를 하면 상대방의 죄책감을 씻어주는 것이 아닐까하는 생각과 못된 짓에 대해 벌주지 않은 것으로만 생각하여 꺼리게 된다. 마음으로 벌을 주고 과거를 알아차리게 하는 것만으로도 충분하다고 생각하고 자신을 위해 지혜롭게 잊어야 한다. 그 속에서 사과를 받으려 하거나 기대한다면 나만 괴롭다. 나에게 직접 와서 사과할 확률은 거의 없다고 봐야하기 때문이다. 그렇기 때문에 내 마음이 더 소중하다는 생각으로 빠르게 내려놓고, 그를 용서하여 내 기억 속에서 떼어 놓는 것이 나의 건강에도 좋다. 심리상담사 딕 티비츠(Dick Tibbits)가 쓴 「용서의 기술」에서도 말하고 있다.]

▶ 상처는 본인이 처리하고 인정해야한다.

▶ 용서는 말로 표현해야 한다. 가해자를 용서하겠다고 스스로에게 말하라.

▶ 사랑을 보여준다. 용서를 선택하면 초대든 카드로든 가해자의 삶을 변화시킬 기회를 제공한다.

▶ 가해자를 위해 기도하라.

▶ 가능하면 화해를 시도하라.

▶ 새롭게 시도하라 1분 1초도 낭비하지 마라.

자신의 삶에 집중하는 것이 용서의 목표다. 용서는 자신의 상황과 현실직시로 선택의 폭을 정직하게 받아들여 평가한다. 용서하는 습관이 삶의 양식이다. 용서는 억지로 받아들이는 것은 아니며 잘못을 무작정 받아들이는 것이 아니다. 잘못을 알고도 모르는 체하거나 그대로 넘기고 그 만큼만 대하면 된다. 무작정 잊으려고 억눌러서도 안 된다. 사실을 인식하고 누군가의 행위에 정당화해서도 안 된다. 용서를 강요해서도 안 되며, 본인의 마음이 움직여서 화해가 된다면 그보다 좋을 수는 없다. 본인의 건강에 안 좋기 때문에 용서와 잊기를 권유하는 것이다.

용서는 관계지속을 위함이 아니다. 용서해야 할 의무도 없다. 과거와 같이 당하지 않는 지혜로운 처신을 얻을 뿐이다. 용서는 가해자를 너그럽게 받아들이고 마음의 상처를 치유하는 것을 의미한다. 복수는 용서가 아니며, 복수는 가해자와 같은 사람일 뿐이다. 용서하는 자는 우월한 사람으로 허물을 덮어주는 자인 것이다. 원인적으로 남에게 상처 주는 일이 없기를 바랄뿐이다.

" 용서하는 마음 연습 : 가해자를 진심으로 사랑하지는 못하더라도 용서하는 마음을 가져야 한다. 왜냐하면 남을 미워하는 마음 때문에 내 마음이 다치고 아프면 내가 힘드니까 나를 진정으로 사랑하는 마음에서 용서를 마음속으로 하고 홀가분하게 사는 지혜가 필요하다. "

98
한국 경제를 일으킨 노인세대의 빈곤 문제

빠르게 발전하는 경제성장의 세계화 속에서 심화된 부익부빈익빈 현상에서 오는 박탈감 중 삶에서 가장 서글프고 견디기 힘든 때가 늙어 힘없고 병들었을 때의 빈곤이다. 70년대 이전에는 모두가 못살았기에 문제될 것이 없었으나 작금의 시대는 통합을 해치는 심각한 사회문제화 원인 중 노인빈곤이 가장 큰 비중을 차지하고 있다. 즉, '기본적 욕구가 충족되지 않은 상태'라고 할 수 있다. 빠른 속도로 고령화 사회에서 초 고령화 사회로 진입되고 있는데도 아무런 대책이 없다는 것은 심각한 문제로서 노년의 삶을 개인과 가족에게만 떠넘기는 것 또한 빈곤으로 인한 삶의 질을 추락시키는 악순환을 반복할 뿐이다.

현재 우리나라에서 노인이라고 불리는 사람들은 한국경제를 이룩하는데 몸으로 사 · 농 · 공 산업현장에서 새벽부터 밤늦게까지 근면, 성실하게 '빨리빨리'를 외치며 자신의 몸을 아끼지 않았던 사람들이다. 이토록 한국경제를 이룩한 세대들의 노후가 빈곤으로 인해 행복도가 낮다는 사실에 가슴이 저려온다. 경제적 궁핍이나 질병 그리고 독거노인이라는 말만 들어도 서글프다. 최근 한국보건사회연구원 발표에 의하면 노인 가구 연소득이 1천만 원이 안 되고, 빈곤률이 50%에 육박한 것으로 나타났으며, 해가 갈수록 점점 심화되고 있다.

우리나라의 노인 빈곤율은 43.8%로 OECD 국가 중 1위(2017

년 기준)라는 사실에 놀라지 않을 수 없다. 몸과 마음으로 위로해 드리고 공경을 아끼지 말아야 하며 발 빠른 대처가 요구된다.

평생 동안 자식의 학교교육과 결혼준비금 등으로 다 내주고, 가진 것이라고는 겨우 집만 남는 경우가 허다하다. 그나마 집이라도 있는 사람은 역(逆)모지기(reverse mortgage)를 통해 생활이 가능하지만 그렇지 못한 노인들은 나이 들어 병마에 시달리며 일자리도 없으니 너무나 막막할 따름이다. 이러한 지경까지 내몰림을 당하도록 사회적 안전망을 구축하지 않은 관계당국도 한심하지만 당장 현실에 놓여 있는 노인들을 생각하면 안타깝기 이를 데 없다.

정부에서는 대안정책을 조속히 제시해야 한다. 언제부턴가 소상공인들을 잡아먹는 대기업의 문어발식 독식으로 골목상인이 죽었고, 대기업의 조세를 낮추면서 대기업 왕국이 되었으며, 소일거리로 최저 생활비를 이어오던 골목 상점(일명 점방)이 사라진지 오래다. 대기업의 잠식으로 중 · 소형 마트로부터 점진적인 기업형 대형마트가 들어서면서 더욱더 심각한 상태로 이어지고 있는 것이다.

우선 급선무는 서민들의 일자리 창출을 늘리고 노인들의 소득부양책을 써야만 한다. 그리고 노인들의 건강이 허락하는 한 일할 수 있는 소일거리를 창출하여 자신감을 부여하는 기회를 제공해주어야 한다. 나아가 젊을 때부터 노인세대를 준비할 수 있는 보다 근본적인 정책방안도 모색해야 한다.

가난한 노인일수록 가족의 의존도가 높으며 빈곤상태가 심각하다. 이들 노인을 위한 사회안전망의 강화가 요구되고 있으며, 노인의 소득수준 향상과 빈곤방지를 위해서는 노후 소득안전망의 수준제고와 적용범위 확대가 필요하다. 복지혜택을 받는다 할지라도 급여수준이 워낙 낮기 때문에 사회복지 급여만으로는 가족의 문제를 해결하는데 한계가 있다는 현실적 문제 또한 직시해야 한다.

우리나라에서는 가족복지 차원의 가족 돌봄의 사회화 정책을 강화하고 있다. 그 예시로 누리과정에 의한 무상 보육제도, 한 부모 가정 아동양육비 지원정책, 노인부양 지원(재가복지) 등을 들 수 있다. 그러나 재가복지 대상자에 대한 우리나라 가족복지정책의 문제점은 복지의 사각지대에 놓여 있는 가족의 다양한 문제를 해결하지 못하고 있다는 것이다. 우리나라 가족복지정책은 약화된 가족기능을 지지하고 보완하는 정책이 대부분이고, 복지혜택을 받기 위해서는 수급자의 신청이 있어야 가능한 복지의 신청주의를 고수하고 있다. 따라서 자신의 복지수혜 절차를 모르는 사람들은 그 혜택을 받지 못하고 있으므로 지속적인 사각지대에 놓여 있다. 아울러 복지수혜자의 경우에도 수급액이 워낙 적기 때문에 사회복지 급여만으로는 최저 생계문제를 해결할 수 없는 뚜렷한 한계의 현실적 문제가 존재한다. 100세 시대를 외치면서 65세 이상의 어르신들이 건강한데도 불구하고 일자리가 없어서 빈곤을 가중시키는 사회가 문제인 것이다. 정책적으로 세대에 걸맞은 일자리 창출을 위한 대안을 시급히 강구해야 한다.

한국보건사회연구원에서 조사한 바에 의하면 노인은 교육과 사회적 관계망으로부터 배제가 되어 있었다. 성인지적 사회적 배제 관점의 모든 차원에서 여성노인이 남성노인보다 빈곤하지 않았음을 확인하였다. 노인의 범죄율 또한 급격히 늘고 있어 소외감에서 오는 현상일 가능성도 크다. 이러한 현상은 소득, 자산, 주거, 건강, 고용, 사회참여, 사회관계망 등 7가지 요인에 대한 빈곤율에서 기인된 이른바 노인의 4고(苦)로 불리는 가난, 질병, 무위, 고독과 관련된 것들이다.

소득과 자산을 기준으로 한 빈곤율이 각각 다른 것은 거주주택을 자산으로 가지고 있기 때문이다. 주거 빈곤율(전세 · 월세 거주자 혹은 최저 주거기준에 못 미치는 자가 거주자이면서 거주주택에 대한 만족도가 매우 불만족 또는 불만족인 경우)은 24.6%로 집계됐다. 또한 현재 우리나라에서 추진되고 있는 가족관련 정책 및 서비스는 가족이라는 틀 속에서 이루어지지 못한 채 각 부처에서 별도로 추진함으로써 가족중심의 복지가 이루어지지 못하고 있다. 이는 공공부문의 가족관련 서비스 실천분야 가운데 국민기초생활보장법의 시행은 가족을 중심으로 소득보장과 서비스 분야가 연관되어야 함을 시사하고 있다. 우리나라 기초생활보장법에서는 가족의 경제적 능력에 대한 전반적 사정을 포함하여 가족단위의 자활지원계획이 수립되고 있으며, 기초생활보장법 시행과정에서 가족에 대한 자활은 대부분 현금 급여에 국한되고 있다. 그러나 가족복지의 진정한 실현을 위해서는 현금 급여 외에 다양한 대인 서비스를 확충하여 가족의 정서문제 해결능력이 향상될 수 있도록 정책을 강화해야 한다.

만성질환의 우울증 유 · 무 기능제한으로 인한 건강이 문제이며, 경제활동 참여도와 일 만족도가 낮다. 단체 활동과 종교 활동 등 사회참여도에서도 소외되어 있다. 배우자 · 자녀 · 이웃 · 친구 만족도로 본 사회관계망이 빈곤하여 노후가 즐겁지 않은 경우가 많음을 알 수 있었다.

빈곤을 이유로 자살을 단행하는 노인들이 급증하면서 노인의 경제적 안정을 위해 시행되고 있는 기초노령연금을 강화하라는 목소리가 날로 강화되고 있다. 우리나라 인구 중 가장 많은 인구 층을 자랑하는 베이비붐 세대가 본격적으로 은퇴함에 따라 우리나라는 고령화 사회로 진입하게 되었으며, 65세 이상 노인들 중 약 86%가 노인성 만성질환자로 병원치료를 받고 있다.

현재 기초노령연금으로 3.5조 원이 투입되고 있으며, 현 상태 제도유지 시 2050년에는 36조 원의 비용소요가 예상하고 있다. 전체 고령자 수 대비 대상자 비율을 고정하는 것이 아니라 소득인정액 기준을 설정하고, 이에 따라 대상자 수가 변동하도록 해야 할 것이다. 이는 새로이 고령층에 진입하는 인구그룹의 생활수준이 높아질수록 지원대상이 줄어들도록 설계한다는 것을 의미한다.

연금제도는 노인의 빈곤을 위험으로부터 보호할 수 있도록 적절한 수준의 소득을 보장해주는 것과 근로기간 동안 유지했던 생활수준에서 크게 벗어나지 않도록 하는 두 가지 목표의 실현이 적절한 균형을 이룰 수 있도록 지속적으로 개선되어야 할 것이다. 이외에도 노동시장 정책 및 세금제도의 변화로 적절한 의료, 주거, 사회서비스 등의 현물서비스 제공 등 다각적인 정책적 개입이 요구되고 있다.

결론적으로 이를 해결할 수 있는 정책은 국민연금으로 외부에서 광범위한 인구 층에게 지원금을 제공하는 것이 능사가 아니라 전 국민을 국민연금에 가입토록 하여 스스로의 미래를 대비하게 하는 가입 인센티브를 강화하는 것이 필요하다고 판단된다.

이로써 젊은 세대는 어르신들을 공경하고, 어른들 또한 사회봉사로서 존경받고 대우받는 노후가 되기를 기대한다.

> **“ 한국 경제를 일으킨 노인세대의 빈곤 문제 : 고령자 대상으로 양질의 민간 일자리 확충과 노동시장의 유연화를 통해 노동이 심하지 않은 소일거리로 즐거움과 활력을 주는 일자리 창출이 필요하다. 또한 연금으로 생계를 걱정하지 않으며 고생한 지난날을 좋은 세상으로 추억하면서 행복한 노후가 보장되어야 한다. ”**

99
저 출산 원인과 해결방안

꾸준한 경제성장으로 경제선진국 반열에 오른 우리나라는 현재 노령인구가 증가하고 있는 반면, 저 출산으로 인해 총체적 인구가 감소하는 고민에 빠져 있다. 우리나라의 출산율 저하현상은 사회적으로 볼 때 다섯 가지 요인으로부터 유인되었다고 볼 수 있다.

첫째, 전통적으로 가족이 수행하던 기능들 가운데 많은 것 중 대가족에서 소가족으로 전환되어 예전보다 훨씬 적은 아이들만으로도 사회적 목표를 이룰 수 있었다.

둘째, 사망률이 빠르게 낮아져 적게 낳아도 되었다.

셋째, 고학력 여성, 일하는 여성이 늘면서 출산 기피현상이 증가하였다. 경제활동 여성이 증가되면서 남성보다 결혼에 대한 부정적 견해가 남성에 비해 현저하기 때문에 이러한 여권의 신장은 저 출산율 추세로 이어지고 있다.

넷째, 성생활속의 간편한 피임기술 발전을 들 수 있다.

다섯째, 초혼 연령의 상승을 들 수 있다. 초혼 연령이 상승하면서 미혼율이 증가하게 되었고, 이는 여성의 사회진출 기회 폭이 넓어진데서 기인했다고 볼 수 있다.

우리 사회가 경제발전 과정에서 출산율이 빠르게 낮아지게 된 원인은 아이의 출산으로 얻어지는 이익보다 반사적으로 출산 후 아이를 키우는 데 소요되는 양육비 부담이 훨씬 커짐으로 인해 기피현상이 나타난 것이다. 현상적 요인들을 추설하면,

첫째, 양육비 부담이 크다. 특히 양육비 중에서도 사교육비 부담이 매우 크다.

둘째, 탁아시설의 부족으로 여성들의 사회생활에 어려움이 많다.

셋째, 결혼 연령이 늦어지면서 아이를 낳을 수 있는 기회가 감소하였다.

넷째, 가치관의 변화로 독신이 늘어나고 있다.

다섯째, 부부 중심의 삶을 살고 싶다.

저 출산의 원인을 사회적 부분에서 살펴보면, 우선 1980년대 이후 잘못된 인구조절 정책을 들 수 있다. 베이비붐 세대의 영향으로 인해 급격히 증가한 인구를 조절하기 위해서 '아들, 딸 구별 말고 둘만 낳아 잘 기르자.', '둘도 많다. 하나만 낳아 잘 기르자.' 등의 구호를 내세우며 산아제한 정책을 펼쳤었다.

심지어 도시마다 인구 탑을 세워 날마다 늘어나는 인구수를 알려주고, 영세민들이 불임수술을 할 경우 금전적 혜택을 주기도 했다. 이 같은 정책들이 지금의 저 출산 문제에 영향을 주게 된 근본적 원인이다.

또 다른 원인으로는 출산과 양육을 위한 기능적 환경조성이 이루어지지 않았다는 것이다. 보육 · 교육비 등 양육비용 부담은 증가한 반면, 현실 정책으로는 보육 인프라 부족과 함께 임신 · 출산과 관련된 사회적 지원이 충분하지 못하다. 예를 들면, 육아휴직 급여수준이 낮고, 전일제로만 운영하고 있으므로 육아휴직 활용도가 저조한 실정이다. 또 가족 친화적 · 양성 평등적 직장문화 부족으로 출산 전후 취업여성의 경력단절을 줄일 수 있는 근로여건이 미흡함을 들 수 있다.

그 밖에도 과거에는 10년 정도 저축하면 내 집 마련이 가능한 꿈을 가질 수 있었으나 작금의 현실은 주거개념을 뛰어넘어 투자

개념으로 변질되어 주택금액이 천정부지로 폭등하고 있으니 가임 젊은이들의 직장생활 급여로는 내 집 마련의 꿈은 도저히 엄두를 낼 수 없을 정도로 불가능해졌을 뿐만 아니라 비정규직의 증대로 대변되는 고용환경의 불안정성 등으로 결혼적령기 연령층의 경제 사정이 악화된 것이 중요한 요인으로 작용하였다고 할 수 있다.

또한 저 출산에 대한 개인적 가치관의 변화를 들 수 있다. 특히 여성들의 고학력과 취업증가로 인한 사회진출이 증가하면서 예전과는 달리 자녀보다 자신의 개인적 욕구나 성취에 더 많은 관심을 가지게 되었다.

우리나라보다 10~20년 먼저 저 출산현상을 경험한 선진국들의 경우에도 사정은 마찬가지이다. 경제성장에 따라 가족 등의 전통적 가치에 대한 고정관념이 변화하면서 결혼은 반드시 해야 한다는 의식이 약화되고 있으며, 초혼 연령이 상승하면서 결혼 이후 여성의 가임기간이 짧아지는 것도 출산율을 낮추는 요인이 되고 있다. 나아가 여성의 경제활동 참여율이 높아지면서 출산과 육아, 가사 등에 대한 부담을 이유로 출산을 기피하는 현상이 증대되고 있으며, 소득수준의 향상에 따라 자녀에 대한 인식변화로 자녀수의 양적 증가보다 질적 개선을 추구하는 경향이 나타나는 것도 출산율 저하의 또 다른 요인이라고 할 수 있다.

우리나라는 자녀 양육에 대한 사회적 지원이 부족한 상황이다. 저 출산의 가장 중요한 이유가 육아비용의 과도한 부담이라면 이를 해소시킬 정책도 반드시 필요하다 하겠다. 그러므로 출산을 장려하기 위해서는 우선 출산 · 양육에 대한 사회적 책임을 강화하고, 가족과 사회 그리고 국가가 함께 아이를 키우는 시스템이 확립되어야 할 것이다.

나아가 무엇보다 중요한 것은 젊은이들의 가치관을 변화시키는 일일 것이다. 젊은이들에게 인간사회는 '사람이 곧 희망'이라는 인식을 심어주는 일이 무엇보다 우선되어야 한다.

정부는 급속히 저하된 출산율을 높이기 위해 우선 출산비용 부담 감소정책을 마련했다. 보건복지부는 2017년 9월부터 자연분만 보험진료 본인부담 전액 지원, 미숙아 치료 시 모든 보험 진료비 지원, 풍진검사와 선천성 기형아 검사의 보험 급여, 자연분만 수가 조정방안 검토·계획 등 건강보험 지원을 확대하는 내용의 출산장려대책을 발표했다. 이러한 건강보험 지원방안은 종합적인 출산장려 대책의 하나로서 정부의 강한 의지와 본격적인 지원 대책을 알리는 시작으로 볼 수 있다. 하지만 현재 이러한 내용은 시작단계에 불과하므로 지속적인 육아와 교육과 관련하여 더욱 진전된 정부의 출산 지원정책이 필요한 시점이다.

출산 후 아이를 키우는 보육과정이 부모에게 지나친 부담이 되지 않도록 정부는 장기적으로 국가와 사회의 부담을 늘리겠다는 계획을 발표한 바 있다. 이를 위해 정부는 시급히 국공립 보육시설을 확충하고, 육아휴직제를 활성화하는 한편 저소득층 보육비 지원을 강화하여 자녀를 키우는데 정부가 적극적으로 보육비를 지원해야 한다. 무엇보다 과도한 사교육비가 부모들에게 압박요인으로 작용하고 있으므로 사교육비 부담을 줄이기 위한 대책도 절실하다. 교육인적자원부는 '사교육비 줄이기'를 목표로 대학입학제도 개선에서부터 방과 후 교실 확대에 이르기까지 다양한 정책을 수립해야 하며, 공교육의 내실화를 위한 끊임없는 개혁과 제도를 마련해야 한다.

여성의 경제활동 참여율의 상승은 출산과 육아에 부정적으로 작용할 수밖에 없기 때문에 이로 인한 출산율의 하락을 막기 위해서는 여성이 경제활동과 출산 및 육아를 동시에 만족시킬 수 있도록 제도적 지원이 이루어져야 한다. 예를 들면, 출산휴가 및 육아 휴직제도, 직장 내 탁아소 대체 인력확보 제도화 등의 다양한 보육시설 지원 등이다. 그리고 공무원의 교육과정 중에 저 출산 사회에 대비한 가족관계 및 양성평등 가족가치관을 정립하고 교육기회를 마련하는 것 등이다.

양성평등적 및 가족 친화적 기업문화 조성을 위해 주 1회 '가족의 날'로 지정하여 정시 퇴근 및 조기 귀가토록 권장하여 양성 평등적 가족문화가 조성될 수 있도록 하여 건강하고, 화목한 가정의 모범적인 직원에 대한 승진 및 포상 제도를 도입하는 것도 좋은 일례일 것이다.

가정에서도 건전 혼례문화의 변화를 받아들여 결혼비용 부담완화는 물론 저 출산 문제를 심각하고 다각적인 측면에서 적극적으로 해결할 수 있도록 스스로 많은 의식개혁과 변화를 도모하는 노력을 해야 한다. 특히 결혼과 자녀 출산 등에 대한 올바른 인식의 기회를 제공하여야 한다.

현대사회에서 결혼과 출산에 대해 국가가 강제할 수는 없지만 결혼과 출산의 의미와 책임 등에 대해 올바르게 인식할 수 있는 기회를 제공해주어야 한다. 성(性) 역할, 결혼, 자녀출산, 부모역할 등에 대한 교육으로 바르고 책임 있는 선택과 역할을 할 수 있도록 긍정적인 가정교육과 출산을 장려하도록 도모하고, 낙태, 자녀 유기, 방임, 학대, 부적절한 자녀 양육의 피해와 부정함을 교육하여 아이 및 자녀들에게 출산문제의 중요성을 홍보하는 것이 무엇보다도 중요하다.

출산율이 회복된다 하더라도 그 세대가 경제활동 인구에 편입되어 사회적 부담완화 등 고령화 문제를 해소하기까지는 상당한 기간의 시차가 존재한다. 저 출산대책이 시행되어 그 효과가 나타나기까지는 장기간이 소요되므로 시급한 대처가 필요하다. 지금부터라도 저 출산에 능동적으로 대응할 수 있는 기반을 구축하여 지속발전 가능성을 확보하는데 중점을 두어야 한다. 저 출산의 심각성을 알고 가족과 자녀에 대한 가치를 새롭게 생각하는 계기가 되었으면 한다.

“저 출산 원인과 해결방안 : 결혼 기피와 저 출산 현상은 기혼 여성감소 경력단절로 결혼과 임신감소로 인구구조적 원인 출산과 육아로 이어질까 두려워 아기 낳기를 꺼리기도 하고, 아기를 낳으면 돌보아 줄 사람도 없고, 교육비도 많이 들어 현실적으로 어렵다는 것이다. 집값도 천정부지로 올라 젊은이들 집장만의 꿈을 잘라버린 상황에 일자리도 많지 않아 악순환의 고리가 끊어지지가 않고 있다. 이는 국가에서 시급한 대책을 마련하지 않는 한 해결되지 않을 것이다.

* 저 출산의 원인

① 결혼 기피로 기혼 감소와 독거자의 증가

② 만혼으로 출산의 기회감소와 원인들이 있겠지만 불임자의 증가

③ 결혼 후 임신, 출산, 육아 보육비의 부담, 비싼 교육비로 임신 기피

④ 출산 후 여성들은 경력 단절로 사회에서 불인정하는 것에 대한 부담

⑤ 청년 일자리가 많지 않으며 안정된 직장 부족으로 결혼 기피

⑥ 집값 상승으로 젊은이들은 내 집 마련의 꿈도 못 꾸게 만들어 보금자리를 잃어버림(새들도 둥지가 있어야 알을 낳는 것이다.)

*정부의 대책 없는 경제정책으로 인해 인구감소의 현상으로 이어졌고, 초등학교를 비롯 연쇄적으로 중학교, 고등학교, 대학교가 폐교를 하며 노동인구의 감소로 점점 수축사회로 전락하는 국가적인 재앙의 심각성을 체감하고 위기 극복이 우선 되어야 한다.”

100
만물(萬物)의 에너지 움직임

풍수지리(風水地理)를 단순히 미신(未信)이라고 여기는 사람들이 있으나 실제는 그렇지 않다고 한다. 풍수지리는 한마디로 만물(萬物)의 에너지 움직임을 이용하여 터를 잡는 기술이라고 할 수 있다. 터 잡기라는 말 대신에 입지선정(立地選定)이라고 하면 더 현대적인 표현이 될 것이다.

좀 더 자세히 표현하면, 풍수라는 것은 글자 그대로 바람과 물과 강을 뜻한다. 바람과 물이 좋은 곳 즉, 지형이나 방위를 인간의 길흉화복(吉凶禍福)과 연결해서 죽은 사람을 묻거나 집을 짓는데 알맞은 장소를 구하는 가르침이라고 할 수 있다. 풍수이론에 의한 선택인지를 단정(斷定)할 수는 없지만 삼국유사에 나오는 환인이 풍백(風伯, 바람을 맡아 다스리는 신. 비렴(飛廉). 풍사(風師). 풍신(風神)을 거느리고 태백산에 신단수를 정했다는 기록이 나온다. 그러한 만큼 터를 정하는 것이 중요하다는 뜻이다.

입지 선정은 선정하는 주체에 따라서 요구하는 조건이 천차만별(千差萬別)이다. 우선 자연조건을 보아야 한다. 여기에는 땅의 생김새, 지질, 기후(바람, 온도), 솟아나는 물 등이 해당된다. 사회경제적 조건도 보아야 한다. 여기에는 교통과 시장, 노동력, 원료 공급, 전력 등이 해당된다. 예를 들어 도시를 건설한다면, 주거지역과 공업지역 또는 상업지역 등 위치를 선정하게 되고 공원이나 공공건물은 어디에 둘 것인지를 정하게 된다. 오늘날에도 국가적으로 중요한 입지를 선정할 때 풍수지리 이론을 적용하는지는 알 수 없으나 옛적에는 땅 밑에 흐르는 생기를 찾아서 드넓은 평야와 낮은 구릉, 그 뒤로 펼쳐진 높은 산 그리고 깊은 계곡을 따라 물이 흐르는 아늑한 삶의 터전을 선호하였다. 실제로 공공건물 이전 문제를 앞두고 있다면 위치선정이 쉽지 않을 것이다. 이는 입지조건이 맞다 해도 지역 이기주의 문제로 주민들 사이에서 갈등이 생기고 민원이 발생하기 때문이다.

대개 종합병원이나 학교나 시청 등 공공시설 그리고 공원이나 백화점 등은 자기 집 가까운 곳에 들어오는 것을 선호한다. 이러한 현상은 핌피(PIMFY, please in my front yard) 현상이라고 한다. 반면, 핵폐기물 처리나 쓰레기 매립장이나 소각장 그리고 공해 공장 등은 서로 자기 집 가까이에 둘 수 없다고 원성이 높은데, 이런 님비(NIMBY, not in my back yard) 현상이 고조되고 있다. 이런 경우에는 무엇보다 과학적이고 객관적인 측정이 중요하다.

그런데 사람과 마찬가지로 부동산도 첫인상이 중요하다. 형기(形氣) 풍수는 겉으로 보이는 모양을 한 눈에 알아보는 것이다. 이기(理氣) 풍수는 방위와 위치를 따지는 것이 핵심이다. 방향에 따라서 모두 다 기운이 다르다. 그래서 음양오행(陰陽五行)에 따라서 방 위치와 가구배치 등을 정하는 것이다. 복잡한 이론을 모두 파악할 수는 없겠으나 기본만 알고 있어도 부동산 투자 등에 유리(有利)하다고 한다. 예를 들면, 땅이 기가 세다는 것은 험산일수록 세고, 암반일수록 기가 세다. 흙이 고르면 기가 좋은 것이다. 기를 따져서 좋은 기가 흐르는 땅에 투자한다면 큰 재산을 투자하는데 실수(失手)를 줄이게 된다.

입지선정에서의 풍수지리이론은 주거용 건물은 물론 사무실이나 점포, 공장 등 경제활동을 하는 모든 장소가 포함된다. 동일 업종이 동일 지역에 같이 있어도 입지조건에 따라 사업결과가 다르게 나타나는 경우가 있다. 즉, 위치와 내부 구조에 따라 번성하고, 그렇지 않은 차이가 발생할 수 있다. 운영능력이나 사업수완이 가장 중요하지만 좋은 자리는 사람들이 몰리고 바른 분별력을 발휘하게 도와준다.

좋은 사무실이나 상가, 공장을 선정하기 위해서는 첫째 업종에 맞추어 주변의 입지 조건을 따져보고, 둘째 사업장에 맞는 위치와 층수를 고려하고, 셋째 내부 배치를 알맞게 해야 한다. 아무리 좋은 명당의 길지(吉地)라 해도 교통이 불편하거나 업종에 맞지 않는 환경이라면 선정하지 말아야 한다. 사무실, 상가, 공장, 학교 등 건물 용도에 알맞은 땅을 선택하는 것이 우선 되어야 한다.

풍수라는 말은 바람을 막고 물을 얻는다는 뜻으로 본말은 장풍득수(障風得水)이다. 양택(陽宅) 풍수는 주택의 방위나 구조 등을 알아보는 것이다. 최근에는 이러한 풍수이론이 부동산 입지와 부동산 투자에 응용되기 시작했다. 그러나 도시에서 사무실이나 상가를 선정하는데 풍수지리 이론을 모두 적용하는 것은 실제 쉽지 않다. 풍수지리 이론 적용이 어렵기도 하지만 도시화 진행이 심해져서 자연 그대로의 지형을 파악하기 어렵기 때문이기도 하다. 그러나 어느 정도 유추(類推)는 가능하다.

101
꿈을 꾸는 순간 이미 이루어진 것이다

어렸을 때는 하고 싶은 것이 너무 많아 매번 꿈이 바뀌는 경우도 있었다. 그렇지만 나이가 들면서 점점 더 철이 들고 현실의 어려움을 이해하면서 줄어들기 시작하였고, 지금은 일과 함께 잊고 지낸다. 학기 초 첫 수업 시간에는 매번 학생들에게 꿈이 무엇이냐고 묻게 된다. 꿈이 있다는 것은 자신이 찾아가는 길을 묻는 것이기도 하며 인생의 목표를 세우는 것이기도 하다.

메튜 켈리(Matthew Kelly, 1974~)의 「**위대한 나**(The Great I)」 책을 통해 내 자신을 되돌아보는 시간을 갖게 되었으며, 남들이 이상주의자라고 의아한 눈빛을 보낼 때 오히려 더 힘을 내 살아야만 했던 지난날들을 보상해주는 듯한 위로의 책이었다. 이 저자도 어느 날 열정으로 뭉친 위대한 자신이 진정한 보물이라는 사실을 깨닫는 순간 자신의 인생의 조종자가 되었다. 물론 어떠한 계기를 맞이하면서 자신의 재능을 발견하였고, 그의 삶은 자석처럼 이끌리듯 인생행로가 바뀌게 된 것이다. 그렇지만 그 인생길은 하루아침에 이루어진 것은 아니며, 잠재적으로 바라고 이루려하는 마음이 간절했기 때문이다.

메튜 켈리는 스물네 살의 나이에 4권의 책을 내면서 41개국을 날아다니듯이 바쁘게 강연과 세미나로 열정을 쏟는 데만 집중하였다. 먹는 것도 바쁘다는 이유로 간편식으로 대충 때우고, 시간과의 싸움으로 몸과 마음이 혹사되어 탈진상태에 이르렀다. 결국 일을 그만두지 않으면 안 되는 지경에 이르러서 휴양지를 택하여 그곳에서 다시 나를 찾아가는 것을 그리고 있다.

이를 통해 열정을 쏟는 일을 나쁘다고 말하는 것이 아니라 마치 양날의 칼과도 같아 한쪽 날이 부와 명예를 줄 동안 다른 한쪽 날은 나를 파괴하여 건강과 가족을 잃고 있음을 망각한 것이다. 건강을 잃으면 모든 것을 잃는 것이다. 가족의 얼굴도 제대로 볼 시간이 없다면 무슨 의미로 사는 것인가? 물론 좋은 일을 하는 것을 탓하자는 것은 아니지만 빡빡한 스케줄로 인해 건강을 돌보지 않아 모든 것을 잃어버린다면 그보다 더 어리석음은 없다는 것이다. 결국 탈진은 혼란을 야기(惹起)시켰고, 혼란과 좌절은 나쁜 결정과 무질서와 실망감을 몰고 왔던 것이다.

꿈을 이룬다는 것도 어느 정도 조절이 필요하며, 내 감정의 주인은 나이기 때문에 거절할 수 있는 용기도 필요하다. 규칙적으로 먹고, 자고, 쉬고, 운동하고, 기도나 명상을 하며, 안정과 휴식을 취하는 시간이 매우 소중함을 건강을 잃고 나서야 깨닫게 된 것이다.

사람이 한 번 죽지 두 번 죽지 않는 것처럼 인생은 마음먹기에 달려 있다. 휴식 중에 멍 때리기가 있다. 정말 좋은 습관이다. 가끔 멍하니 아무런 생각 없이 있을 때가 있다. 그것이 약이 되어 그 순간을 지난 후 정신이 맑아지며 글을 쓸 때 창작력이 발동하기도 한다.

또 하나는 평소 운동하는 것을 잊어서는 안 된다. 주기적인 운동은 반드시 필요하다. 나는 주로 숲길을 걷는다. 숲길을 걷다 보면 새도 와서 재잘대며 자유롭게 날개 짓하고, 나뭇잎들이 바람에 날려 흔들거리며 춤을 추는 모습들이 마치 그림들이 움직이는 것처럼 착각을 일으키기도 한다. 이렇듯 숲속의 나무와 풀냄새를 맡으면서 자연을 만끽하고, 계절에 맞게 꽃향기에도 취해보는 즐거움이 머리를 맑게 하여 좋은 생각에 이르게 한다.

만족한 삶의 리듬을 건강과 행복, 능률과 만족으로 채워야 한다. 우리는 백 미터 달리기와 같은 삶이 아니라 마라톤처럼 살아가는 삶이므로 개척하는 마음으로 삶의 욕구를 알아차리는 통찰력이 필요하다. 욕구를 향하여 갈 때 항상 좋은 비단길만을 갈 수는 없다. 자갈밭도 있고, 사막도 있으며, 험하고 가파른 고지를 향해 가기도 한다. 즐거운 날도 있지만 절망할 일이 아닌데도 처절하게 슬퍼하며 좌절하는 잘못된 판단 때문에 절망이 희망을 가리게 되는 경우도 있다. 그러나 그 절망의 늪에서 과감히 뛰쳐나와 '큰 꿈을 가지고 큰 사람처럼 생각하고 행동하라'는 동기부여를 갖는 것이 필요하다. 큰 비전을 품은 사람은 큰 사람으로 거듭나며, 비전을 품어 자신을 만드는 조각가가 되어야 한다. 꿈과 비전을 통해서 자신의 강점이 꽃을 피우고 열매를 맺을 수 있도록 노력해야 한다.

성공한 사람의 특징은 2%의 플러스 사고를 가지고 있다. 그리고 어려움을 극복하며 견뎌내고, 어려울 땐 공부할 기회를 준만큼 실력을 쌓는다. 그러므로 삶의 열악한 환경과 사정을 탓하지 말고, 주어진 상황을 반전의 기회로 삼고 즐길 줄 알아야 한다.

어느 성공한 개그맨이 시골에서 서울로 상경하여 어려운 환경에도 꿈을 안고 개그시험 준비를 위해 2평의 고시원에서 1년을 살게 되었다. 그는 자신이 낯선 서울생활에다 옆방에서 하는 일들이 다 들리는 불편함과 협소함에서 오는 압박감과 우울감에 짓눌렀고, 책상 밑과 침대가 교차하는 그곳에 발을 뻗고 자야하는 옹색한 나날이었다. 어두운 밤이 되어 누워 있으면 고독과 외로움이 물밀 듯 밀려오는 날이 많았고, 그나마 20만원의 월 셋방에서 5만원을 더 내면 창문 있는 방을 얻을 수 있어서 창밖을 바라보며 외로움을 달랬다고 한다.

돈은 궁했지만 가끔은 고기가 먹고 싶은 욕구가 생기면 한 달에 한 번은 공동 부엌에서 눈치 빠르게 삼겹살을 혼자 구워서 남이 볼세라 몰래 방문을 걸어 잠그고 먹어야 했다. 마트에서 사온 가장 싼 샴페인이지만 가장 귀한 와인으로 여기고 우아한 포즈로 잔잔한 음악에 몸을 맡기며 눈을 지그시 감고 최고의 연회장을 상상하면서 맛있게 먹었던 즐거움이 쏠쏠했다고 한다. 이렇듯 자신의 처지를 비관하기보다는 열악한 환경에서도 견디며 꿈을 향해 도전의 끈을 놓지 않았던 일들에서 이미 그는 상상으로 꿈에 도달해 있었던 것이다. 그 후 1년 만에 그는 시험에 합격함과 동시에 신인상을 거머쥐는 쾌거를 이루었다고 한다.

유대인들은 굳은 마음으로 목숨 걸고 힘을 다하면 못 할 일이 없다고 하였다. 행동의 계획을 세우고 현재 상태의 나를 알아차리는 것이 중요하다. 자신이 이룰 수 없는 목표만을 세워서 힘만 들이다 포기하는 것이 아니라 도달할 수 있는 목표에 도전하는 것이 현실적이며, 계단을 오르듯 차근차근 한 발짝씩 성취의 맛을 즐기며 나아가는 것이 중요하다. 그리고 자신이 원하며 즐겁게 할 수 있는 일을 찾는 것이 우선이며 능률도 배가 되기 때문이다.

작가 오그 만디노(Og Mandino, 1923~1996)의 글 「시간이 검증한 선인들의 지혜」 중 '나는 지금 행동한다. 내가 가진 것은 지금 밖에 없기에'라는 말처럼 바로 실천하는 것이 중요하다. 구슬도 꿰어야 보배가 되듯이 아무리 좋은 생각을 가지고 있더라도 행동으로 옮기지 않으면 유명무실하기 때문이다.

지금까지 기술한 것들은 일상 중 흔히 대수롭지 않게 느낄 수 있으나 실제 자신의 가치관 정립을 위한 입장에서 생각해 보면 매우 소중하기에 언급하였다.

그런 의미에서 이를 정리해보면,

첫째, 꿈은 나의 강점을 찾아 명확한 목표를 세워 즐겁게 잘 할 수 있는 일을 찾아야 한다.

둘째, 위대한 나를 믿고 내 자신을 통제하는 능력을 키워야 한다.

셋째, 열정을 쏟는 것도 중요하지만 먹고, 자고, 운동하며, 명상과 기도로 재충전의 시간을 소중히 실천한다.

넷째, 어려움의 방해물이 생기면 포기하지 말고, 긍정의 마인드로 공부할 수 있는 재정비 기회를 얻은 것으로 수용하고, 이때 실력을 쌓으며, 끈기와 용기로 견뎌내면서 재도약의 발판으로 삼는다.

다섯째, 부와 명예를 얻게 되면 나보다 어려운 사람을 격려하며 돌보는 의로운 사람이 되는 것이 참된 삶이라 여긴다. 설혹 부와 명예를 사회적으로 얻지 못했다 할지라도 내 삶을 그렇게 살아왔다면 성공한 것이다. 어느 누구보다도 나를 최고로 잘 아는 자신이 인정해주면 그것이 바로 최고의 삶을 산 것이다. 자신을 칭찬해주며 나에게 훈장을 주는 것이다.

그리고 삶을 소중하게 만드는 것 중의 제일은 항상 아침 기도를 통해 그날의 계획을 세우고 실천하며, 저녁에 내 창조주와 접촉을 유지하는 기도를 하는 것이다. 기도라는 것은 나의 느낌과 생각의 전달이다. 또한 실천은 이미 생각의 에너지가 전달되어 스스로 의식으로 끌어당겼기 때문에 우주의 원리에 의해 답은 정해진 것이다.

작은 꿈도 소중하기에 염원과 신념을 각인하고 노력하면 응답은 어느새 나와 함께하고 있는 것이다. 과거에도 그랬듯이 현재도 미래도 전 우주를 통틀어 본 행운의 주인공은 나이기 때문이다.

참고문헌(references)

1. 상담학 사전, 김춘경 · 이수연 · 이윤주 · 정종진 · 최웅용 공저, 2016.
2. 정신분석용어사전, 이재훈, 미국정신분석학회, 2002.
3. 정신이 건강해야 삶이 행복합니다, HIDOC.
4. 共感(Empathy), 두산백과
5. 목적 없음이 이끄는 삶-쉼 없이 달려만 온 당신에게, 박종서, 책과 나무, 2018.
6. 잉여쾌락의 시대, 권영택, 문예출판사, 2003.
7. The Purpose Driven Life, Rick Warren.
8. 구름 이경숙 해설서 발췌. 중앙일보 2020,2,21일자 16~17면.
9. 정치평론가 이율곡, 현대사회와 정치평론(5), 정치와 평론 · 제5집, 최진홍, 한국정치평론학회, 2009.
10. 인간행동과 심리학, 오세진 외, 2006.
11. 본 삼국지, 나관중 · 모종강 공저, 2005.
12. 자오위핑, 2015.
13. 장쭤야오, p.400, 2015,
14. 관우, 이마이즈미 준노스케 저, 이만옥 역, 예담, 2002.
15. 關公民間造型之研究, 洪淑苓, 國立臺灣大學校 박사논문, 1995.
16. 三國演義의 關羽 형상화가 그 神格化에 끼친 영향, 박신영, 부산대 석사논문, 2004.
17. 臺灣的關帝信仰及其敎化功能, 中國歷史文化中的關羽學術研討會, 蔡相煇, 2002.
18. 關公民間造型之研究, 洪淑苓, 國立臺灣大學校, 박사학위논문, 1995.
19. 入選翰林, 洪淑苓.
20. 三教圓融與關羽崇拜, 荊州市三國演義研究會, 三國演義學刊, 2001.

21. 胡小偉」, 荊州市三國演義硏究會, 三國演義學刊, 2110.
22. 關公信仰, 北京, 學苑出版社, 1993.
23. 武將群中獨一人, 中國歷史文化中的關羽學術硏討會, 2002.
24. 정사 삼국지, 민음사.
25. 삼국지 바로 읽기, 김운회, 삼인, 2006.
26. 중국소설사, 소명출판.
27. 소설 삼국지 용어–인물사전, 나관중 · 김구용 공저, 2000.
28. 삼국지, 박종수.
29. 웅진지식하우스, 유재주, 1999.
30. 불안. 알랭 드 바통.
31. 니체 · 사르트르/프로이드/키에르케고르, 반 리이센 · 주이데마 · 루쉬두니 공저, 이창우 역, 서울 종로서적, 1987.
32. 불안의 개념. Kierkegaard 저, 임규정 역, 서울 한길사, 2002.
33. 죽음에 이르는 병, 키Kierkegaard, 박환덕 역, 서울 범우사, 1995.
34. 자기 심리학, 하인즈 코헛 저, 권명수 역, 한국심리치료연구원, 2002.
35. 교정연구, 한국교정학회, 17호, 2002.
36. 고사성어랑 일촌 맺기, 신동민, 2010.
37. 브랜드 중독에 영향을 미치는 소비자의 사회 · 심리적 요인에 관한 연구 : 패션 · 뷰티 브랜드를 중심으로. 허소람, 부산대학교 경영학석사 학위논문. 2012년.
38. 의복중독구매성향에 관한 연구, 생활과학연구 논문집, 박은주, 2001.
39. '과소비 현상' 으로서의 온라인 게임 중독 : 디지털 공간의 상품성과 온라인 게임세계의 럭셔리 신드롬, 한국HCI학회 학술대회, 황상민 · 허세진 · 허미연, 2004.
40. Livingitup–ourlove affair with luxury, Twitchell,J.B. 저, 최기철 옮김. 서울 미래의 창, 2003.
41. 니코틴, 독실아민 및 디펜히드라민 복합중독 사례. 박미정 · 심주현 · 안상환, 한국법과학학회지, 19(1), 2019.

42. MBN뉴스, 2016. 08. 21.
43. The selfish gene」. Dawkins, R., Oxford : Oxford university press, 1976.
44. 이기적 유전자, 도킨스 저, 홍영남, 이상임 역, 2010, 을유문화사.
45. 깨진 유리창이론의 경험적 검증, 한국경찰학회보, 장현석, 2016.
46. 소돔 120일, 1904.
47. 의사들의 보고에 의한 근친간 아동성학대 연구, 대한소아청소년정신의학회, 홍강의, 1998.
48. 목민심서, 국방부 대표 블로그 동고동락, https://mnd9090.tistory.com/2201.
49. 욕망의 주체화, 신앙과 학문, 25(1).
50. 용서의 기술, 딕 티비츠 저, 한미영 옮김, 2009.
51. 미래를 소유하는 사람들, 박종효, 2011.
52. 오래된 미래, 빅터 챈 지음, 류시화 옮김, 2004.
53. 저 출산의 현황과 원인 및 대책, 그리고 전망, 장혜경, 지방행정(2004. 11).
54. 저 출산과 가족지원 서비스에 관한 연구, 손흥숙, 한국가족복지학 제10권 제1호
55. 인구감소, 저 출산 사회의 미래, 고미네 다카오, 한국노총, 2008.

작은 영웅의 리더십

Little Hero's Leadership

인쇄일 2022년 3월 24일
발행일 2022년 3월 24일

지은이 김서정(金序整)

발행인 김화인
발행처 조 은
편집인 김진순
편집 박정봉
그림 김정선
주소 서울시 중구 을지로20길 12 대성빌딩 405호(인현동)
전화 (02)2273-2408
팩스 (02)2272-1391
저자 메일 ksjgoksj@hanmail.net
출판등록 1995년 7월 5일 신고번호 제1995-000098호
ISBN 979-11-91735-24-6
정가 20,000원